中国经营主体活力报告

杜运周 主编

中国商业出版社

图书在版编目（CIP）数据

中国经营主体活力报告/杜运周主编．—北京：中国商业出版社，2023.11
ISBN 978-7-5208-2761-4

Ⅰ.①中… Ⅱ.①杜… Ⅲ.①商业经营—研究报告—中国 Ⅳ.①F72

中国国家版本馆CIP数据核字（2023）第236156号

责任编辑：吴 倩

中国商业出版社出版发行
（www.zgsycb.com 100053 北京广安门内报国寺1号）
总编室：010-63180647 编辑室：010-83128926
发行部：010-83120835/8286
新华书店经销
北京七彩京通数码快印有限公司印刷

*

710毫米×1000毫米 16开 18.5印张 228千字
2023年11月第1版 2023年11月第1次印刷
定价：68.00元

* * * *

（如有印装质量问题可更换）

感谢国家自然科学基金重点项目"营商环境激发市场主体活力的动力机制研究"(项目编号：72233001)、国家自然科学基金面上项目"营商环境多生态要素的耦合机制：组态视角与方法的探究"(项目编号：72072030)提供出版资助。

本书编辑委员会

主　编：杜运周

编　委：梁　晨　孙　宁　刘秋辰　项婷婷
　　　　曾慧云　赵鹤洋　安　琪

前　言

如今全球经济格局不断变化、竞争不断加剧，经营主体活力的提升对于一个国家的经济发展至关重要。活力充沛的经营主体能够更好地适应市场需求，创新产品和服务，提高生产效率，增加就业机会，促进消费和投资，优化资源配置，提升国际竞争力。激发和提升经营主体活力已成为国家和各地区的共同目标。因此，为了全面了解和评估经营主体的活力水平，我们特别编写了《中国经营主体活力报告》。

本报告基于大量的数据和研究，从全国、省域和城市三个层面出发，对经营主体的规模活力、发展活力、创新活力、资本活力、制度活力、空间活力和生命活力进行了评价和分析。我们希望通过对经营主体活力的综合评估，为政府、企业和个体工商户提供有价值的信息和洞见，为其制定相关政策或战略提供参考，进而促进经营主体的活力提升，推动经济的高质量发展。

本报告共包括十一章内容。第一章介绍了经营主体活力的现实背景。第二章对经营主体活力及其评价指标体系相关研究进行了文献综述，并根据相关理论提出了经营主体七大子活力。第三章汇报了本报告经营主体活力设计原则和评价指标体系构建过程，并对数据情况进行了说明。第四章分析了经营主体规模活力，包括整体规模、进入规模和退出规模。第五章分析了经营主体发展活力，包括行业结构发展现状和趋势分析。第六章分析了经营主体创新活力，包括创新产出和创新潜能两个方面。第七章分析了经营主体资本活力,包括融资规模和资本异质性两个方面。第八章分析了经营主体制度活力,包括企业所有制结构、标准引领和制度开放性三个方面。第九章分析了经营主体空间活力,包括行业集聚度和空间均衡度两个方面。第十章分析了经营主体生命活力,包括经营主体存续能力。第十一章基于前十个章节的分析结果,提出了一些政策建议。

当然,我们也要意识到,经营主体活力的评价是一个复杂的问题,涉及多个因素和指标的综合。本报告所提供的数据和分析只是一个参考,可能还存在一些局限性和不足之处。在今后的研究和实践中,我们需要进一步完善指标体系,提高数据的可靠性和准确性,以更好地评估和提升经营主体的活力水平。同时,我们也欢迎读者对本报告提出宝贵的意见和建议,以便我们不断改进和完善。

最后,感谢中央财经大学财经研究院副研究员李姗姗老师在数据处理过程中为我们提供的帮助。

目 录

第一章 背景 …………………………………………………………… 1

第二章 文献综述与理论基础 ………………………………………… 4
    第一节 文献综述 …………………………………………………… 4
    第二节 理论基础 …………………………………………………… 14

第三章 中国经营主体活力设计原则和评价指标体系构建 ………… 22
    第一节 指标体系设计原则 ………………………………………… 22
    第二节 指标体系构建 ……………………………………………… 23
    第三节 数据来源及说明 …………………………………………… 40

第四章 经营主体规模活力 …………………………………………… 43
    第一节 经营主体整体规模 ………………………………………… 44
    第二节 经营主体进入规模 ………………………………………… 60
    第三节 经营主体退出规模 ………………………………………… 77

第五章 经营主体发展活力 …………………………………………… 95
    第一节 经营主体行业结构发展现状 ……………………………… 96
    第二节 经营主体行业结构发展趋势 ……………………………… 134

第六章　经营主体创新活力 …………………………………… 173
　　第一节　经营主体创新产出 ………………………………… 173
　　第二节　经营主体创新潜能 ………………………………… 179

第七章　经营主体资本活力 …………………………………… 190
　　第一节　经营主体融资规模 ………………………………… 190
　　第二节　经营主体资本异质性 ……………………………… 202

第八章　经营主体制度活力 …………………………………… 210
　　第一节　经营主体所有制结构 ……………………………… 210
　　第二节　经营主体标准引领 ………………………………… 224
　　第三节　经营主体制度开放性 ……………………………… 235

第九章　经营主体空间活力 …………………………………… 239
　　第一节　经营主体行业集聚度 ……………………………… 239
　　第二节　经营主体空间均衡度 ……………………………… 259

第十章　经营主体生命活力 …………………………………… 263
　　第一节　全国层面经营主体存续能力 ……………………… 263
　　第二节　城市群层面经营主体存续能力 …………………… 266

第十一章　政策建议 …………………………………………… 271

参考文献 ………………………………………………………… 279

第一章

背景

经营主体[①]是指经政府批准进入市场，以营利为目的，依法从事商品生产经营和服务活动的经济实体，主要包括各类企业、个体工商户和农民专业合作社。作为我国经济的力量载体、经济活动的主要参与者、就业机会的主要提供者、技术进步的主要推动者[②]，"规模庞大的经营主体，是我国经济的韧性所在，也是未来发展的基础"[③]。

"当前我国经济运行好转主要是恢复性的，内生动力还不强，需求仍然不足，经济转型升级面临新的阻力，推动高质量发展仍需要克服不少困难挑战"[④]。一直以来，党中央、国务院及各级政府高度重视经营主体活力，希望通过积极推动市场化改革和优化营商环境，激发经营主体活力，促进经济高质量发展。在此过程中出台了一系列重要文件，比

[①] 经营主体，2023年以前也称市场主体，根据《中华人民共和国市场主体登记管理条例》，市场主体是指在中华人民共和国境内以营利为目的从事经营活动的下列自然人、法人及非法人组织，包括公司、非公司企业法人及其分支机构，个人独资企业、合伙企业及其分支机构，农民专业合作社（联合社）及其分支机构，个体工商户，外国公司分支机构，以及法律、行政法规规定的其他市场主体。本报告中经营主体主要包括各类企业和个体工商户。

[②] 人民时评：激发各类市场主体活力，中国政府网，http://www.gov.cn/xinwen/2021-10/12/content_5642020.htm。

[③] 围绕经营主体需求施策，帮助其解难题、渡难关、复元气、增活力：营造良好环境 激发市场活力，人民日报，http://shanghai.chinatax.gov.cn/tax/xwdt/mtsd/202303/t466295.html。

[④] 新华述评：持续提振经营主体信心——落实中央政治局会议精神做好当前经济工作系列述评之四，中国政府网，https://www.gov.cn/yaowen/2023-05/03/content_5754035.htm。

如，《中华人民共和国国民经济和社会发展第十四个五年规划和2035年远景目标纲要》《国务院关于印发"十四五"市场监管现代化规划的通知》。习近平总书记在主持二十届中央政治局第二次集体学习时强调,"为各类经营主体投资创业营造良好环境,激发各类经营主体活力"[①]。加强经营主体活力对于推动经济发展、提高就业水平、促进消费、优化资源配置和增强国际竞争力具有重要的意义。经营主体概念的提出意味着以往侧重企业的宏观经济政策拓展到包含企业、个体工商户和农民专业合作社等创造GDP和就业的所有经济体。在过去的宏观经济和政策分析中,往往只关注企业这一主体,而忽视了其他经济体的作用。比如,个体工商户也是稳增长稳就业的重要力量,是促进经济高质量发展的韧性所在。截至2023年1月,中国经营主体达1.7亿户,其中,全国登记在册个体工商户达1.14亿户,约占经营主体总量的2/3,带动近3亿人就业[②]。因此,将研究视野从企业扩展到个体工商户等经营主体可以有效评估整个经济系统的运行情况,从而能够更精准地制定宏观经济政策,推动经济的健康发展和实现高质量就业。同时,对于个体工商户等经营主体来说,也更有利于它们了解自身在国民经济中的地位和作用,从而更好地发展和提升自身的经营能力。

多个地区为了激发经营主体活力都出台了一系列政策。比如,四川省按照"数据赋能、流程创新、构建统一大市场"的改革方式,创新推出助推经营主体发展的三项"云服务",着力于解决中小微经营主体营商要素的获取需求,企业跨区域自由流动的迁移诉求,以及大型企业在川

---

① 习近平主持中共中央政治局第二次集体学习并发表重要讲话,中国政府网,https://www.gov.cn/xinwen/2023-02/01/content_5739555.htm。
② 各地营造一流发展环境 个体工商户带动近3亿人就业,中国青年网,https://baijiahao.baidu.com/s?id=1757906030197951011&wfr=spider&for=pc。

渝一体落户的发展需要①。内蒙古自治区聚焦利企便民，着力破难题、促发展、办实事、解民忧，全方位推动营商环境再优化，让经营主体"生得下、长得大、活得好"②。江西省为了消除不良影响、重塑良好信用，加大政策供给和服务力度，建立了严重违法失信企业名单信用修复制度，放宽了修复条件，实现了失信信息"能修尽修、应修必修"，全省共依法依规为7.1万户经营主体办理了信用修复，平均每天有470余户经营主体重塑信用后轻装上阵③。

在全面贯彻落实党的二十大精神的开局之年，应该更大力度、更加科学地激发各类经营主体活力，形成推动经济高质量发展的强大动力。这就要求针对经营主体活力开展各类科学研究，为服务国家和区域高质量发展注入科学动力。希望本报告能够为经济管理等各领域的科学研究和决策咨询提供一定的数据支撑和分析的依据，共同服务国家战略和促进相关领域的知识发展。

---

① 四川创新推出三项"云服务"助力经营主体发展，中国政府网，https://www.gov.cn/lianbo/difang/202307/content_6894130.htm.
② 内蒙古：让经营主体"生得下、长得大、活得好"，中国政府网，https://www.gov.cn/lianbo/difang/202307/content_6890725.htm.
③ 江西省7万余户经营主体实现信用修复，中国政府网，https://www.gov.cn/lianbo/difang/202306/content_6885373.htm.

第二章

文献综述与理论基础

第一节　文献综述

一、经营主体活力相关研究

关于经营主体活力的相关研究，一些研究针对一般经营主体，一些研究针对特定的经营主体，如企业、个体工商户和农民专业合作社，其中企业活力的驱动因素和环境条件是学者们研究的重点领域。在研究方法上以定性研究为主，定量分析仍较缺乏。

第一，围绕经营主体活力构成因素、驱动因素和环境的相关研究。一方面，围绕经营主体活力的重要性及重要因素展开，如吴汉洪和张崇圣（2021）指出，经营主体活力的重要性可以体现在党和国家高度重视、满足人民美好生活需要、保证产业链和供应链稳定、应对风险挑战的有效之举这些方面，并进一步指出优化营商环境对于激活市场主体活力的关键作用。宁吉喆（2020）指出中国经济活力来自生生不息的经营主体。李松龄（2022）聚焦于市场微观经营主体，认为市场微观经营主体活力源于其构成要素和要素组合方式的活力，充分发挥要素所有者或使用者积极性、主动性和创造性，才可以激发和增强经营主体活力。另一方面，集中于政策性研究，多是针对营商环境及其优化方向对经营主体的影响进行讨论。胡税根等（2021）指出营商环境是决定经营主体活力的制度性条件。杜运周等（2020）发现营商环境生态的优化可以促进生态承载力，提升城市创业活力。李明珊等（2022）通过分析市场化改革对企业的经营绩效的影响，阐释了全面深化改革对激发各类经营主体活力的重要作用。张光利等（2022）基于"撤县设区"政策对创业活动的影响探究了行政区划调整与地区经营主体活力的关系。庄嘉声（2019）探讨了深化"放管服"改革如何激发经营主体活力。张茅（2013）认为改革工商登记制度可以有效激发经营主体活力。广东省人民政府办公厅（2022）讨论了如何深入推进政府职能转变，加快打造市场化、法治化、国际化营商环境，更大激发经营主体活力和社会创造力，有力促进全省经济社会持续健康发展。此外，一部分研究聚焦于农业经营主体的发展问题。如陈红霞和屈玥鹏（2020）探讨了实现农业经营主体多元化路径对活力的作用。陈晓华（2020）认为新型农业经营主体仍处于初级发展阶段，一部分经营主体名不副实、实力不够强、运行机制不够健全以及政策扶持不够精准。

第二，围绕经营主体活力效果的相关研究。刘慧（2020）发现新型经营主体可以显著带动贫困户增收。李震等（2023）发现城市电商化转型可以通过提升企业创业活力和改善企业绩效表现两种方式释放经营主体活力，进而提高了劳动力需求。张益丰和王晨（2020）探讨了农业经营主体融合发展影响资本要素的机理以及融合过程中资本要素间内在关联的作用。闫昊生等（2023）基于规模活力、结构活力、资本活力和创新活力四个方面，剖析了新创市场主体活力对市场信心的影响机制。可以发现，现有的少量定位于经营主体活力的定量研究中，经营主体活力作为自变量、因变量和中介变量均有出现，但这些研究多是基于某一视角对经营主体活力进行研究，缺乏系统性，没有深入挖掘经营主体活力组成部分之间的复杂因果关系的定量分析。主要原因可能是经营主体活力的数据和测量比较缺乏。

第三，关于特定经营主体活力的研究。可以发现，其中绝大多数是关于企业活力的研究。这些研究关注了企业活力的概念、特征、构成要素和影响因素等方面。首先，关于企业活力概念的研究。刘树人等（1995）将企业活力定义为"企业作为自主经营、自负盈亏的商品生产者和经营者，遵循着客观经济规律的要求，在生产经营过程中，通过企业自身素质与外部环境的交互作用，使企业经营者和员工的积极性、主动性及创造性得到充分发挥，在市场竞争中呈现出良性循环的自我发展状态"。李维安等（2002）将企业活力定义为"企业作为一个'生命体'在进化过程中所表现的生存力、自我发展力和再生力，它是企业'生命机能'强弱的综合体现"。Vicenzi 和 Adkins（2000）将组织活力界定为组织的健康成长状态。其次，关于企业活力构成要素的研究。王晓林和白雪洁（2022）在构建评价指标体系测度中国上市企业活力的基础上，从时间和空间维度对企业活力特征进行了分析，发现中国企业活力自2012年后不断提升，且在空间上东部地区企业活力水平最高。闫泽涛和计雷（2004）在整理企业活力研究的基础上，对企业融资结构等几个结构性基础因素如何决定企业活力进行了分析，并进一步涉及了非结构性因素。高质量发展是企业活力的重要反映。董志勇和李成明（2021）分析了"专精特新"中小企业的支持政策与发展态势，及其对高质量发展的现实价值，提炼出了创新体制机制不健全和数字鸿沟等"专精特新"中小企业高质量发展的制约因素，认为应该从体制机制、基础投入、营商环境和数字赋能四个方面助力"专精特新"中小企业高质量发展，提升企业活力。最后，关于企业活力影响因素的研究。单宇等（2023）通过案例研究探索了中国民营企业成长过程中如何塑造组织活力的问题，发现中国民营企业活力的塑造是一个由企业层、团体层到个体层不断深化的过程，且在各个层面具有明显的区别。郑烨等（2017）使用问卷数据实证分析了简政放权、企业活力和企业创新绩效之间的关系，发现简政放权会对企业活力和企业创新绩效产生显著正向影响，企业活力在"简政"和"放权"与企业创新绩效的关系中均发挥中介作用。马双等（2019）通过实证研究发现，增值税转型带来的减税可以显著促进企业活力提升。Grant 和 Parker（2019）在回顾工作设计理论发展的基础上，重点关注了关系和主动性视角对组织活力的影响。此外，在企业活力的研究中，学者们特别关注企业创新活力这一领域。Ellison 等（2010）认为，企业的集聚有利于降低获得新想法的成本，进而促进创新活力的发展。丁永健和吴小萌（2023）评估了"小巨人"企业培育政策对于制造业中小企业创新活力的影响，发现"小巨人"企业培育政策可以通过技术效率水平提升显著促进制造业中小企业创新活力提升，而非技术进步率本身，并且资本密集型中小企业创新活力受该政策的影响小于劳动密集型和技术密集型中小企业。刘伟和高理翔（2022）实证检验了"放管结合"政策对于民营企业创新活力的政策效应。李园园等（2022）以民营上市公司为研究对象，发现了4种实现民营企业高创新活力的营商环境生态。Li 等（2023）指出营商环境可以通过促进经营主体创新和创业活力，提升人民生活水平。

二、经营主体活力评价相关研究

现有经营主体活力研究以定性研究为主，一定程度上反映出经营主体活力评价指标体系的确立较为迫切。在现有的实证研究中，经营主体活力评价指标主要使用新企业注册数量（李震等，2023）、全要素生产率（李明珊等，2022）、县域企业注册数量与县域人口数的比值的对数（张光利等，2022）等进行测量。这些指标从特定角度出发，从某一方面对经营主体活力进行了测量，但仍然缺乏系统的经营主体活力评价指标体系。

（一）现有经营主体评价指标体系

我们发现与经营主体活力比较相关的评价指标体系有4个，其中两个为企业活力的评价指标体系。

1. 中国市场主体发展活力评价指标体系

商务部国际贸易经济合作研究院信用研究所联合天眼查相继推出了《中国市场主体发展活力研究报告（2011—2020）》和《中国市场主体发展活力研究报告（2021）》，报告基于2012—2021年中国市场主体新增注册、新增注销和新增知识产权等方面数据构建了市场主体发展活力评价体系，应用多重指标进行了系统分析，客观反映了2021年不同区域、不同行业市场主体的发展特点。具体评价指标体系如表2-1所示。

表2-1 中国市场主体发展活力分析指标体系

指标	测算方法	指标含义
市场主体注销注册比	100×（某一时期新增注销市场主体数量/同一时期新增注册市场主体数量）	某一区域（行业、类型）市场主体新增注销和新增注册的相对状况
市场主体净增新增比	100-注销注册比，指某一时期净增市场主体数量与新增注册市场主体数量的比值	注销注册比的反向指标
注销市场主体平均寿命	已注销的市场主体的平均生存时间（年）	某一时间段内某一区域（行业）所有注销市场主体的寿命的简单算术平均值

续表

千人市场主体拥有量	某一区域市场主体数量/当地千人口数量	某时点某一区域市场主体的密度
知识产权的数量和增速	某一时期内某一区域（行业）市场主体新增商标、专利、软件著作权和作品著作权的数量及增速	市场主体的创新能力
区域市场主体生存指数	100×（某一时期某一区域内新增市场主体数量/同一时期全国新增市场主体总量－同一时期同一区域内新增注销市场主体数量/同一时期全国注销市场主体总量）	不同区域间营商环境的相对值，正值表明该区域较适于市场主体生存；负值表明该区域较不适于市场主体生存
行业市场主体生存指数	100×（某一时期某一行业内新增市场主体数量/同一时期全国新增市场主体总量－同一时期同一行业内新增注销市场主体数量/同一时期全国注销市场主体总量）	不同行业间营商环境的相对值，正值表明该行业较适于市场主体生存；负值表明该行业较不适于市场主体生存
市场主体违规数量及增速	某一时期市场主体异常经营、行政处罚和严重违法的数量及增速	近年来社会信用体系建设和营商环境优化的成效

资料来源：商务部国际贸易经济合作研究院信用研究所，天眼查.中国市场主体发展活力研究报告（2011—2020），2021.

2. 中国城市资本活力评价指标体系

上海交通大学课题组陈宪等（2020）使用上市公司数据，结合竞争优势理论、创新优势理论、要素流动理论和现代经济增长理论，使用文献研究法、比较研究法和实证研究法，通过构建评价指标体系探究了不同城市在不同发展阶段的竞争力表现和发展前景等问题。该评价指标体系从规模指数、效率指数和结构指数三方面对资本活力进行了测算。具体而言，该报告还分别选取了经济总量前20位的城市、部分副省级省会和计划单列市、地级城市、县级城市、京津冀区域内城市、粤港澳区域内城市、长三角区域内城市为分析对象，以城市的资本规模、资本效率和产业新兴度为核心指标，计算了每个分析对象的资本活力指数并披露了相关指标排名,并据此分析和判断中国城市当前和未来资本活力发展,提出了政策建议。这一报告对中国城市上市公司这种经营主体的资本活力进行了多角度的评价。具体评价指标体系如表2-2所示。

表2-2 中国城市资本活力评价指标体系

指标	测算方法	指标含义
规模指数	上市公司数量	截至年末归属于该地区的海内外上市公司数量
	上市公司市值	截至年末归属于该地区的海内外上市公司市值总和
效率指数	人均上市公司数量	截至年末归属于该地区的海内外上市公司数量与该地区户籍人口总数的比值
	人均上市公司市值	截至年末归属于该地区的海内外上市公司市值总和与该地区户籍人口总数的比值
结构指数	上市公司产业新兴度	截至年末归属于该地区的海内外上市公司所在行业所有上市企业的市值总和与账面净资产的比值的加权均值

资料来源:陈宪,夏立军,冯奎,等.资本赋能发展:中国城市资本活力指数报告(2019)[M].北京:中信出版社,2020.

3. 企业活力评价指标体系

以李维安等为代表的学者认为企业活力可以由生存力、成长力和再生力这三种要素组成,并以它们作为企业活力评价指标体系的一级指标,其下设环境状况、基础资源情况和组织制度"组织熵"等12个二级指标,以及财力资源、人力资源和无形资源等31个三级指标。具体评价指标体系如表2-3所示。

表 2-3　企业活力评价指标体系

一级指标	二级指标	三级指标
生存力	环境状况	政策、法规情况
		利益相关者
		其他
	基础资源情况	财力资源
		人力资源
		无形资源
	组织制度"组织熵"	机构设置
		职能运转
		岗位职责
		管理流程
		基本制度
	"濒死距离"	特定财务指标
成长力	增长率	资产
		股东价值
		产品组合
		市场份额、范围
	盈利性	利润率
		利润增长
	（成长）战略	增长目标体系
		成长方略
	资源潜力	内部可利用冗余资源
		可以利用的外部（新）资源（来源）
	潜能开发能力	内部资源的再开发能力
		资源外取能力
再生力	适应力	一般适应能力
		关键互动能力
	创新能力	产品
		技术
		市场策略
	适应力	经营模式（范式）的变化
		再创能力

资料来源：李维安.现代企业活力理论与评价[M].北京：中国财政经济出版社，2002.

4. 企业活力基础评价指标体系

王晓林和白雪洁（2022）使用中国 A 股上市公司的财务与非财务数据构建了评价指标体系并对上市公司企业活力的时空差异进行了评价，使用生存性、成长性和再生性作为一级指标，以清偿能力、营运能力、盈利能力、发展能力、竞争能力、创新能力和转型变革能力这 7 个指标作为二级指标，以资产负债率、流动比率和总资产周转率等 13 个指标作为三级指标，如表 2-4 所示。

表 2-4 企业活力基础评价指标体系

一级指标	二级指标	三级指标
生存性	清偿能力	资产负债率
		流动比率
	营运能力	总资产周转率
		流动资产周转率
成长性	盈利能力	净资产收益率
		资产报酬率
	发展能力	营业利润增长率
		资本积累率
	竞争能力	市场占有率
再生性	创新能力	研发支出占比
		无形资产比率
	转型变革能力	1/固定资产比率
		其他业务利润率

资料来源：王晓林，白雪洁. 中国企业活力水平测度及时空差异性研究 [J]. 软科学，2022，36（3）：91-98.

（二）本报告评价指标体系的主要方向

分析既有经营主体评价指标体系，可以发现，存在三点局限有待发展：第一，适用层次不够宏观，缺乏适用于全国、省域或城市的通用体系；第二，系统性不足；第三，多以企业为分析对象，忽略了个体工商户。因此，丰富适用层次，在国家、区域、省域和城市等多个层次，系统分析、重点分析企业和个体工商户经营主体活力，也成为本报告经营主体活力评级指标体系的主要方向。

1. 丰富适用层次

不同层次的研究由于针对的对象不同而具有不同的意义。构建适用于国家级、区域级、省域级和城市级的经营主体活力有利于研究者对不同行政级别的地区有针对性地进行研究和分析，进而提出更切实可行的政策建议，促进地区市场活力提升。在国家级研究中，研究者可以对整个国家范围内的经营主体活力进行综合分析，从宏观的角度了解国家经济的整体情况。这有助于政府制定宏观经济政策，推动全国范围内的经济发展。在区域级研究中，研究者可以对主要经济圈进行区域内和区域间市场活力的比较，有助于了解不同区域发展的均衡性。在省域级研究中，研究者可以对省份、直辖市或自治区的经营主体活力进行深入的比较研究和分析。这有助于了解不同省域之间的经济差异和特点，为地方政府制定针对性的经济政策提供依据，推动地区经济的发展。在城市级研究中，研究者可以对特定城市的经营主体活力进行详细研究。这有助于了解城市经济的特点、优势和问题，为城市政府制定具体的经济政策和发展规划提供参考，促进城市经济的增长和竞争力的提升。通过不同层次的分析，研究者可以更全面地了解和分析不同行政级别地区的经营主体活力，从而提出更具针对性和可操作性的政策建议。这有助于实现区域经济的协调发展，提升经营主体的活跃度和竞争力，推动经济的可持续发展。

2. 系统性分析

党的十九届五中全会明确将"系统观念"确立为"十四五"时期经

济建设必须遵循的原则，是"基础性的思想观念和工作方法"。党的二十大明确提出坚持"系统观念"。习近平总书记指出，"国家治理和深化改革是一项涉及经济社会发展各领域的复杂系统工程"。因此，系统地分析营商环境生态激发经营主体活力的复杂机制是有待研究的重大现实问题，也是需要探究的复杂性科学问题。经营主体活力作为市场经济的微观基础、经济社会发展的力量载体和稳定宏观经济大盘的关键力量，其相关研究需要从系统观念出发进行分析。而系统分析经营主体活力，必须明确其关键组成部分。所以，本报告基于系统观念，整合现有理论剖析经营主体活力的关键组成部分，并以其为基础系统构建评价指标体系。

3. 关注企业和个体工商户

企业和个体工商户是市场经济的重要组成部分，是经营主体的主要构成，承担着生产和经营活动的重要职责，激发其活力是促进市场经济发展的重要内容。首先，企业和个体工商户在创造就业机会方面发挥着至关重要的作用。其能够提供大量的工作岗位，吸纳大量就业者，为社会提供稳定的就业机会，缓解就业压力。其次，企业和个体工商户通过生产和销售商品和服务，可以推动经济的不断增长和可持续发展。最后，企业和个体工商户还扮演着促进技术创新的重要角色。在市场经济中，科技创新是推动经济发展的重要引擎。企业和个体工商户通过持续的研发投入和技术改进，可以推动技术的进步和应用。这不仅有利于提升企业竞争力，还可以推动整个经济系统的技术进步。因此，在探讨经营主体活力的过程中，重点关注企业和个体工商户具有重要意义。

第二节 理论基础

经营主体是企业、个体工商户和农业专业合作社等各种组织的统称。参考 Vicenzi 和 Adkins（2000）对组织活力以及李维安（2002）和刘树人（1995）对企业活力的定义，本报告将经营主体活力界定为经营主体内部资源能力与所处环境的良性互动演化中展现出的生机、成长的健康状态和发展潜力。因此，经营主体活力是经营主体规模、发展、创新、资本、制度、空间和生命等多方面的综合反映。为了揭示经营主体活力不同方面的规律，本报告根据供求理论与种群生态、产业组织理论、知识溢出理论、融资约束理论、交易成本理论、要素禀赋理论和生命周期理论等，提出了规模活力、发展活力、创新活力、资本活力、制度活力、空间活力和生命活力七大子活力。

一、供求理论、种群生态与规模活力

供求理论可以追溯到亚当·斯密的《国富论》和英国经济学家马歇尔的《经济学原理》。作为经济学中的一个基本理论，供求理论可以用于解释市场中商品和服务的价格、数量的形成。其基本观点是，市场上产品的价格和数量是由供给和需求的相互作用决定的。供给和需求的变化会导致价格的波动和变化，而供求的平衡点则是市场上价格和数量达到稳定状态的点。种群生态理论认为一个种群内经营主体的密度影响竞争强度和合法性水平，在种群规模比较小时，增加规模可以提高种群整体的合法性。但是随着种群密度的增加，种群内竞争强度也增加，如果种群内承载力在一定的时间内是固定的，过大的种群规模将导致过度竞争（杜运周等，2020；Aldrich 等，2020）。理解供求关系和种群规模有助于经营主体更好地把握市场机会，提高经营效益。

区域经营主体的活力对市场供求关系的平衡起着至关重要的作用。活力十足的经营主体能够积极主动地拓展市场，提高需求和供给水平，平衡市场供求关系，维持健康的种群生态。相反，如果经营主体的活力不足，缺乏动力和创新能力，市场供需将会失衡，种群生态会遭受负面影响，进而引发价格波动和市场失序。供求关系的形成是由消费者和生产者两大主体共同决定的。一定区域内的经营主体规模会直接影响该区域的生产者供给和消费者需求的满足，以及行业竞争水平，进而对市场中的供需关系具有关键影响。同时，经营主体规模对区域内竞争局势产生重要影响，进而影响该区域的种群生态。因此，一定区域内经营主体规模是该区域经营主体活力影响市场供求关系和种群关系的关键因素。据此，本报告提出经营主体规模活力作为经营主体活力的一个子活力。经营主体规模活力反映了种群的生态和竞争状况，以及供给能力，能够通过优化一定区域内的供需关系提高该区域内的资源配置效率，创造更多的就业机会和社会福利，推动经济高质量发展。

二、产业组织理论与发展活力

产业组织理论的主要研究对象是市场结构、市场行为和市场绩效及三者的内在联系，研究目的是揭示产业组织活动的运行规律（牛晓帆，2004）。其中的代表性观点是哈佛学派的结构—行为—绩效（SCP）范式。该范式认为，市场结构、市场行为和市场绩效之间的关系是单向的（Bain，1959）。

区域经营主体活力与市场绩效密切相关，通过优化市场竞争格局和产业结构，提高市场资源配置效率推动市场绩效。根据SCP范式，市场结构通过影响市场行为影响市场绩效变化（Bain，1959）。因此市场结构一定程度上决定了经营主体发展水平。具体而言，产业结构升级是经济增长方式和发展模式的优化（李东和石维富，2021），故一定区域内产业结构反映经营主体的发展水平。当经营主体发展水平发生变动，该地区的产业结构也会随之变动，进而通过影响市场集中度等方面市场特征影响市场结构。因此，一定区域内经营主体发展水平是该区域经营主体影响市场绩效的关键因素。据此，本报告提出经营主体发展活力作为经营主体活力的一个子活力。经营主体发展活力代表了产业升级和结构优化的状况，良好的发展活力能够促进高质量发展和创造更多的高质量就业机会，吸引更多的投资和人才，形成良好的商业环境和创新生态系统，提高整个区域经济的竞争力和适应性，推动经济的可持续发展。

三、知识溢出理论与创新活力

知识溢出理论的提出最早可以追溯到 Marshall（1890）对于外部性的探讨，后又经过了 Arrow（1962）和 Romer（1986，1990）的扩展，这里他们分析的是产业内知识溢出，也被称为 MAR（Marshall-Arrow-Romer）溢出。除此以外，知识溢出还包括不同产业间的溢出，也叫 Jacobs 溢出。知识溢出已成为内生增长理论和新经济地理学等经济学分支解释集聚、创新与区域增长的重要概念（赵勇和白永秀，2009），在这些研究领域，知识溢出是在不需要给知识创造者补偿的情况下通过信息交流收获的智力成果（Caniëls，2000），根据知识溢出参与者间关系，可以分为水平方向的知识溢出和垂直方向的知识溢出（Maskell，2001）。知识溢出过程中信息传播是无意识的，并且既可以在较小的范围内，也可以在较大的范围内（赵勇和白永秀，2009）。

作为重要的创新和技术转移源，区域经营主体活力在知识溢出过程中扮演着至关重要的角色，在很大程度上决定了知识溢出的速度和规模。知识溢出效应可以反映经营主体创新活动之间的传播和共享，这种知识的共享和传播可以促进更广泛的创新和经济发展，对整个经济系统产生积极的外部效应（Arrow，1972）。具体而言，一方面，知识溢出依赖企业等经营主体的创新能力，创新能力越强，可被溢出的知识就越多。另一方面，知识溢出需要依赖市场交易、人力资本流动、创业等正式或非正式活动作为途径，而进行这些活动均需要依靠企业等经营主体。因此，一定区域内经营主体创新水平是该区域经营主体间知识溢出的关键因素。据此，本报告提出经营主体创新活力作为经营主体活力的一个子活力。创新活力可以反映区域内经营主体创新的强度和持续性，对于地区经济的发展和社会进步至关重要，其能够吸引投资、吸纳人才、推动产业升级，促进高质量发展和创造就业机会。

四、融资约束理论与资本活力

融资约束是指资本市场不完备环境下企业内、外部融资成本存在较大差异，企业投资受到约束的情况（Fazzari 等，1988）。融资约束最先由 Meyer 和 Kuh（1957）提出，他们认为融资约束对企业商业投资影响很大。由于金融市场的不完善，出资方和资金需求方存在信息不对称，在解决信息不对称成本较高时，出资方往往采取提高资金供给利率，或者只供给一部分有良好抵押或声誉的经营主体等方式来控制风险，这就形成了经营主体的融资约束。

融资约束根本原因是信息不对称（黄志宏等，2023）。如果一个区域内的经营主体资本流动较为活跃，那么该地区经营主体间的信息流动更为频繁和迅速，融资双方能够更加容易地获取对方信息，进而减少信息不对称，就能减少融资约束问题。因此，一定区域内经营主体资本流动是该区域经营主体活力影响融资约束的关键因素。在一个经营主体活力较高的区域中，各类经营主体将更容易获取资金，并且有更多的融资渠道可供选择。据此，本报告提出经营主体资本活力作为经营主体活力的一个子活力。区域经营主体的资本活力对于一个地区的经济发展至关重要。一个经营主体资本活力较高的区域可以吸引更多的投资者和创业者，带动区域内的投资和创业活动，推动经济的快速增长。

五、交易成本理论与制度活力

芝加哥大学经济学教授科斯（1937）在《企业的性质》一文提出交易成本，并把它引入经济学的分析中，打破了市场交易行为仅仅是价格机制作用的假设。企业在市场交易过程中会面临合约约束、监管要求、法律法规等各种约束和交易的不确定性，这些约束和交易不确定性形成的成本叫作交易成本。交易成本包括监管成本、信息不对称带来的不确定性成本、契约成本、执行成本等，这些成本会影响企业的创新和全要素生产率（Coase，1937；杜运周等，2022）。

作为经营主体持续发展和取得竞争优势的基础，制度环境会对交易成本产生关键影响。良好的制度环境通常能够提供稳定的市场预期和法律保护，使得经营主体在经营过程中能够更加稳定和可靠地与供应商、合作伙伴以及客户开展合作，进而有利于降低交易成本，促进经济活动的开展。相反，如果制度环境不健全，出现法律保护不到位、政府效率低下，随意干扰市场，市场秩序混乱、政策不稳定等问题，将增加企业开展业务的不确定性和风险，导致交易成本的上升。因此，一定区域内经营主体所处制度环境是该区域经营主体活力影响交易成本的关键因素。此外，区域内经营主体间自主的行业标准建设，也是制度活力的重要来源，对交易成本有着重要的影响。区域内经营主体可以通过提供标准化交易规则和平台，给买家更多选择、更频繁的信息交流等方式降低交易成本。据此，本报告提出经营主体制度活力作为经营主体活力的一个子活力。制度活力对于促进创新、提高竞争力、吸引投资和资源、增强信任和稳定性等方面都具有重要的意义。一个活力充沛的制度环境可以为企业创造更好的发展机会，推动经济的繁荣和可持续发展。

六、要素禀赋理论与空间活力

要素禀赋是指一个经济体内部所拥有的资本和劳动等各种生产要素的相对丰裕程度（凯伯，2017）。最早涉及要素禀赋的研究是Heckscher-Ohlin贸易理论，该理论在比较优势理论基础上进一步解释了要素禀赋和比较优势的关系，证明了不同国家之间的要素禀赋差异导致了国际贸易的出现（Heckscher和Ohlin，1991；王维国和王鑫鹏，2022）。区域间要素禀赋差异对于经济发展具有重要的影响。一些研究指出要素禀赋决定了经济的最优产业结构（Ju等，2015）和工业的发展水平（欧阳志刚和陈普，2020）。不同地区所拥有的自然资源、人力资源和资本资源的分布差异，决定了各地区经济活动的特点和比较优势。要素禀赋差异会在很大程度上决定每个地区经营主体所能够获取和利用的要素禀赋，进而形成了区域间的经营主体的空间分布差异。因此，不同区域内的要素禀赋差异与该区域经营主体空间分布密切相关。据此，本报告提出经营主体空间活力作为经营主体活力的一个子活力。经营主体空间活力高的区域可以充分利用其相对要素禀赋差异，形成相对有利的要素流动格局，推动区域内资源被更高效地配置，进而促进区域经济发展。

七、生命周期理论与生命活力

根据生命周期理论，经营主体的生存和发展是具有若干阶段的连续过程（薛求知，2005），会经过初创期、成长期、成熟期和衰退期四个阶段（王欣等，2023），此后会面临消亡、稳定和转向三种发展方向。生命周期变化会对企业的战略、组织结构、市场地位、竞争优势等方面产生影响。在不同的生命周期阶段，企业面临不同的挑战和机遇，需要采取不同的策略和措施来适应市场环境的变化，或者创造新的市场。

经营主体的生命活力是企业在市场竞争环境中生存和发展的能力。从初创、成长、成熟到衰退阶段，经营主体生命活力都会有所变化。在初创阶段，企业刚成立，其主要任务是开展市场调研、制定发展战略等。在这个阶段，经营主体随时可能面临生存危机。在进入成长期后，经营主体需要增加产能和扩大市场份额。这一阶段，经营主体具有了基本的盈利能力，但其承受的竞争压力仍比较大，故其需要通过增强生存能力和发展能力以应对竞争和市场的变化。进入成熟期后，市场已经相对饱和，经营主体面临的竞争更加激烈。在这个阶段，经营主体需要不断地寻找新的增长点和市场机会维持生存和发展能力，防止萎缩和衰退。最终，经营主体可能会进入衰退期。在这个阶段，经营主体需要重新审视自身的竞争优势和定位，寻找新的发展方向和机会。他们可能需要进行组织重建、产品创新或战略调整，以重新获得生机和活力。因此，生命周期变化与经营主体密切相关。据此，本报告提出经营主体生命活力作为经营主体活力的一个子活力。一个具有强大生命活力的经营主体往往能够在市场上长期经营和存在。相反，缺乏生命活力的经营主体可能在市场竞争中难以生存和发展。

第三章

中国经营主体活力设计原则和评价指标体系构建

第一节 指标体系设计原则

一、系统性原则

在指标体系的构建过程中,我们需要遵循系统性原则,即需要注意指标体系的层次性和相互关联性,将各个指标组织成层次结构清楚、指标间关系协调的体系。经营主体活力是一个复杂的系统,涉及规模活力、发展活力等七个方面。评价经营主体活力需要一个系统的指标体系,包括七个相互补充的子活力,如此才能反映整个区域的经营主体活力,同时各个子活力也需要若干相互作用的指标来反映。因此,不能只关注经营主体的个别方面,要从全局的角度来思考,注意指标之间相互关联、指标体系要具有时效性和动态性等特点,以确保评价结果更加真实、准确地反映出经营主体的活力水平。

二、可比性原则

可比性原则即需要综合考虑各种因素在不同评价对象间的可比性。

在选择指标和对比对象时，需要结合具体情况进行分析和权衡。同时，还需关注选择适当的比较基准，以确保比较结果具有实际意义和参考价值。在选择经营主体活力的指标时，应该尽量考虑不同时间和地区之间的可比性，以实现经营主体活力水平的比较。尽管经营主体可能存在着不同的特点，但是通过选取具有可比性的指标，可以消除这些因素的干扰，更准确地评估经营主体活力的表现。

三、可操作原则

可操作原则是指在制定指标时要注重其可操作性，确保指标能够提供有价值的信息和参考，对科学分析和决策有实际的指导作用。为了可操作化，在选择指标时，我们尽量选择可量化的指标。对选择的量化指标，我们可以评价结果的信度和效度。通过遵循这一原则，我们可以确保评价的结果更为准确、可靠和有效，同时也能够更好地为科学研究和决策提供支持。因此，在构建经营主体活力的指标体系时，需要考虑指标是否能够提供可操作的数据，以及确定合适的数据收集方法，并对数据进行及时和准确的处理和分析。

第二节 指标体系构建

根据第二章的理论分析，本报告将经营主体活力的七个子活力，即规模活力、发展活力、创新活力、资本活力、制度活力、空间活力和生命活力作为一级指标。接下来，分别介绍每个一级指标下二级指标和三级指标的选取。

一、规模活力

经营主体规模活力体现在整体规模、进入规模和退出规模三个方面。这三者均会对市场种群密度、竞争关系和市场供求关系产生重要影响，是反映经营主体规模活力的重要指标。

（一）整体规模

经营主体整体规模是指经营主体的总体体量，可以反映市场的容量和潜力。较大的市场规模意味着更多的机会和潜在收益，同时也意味着更多的供给和需求。作为规模活力的关键，整体规模可以反映市场的竞争程度和发展潜力。整体规模大，市场承载力大，市场的竞争程度高，市场规模活力也就越强。一个规模庞大且充满活力的市场将促进经济的繁荣和发展。

本报告使用经营主体存量和经营主体存量增速测量整体规模，前者可以反映整体规模的总体体量，后者可以反映整体规模的变化趋势。一方面，如果经营主体存量呈现增长趋势，意味着整体规模在扩大，经营主体规模活力增加，可能存在较大的发展机会。相反，如果经营主体存量呈现减少趋势，意味着整体规模在缩小，市场竞争较为激烈，可能存在较大的挑战和风险。另一方面，经营主体存量增速越大，意味着市场中经营主体增长得越快，经营主体规模活力提升速度越快。经营主体存量增速的计算方式为"（当年经营主体存量－上一年经营主体存量）/上一年经营主体存量"。

（二）进入规模

经营主体进入规模是衡量市场规模变化的重要指标。一方面，进入规模的增加意味着更多的企业进入市场，使市场供给增加，市场中竞争加剧，促使现有企业提高生产效率以保持竞争优势。这有利于经营主体规模活力的提升。另一方面，进入规模的增加也会带来更多的消费者选择，从而刺激市场需求的增长，进一步提高经营主体的规模活力。

本报告使用新增注册经营主体数量和新增注册经营主体增速测量进入规模，前者可以测量经营主体进入市场的体量，后者可以测量经营主体进入市场的速度。一方面，新增注册经营主体数量越多，表示市场中新进经营主体规模增加，市场竞争程度可能越高。另一方面，新增注册经营主体增速越大，市场中新主体的涌入速度越快，市场发展可能较为活跃。新增注册经营主体增速的计算方式为"（当年新增注册经营主体数量－上一年新增注册经营主体数量）/上一年新增注册经营主体数量"。

（三）退出规模

经营主体退出规模是衡量市场规模变化的另一项重要指标，它影响着市场的竞争格局和经济效益。一方面，经营主体退出规模的增加可能意味着该区域经济出现了经济不景气的情况。这可能导致就业机会减少、收入下降，对整个区域的规模活力产生负面影响。另一方面，经营主体退出规模的增加也可能是市场调整的结果。市场需求的变化、技术进步、消费习惯的转变等因素可能导致某些经营主体无法适应新的市场环境，从而选择退出或减小规模。这可能意味着市场竞争的加剧和行业结构的调整，无形中也会提升该区域经营主体的规模活力。因此，观察退出规模对区域经营主体规模活力的影响时，要结合整体规模和进入规模系统分析。

本报告使用退出注销经营主体数量和退出注销经营主体增速表示，前者可以测量经营主体离开市场的体量，后者可以测量经营主体离开市场的速度。一方面，退出注销经营主体数量越多，表示当前市场竞争程度越高，经营主体更替速度越快，一定程度上也能体现经营主体活力较高。另一方面，退出注销经营主体增速越大，市场中经营主体的退出速度越快，市场竞争程度可能越激烈，这也一定程度上可以反映经营主体活力变化。退出注销经营主体数量的计算方式为"当年新增经营主体数量－（当年经营主体存量－上一年经营主体存量）"。退出注销经营主体增速的计算方式为"（当年退出注销经营主体数量－上一年退出注销经营主体数量）/上一年退出注销经营主体数量"。

二、发展活力

区域经营主体发展活力与该区域的产业结构息息相关。而行业结构变化是产业结构变化的基础（滕祥河，2016），行业结构的合理化调整能够有效优化产业结构（杨艳琳，2017），其可以更详细地反映一定区域内不同行业的发展现状。因此，本报告基于行业结构的发展现状和发展趋势反映经营主体发展活力。

（一）行业结构发展现状

随着经济全球化的不断深入，各行各业的发展也日趋复杂。行业结构发展现状是经营主体的发展活力的重要方面。一个合理的行业结构有助于市场更好地利用有限的资源，促进行业内的资源互补和协同，进而形成资源的流动和集聚效应，减少资源的浪费和冗余，促进经营主体的转型升级，是反映经营主体发展活力的重要指标。

行业结构发展现状可以由各行业经营主体存量占比反映。如果某个行业的经营主体存量占比较高，说明该行业的发展相对较好，具有较高的市场吸引力。这意味着该行业具有较高的发展潜力，可以吸引更多的投资和人力资源。如果某个行业的经营主体存量占比较低，说明该行业的发展相对较弱。这可能意味着该行业面临盈利能力较低或者其他不利因素。在这种情况下，该行业可能需要采取相应的调整措施来提升行业承载力、竞争力和发展潜力。i 行业经营主体存量占比的计算方式为"i

行业经营主体存量/经营主体存量"。

（二）行业结构发展趋势

行业结构的发展趋势可以反映经营主体发展活力的动态变化。随着行业结构的变化，市场竞争格局也在发生变化。一些新兴行业的兴起和传统行业的衰退，使经营主体面临着新的竞争对手和市场挑战。经营主体需要不断调整自身的经营策略和市场定位，借助新兴行业的发展势头，拓展新的市场空间，提高自身市场份额，以保持竞争优势。当某一行业结构得到优化时，该地区经营主体的发展活力也会得到攀升。

行业结构发展趋势可以由经营主体存量占比增速反映。当某个行业的经营主体存量占比增速持续增加时，说明该行业的发展正处于一个蓬勃阶段，可能有更多的企业和个体投入该行业中，从而推动了整个行业的变革和升级。而当某个行业的经营主体存量占比增速下降时，可能说明该行业的发展趋于饱和，或者存在其他一些不利因素限制了该行业的发展，需要进行结构性调整和转型。i 行业经营主体存量占比增速的计算方式为"（当年 i 行业经营主体存量占比 – 上一年 i 行业经营主体存量占比）/上一年 i 行业经营主体存量占比"。

三、创新活力

经营主体创新活力可以体现在创新产出和创新潜能两个方面，这二者对一定区域内经营主体的知识溢出效应具有重要影响，是反映经营主体创新活力的重要指标。

（一）创新产出

创新产出是指经营主体通过研发新产品、改良现有产品、推出新的市场营销策略等方式，在市场中取得的创新成果，是经营主体创新活动的结果。创新产出是知识得以传播和扩散的基础。没有足够的创新产出意味着知识产出不足，创新活力的知识溢出效应也就无从谈起。只有在创新产出存在的基础上，知识才能够在不同领域、不同企业间流动和扩散，助力不同产业得以互补和共生发展。

本报告采用经营主体专利申请量衡量创新产出。经营主体专利申请量反映了经营主体在过去一段时间的创新活动中所取得的成果。较高的专利申请量意味着经营主体在过去的一段时间内进行了大量的创新活动，并取得了相应的专利保护。这表明经营主体具备较强的创新能力，有利于经营主体持续地进行创新活动。

（二）创新潜能

创新潜能是指经营主体在创新方面的潜在能力和可能性。创新潜能可以体现在经营主体对市场需求的敏感性和对市场趋势的把握能力上。创新潜能高的经营主体有能力发现并抓住市场机遇，并根据市场需求进行创新。一个区域经营主体的创新潜能越强，那么这些经营主体拥有的人力、财务或技术等创新资源就越丰富，这些资源可以为经营主体的创新活动提供支持和保障，推动经营主体创新活力的知识溢出效应。

本报告使用经营主体专利申请量增速和万家经营主体专利申请量测量创新潜能。第一，经营主体专利申请量增速反映了经营主体在一定时间内的创新速度。较高的经营主体专利申请量增速意味着经营主体在最近一段时间内相比过去进行了大量的创新活动，并申请了相应的专利。这表明经营主体具备较强的创新动力和创新意识，有利于经营主体不断推出新产品、新技术和新服务，提高市场竞争力。经营主体专利申请量增速的提高代表该区域经营主体具有更强的创新潜能。经营主体专利申请量增速的计算方式为"（当年经营主体专利申请量 – 上一年经营主体专利申请量）/ 上一年经营主体专利申请量"。第二，万家经营主体专利申请量是指在某个特定区域内的万家经营主体在特定时间段所提交专利申请的数量，可以反映一个区域内经营主体在技术研发和创新方面的活跃程度。如果万家经营主体的专利申请量较多，说明该区域的经营主体在技术创新方面非常活跃，有着良好的创新氛围和创新生态系统，具备较强的创新潜能。万家经营主体专利申请量的计算方式为"经营主体专利申请量/经营主体存量（万家）"。

四、资本活力

经营主体资本活力可以体现在融资规模和资本异质性两个方面。作为资本活力的两个重要方面，这二者反映出经营主体融资过程中遭受的融资约束，是反映经营主体资本活力的重要指标。

（一）融资规模

区域融资规模是指在特定时间和地区，融资市场上融资活动涉及的资金规模和经营主体规模。较高的融资规模反映出区域内的融资约束问题少，是资本活力强的表现。一方面，较高的融资规模意味着市场中各主体融资意愿更强烈。这使得融资方能够更加积极地与资金提供方接触和互动，增加了信息的流动和共享。通过与多个资金提供方进行接触，融资方可以更好地了解市场条件、资金方的偏好和要求，从而减少信息不对称问题。另一方面，较高的融资规模意味着有更多的融资机会和交易活动，这为融资方提供了更多的选择和灵活性。通过与多个资金提供方进行接触和交流，融资方可以更好地了解资金方的背景、实力和信誉，减少代理问题的发生。

本报告使用经营主体融资总规模、发生融资事件的经营主体数量、经营主体平均融资规模来反映融资规模。第一，当经营主体融资总规模增加时，意味着更多的经营主体获得了更多融资机会，可以获得更多的资金支持。这将有助于经营主体扩大规模、增加投资和提高创新能力，推动经济的发展。经营主体融资总规模使用经营主体融资总金额进行测量。第二，发生融资事件的经营主体数量的变动也会影响融资规模。当发生融资事件的经营主体数量增加时，意味着更多的企业得到了融资的机会，融资市场的活跃度增加。第三，经营主体平均融资规模的变动也会影响融资规模。当经营主体平均融资规模增加时，意味着每个企业获得的融资金额增加。这将有助于企业获得更多的资金支持，推动企业的发展和创新。经营主体平均融资规模使用经营主体融资总金额与发生融资事件的经营主体数量的比值进行测量。

（二）资本异质性

一个区域内的资本异质性是指该区域内不同经营主体之间在资本的类型、数量方面存在差异。相对均衡和多样化的资本异质性对于减少区域内的融资约束具有重要影响，是资本活力的重要体现。一方面，相对均衡的资本异质性意味着融资方的资本结构相对稳定，没有过多的依赖于某一种融资来源。这种均衡的资本结构可以减少融资方面临的信息不对称问题，使资金提供方可以更容易获得关于融资方的信息，从而更准确地评估融资方的风险和价值。另一方面，多样化的资本异质性意味着融资方从多个不同的资金来源获得融资，而不是只依赖于一种或少数几种资金来源。这种多样化的资本来源可以减少融资方面临的代理问题。当融资方从多个资金来源获得融资时，不同的资金提供方可以相互监督和制衡，减少代理问题的发生。此外，多样化的资本来源还可以提供更多的选择，帮助融资方更好地应对不同的融资需求和市场变化。

在中国，存在着多种类型的企业，根据刘睿雯等（2020）的观点，将企业划分为国有企业、民营企业和外资企业。这些企业的性质和所有权结构各不相同，导致了资本异质性的存在。国有企业是指由国家或政府出资控制的企业，它们在中国经济中扮演着重要角色，享有一定的优惠政策。民营企业是指由私人个体或私人投资者创办、拥有和经营的企业，它们以盈利为目标，并且在市场经济中起到了积极的推动作用。民营企业在中国的比重日益增加，成为国家经济发展的重要力量。这些企业在各个行业领域中都有涉足，包括制造业、服务业、农业等。它们在技术创新、生产效率提升、市场竞争以及就业机会创造等方面都做出了积极贡献。外资企业包括港澳台企业和外商投资企业。港澳台企业是指由香港、澳门和台湾地区的企业在中国大陆注册和经营的企业，它们在中国经济中扮演着重要角色；外商投资企业是指由外国投资者在中国大陆注册和经营的企业，它们带来了资金、技术和管理经验等。这些不同类型资本间的差异体现了资本异质性。本报告采用 Blau（1977）提出的分类指数计算区域内的资本异质性。具体计算公式为：

$$Blau's\ Categorical\ Index = 1 - \sum_i p_{ijt}^2$$

其中的 p_{ijt} 指 j 地区第 t 年第 i 类企业所占的百分比，该指数的范围在 0~1 之间，值越接近 1，表示地区内的资本差异性越大。其中，资本的分类标准如下：国有企业、民营企业和外资企业。

五、制度活力

经营主体制度活力体现在企业所有制结构、标准引领和制度开放性三个方面。这三个方面分别代表了市场的公平性、规范性（有利于减少市场中交易成本），以及进入壁垒，是反映经营主体制度活力状况的重要指标。

（一）企业所有制结构

企业所有制结构是指一定区域内不同所有制企业的比例。在一个国家或地区的经济体系中，企业所有制结构通常是多样化的。根据不同所有制属性，可以将企业分为国有企业、民营企业和外资企业三类。不同的企业所有制结构反映出市场竞争和机会的公平性。所有制结构对区域内制度性交易成本的影响也是多方面的。第一，不同的企业所有制结构会导致信息不对称的程度不同（方芳，2015），从而增加信息获取和传递的成本，影响交易成本（杨瑞龙，2005）。第二，不同企业所有制结构会导致合同执行的方式和效果不同，从而影响交易成本。

本报告使用国有企业存量占比、民营企业存量占比和外资企业存量占比测量企业所有制结构。第一，作为国民经济发展的支柱，国有企业承载着国家重大的经济任务与责任。无论是在基础设施建设、能源资源开发，还是在重要工业领域，国有企业都发挥着关键性的作用，为国民经济的健康持续发展做出了巨大贡献。其存量占比反映了国家经济政策导向和对关键经济领域的控制程度，计算方式为"国有企业存量/企业存量"。第二，作为社会经济发展的重要推动力量，民营企业的存量占比反映了社会经济的发展状况。民营企业作为不同于国有企业的经济主体，在市场竞争中展现出了较强的创造力、灵活性和竞争力。民营企业的存量占比高，意味着经济更加多元化，市场竞争更加充分，有利于经济的优化升级。民营企业存量占比的计算方式为"民营企业存量/企业存量"。第三，外资企业的存量占比反映了国际经济合作和交流的程度，以及外资对国内经济的影响。外资企业的进入为国内经济带来了资金、技术和管理经验等资源，其存量占比的变化反映出国内经济对外资吸引力程度的变化。外资企业存量占比的计算方式为"外资企业存量/企业存量"。

（二）标准引领

经营主体标准引领水平是一定区域经营主体制度活力的重要方面。随着市场经济的发展，经营主体的多样性和数量增加，标准化成为促进经营主体规范经营，降低交易成本，促进市场秩序和经济发展的重要手段。第一，提高标准引领水平可以促进经营主体行为规范化（汪海，2015），使经营主体能够更容易地获取和理解相关信息。通过统一的规范，供需双方可以更准确地评估产品和服务的质量和性能，降低信息不对称，从而减少交易中的不确定性和风险。第二，较高的标准引领可以规范交易合同和条款，明确各方的权利和义务，减少合同执行过程中的争议和纠纷，使合同的执行更加可靠和有效。第三，提高标准引领水平可以促进市场参与者的自律和自我监管、提高交易的透明度和可追溯性，进而降低监管费用。通过遵守统一的标准和规范，市场参与者可以自觉地遵守交易规则和行为准则，且交易记录和信息也可以更容易地被监管机构获取和追踪，这都有利于减少监管的成本和难度。

本报告使用经营主体主导或参与制定的标准数量、经营主体主导或参与制定的标准数量变动测量标准引领。经营主体主导或参与制定的标准数量以及这种数量的变动都会对标准化引领产生影响，反映出经营主体在共建制度便利性中发挥作用的变化。首先，经营主体主导或参与制定的标准数量增加会提升标准引领的多样性和广度。经营主体通常更了解市场需求和技术发展趋势，它们参与标准制定可以确保标准更贴近市场需求和实际情况，推动标准的不断更新和改进，进而可以增加标准制定的多样性和广度。其次，经营主体主导或参与制定的标准数量的变动也会影响标准化引领的力度和方向。当经营主体参与制定的标准数量增加时，它们的影响力和话语权也会增强。这还会推进标准制定过程更加民主和开放，更多的利益相关方可以参与其中共建标准，确保标准的公平性和代表性。经营主体主导或参与制定的标准数量变动使用当年与前一年经营主体主导或参与标准制定的数量差值衡量。

（三）制度开放性

制度开放性是指一个地区或国家的经济、金融和法律制度对外部参与者的开放程度和自由度，能够为经营主体提供更多的机会和自由，是影响制度活力的关键因素之一。制度开放性可以通过提高信息透明度和降低准入壁垒等方式降低制度性交易成本，进而促进经济活动和合作的进行。具体而言，第一，提高制度开放性能够提高信息的透明度，使各类经营主体更容易获取和了解相关信息，以及更好地理解和遵守制度要求，进而减少交易双方在交互过程中信息不对称带来的交易成本，促进制度活力上升。第二，制度开放性能够降低市场准入壁垒，使更多的经营主体能够进入市场，减少市场内的限制，增加市场的竞争程度，提高交易效率，降低交易成本。

本报告使用注册资本为 0 元的新增注册经营主体数量、注册资本为 0 元的新增注册经营主体数量占比测量制度开放性。首先，注册资本为 0 元的新增注册经营主体数量的增加意味着更多的创业者和企业家可以进入市场，降低了创业门槛。这可以促进创新和创业活动的发展，增加了市场的竞争性和活力。其次，注册资本为 0 元的新增注册经营主体数量占比的变动也会影响制度的开放性。当注册资本为 0 元的新增注册经营主体数量占比增加时，意味着更多的小微企业和个体经营者进入市场。注册资本为 0 元的新增注册经营主体数量占比的计算方式为"注册资本为 0 元的新增注册经营主体数量 / 新增注册经营主体数量"。

六、空间活力

经营主体空间活力体现在两个方面，即不同地区经营主体分布的行业集聚度和空间均衡度，这两者反映了区域间的要素禀赋差异，是反映经营主体空间活力的重要指标。

（一）行业集聚度

行业集聚度可以表示一个行业的垄断与竞争程度，某一行业的集聚度过高，市场就趋于垄断（冯仁涛等，2013）。不同地区特定行业集聚度的差异可以反映该行业在这些地区的要素禀赋差异；一定的行业集聚度有利于形成规模经济等积极的效应，促进市场活力。一方面，行业高度集聚的市场可以形成规模经济和网络效应，为经营主体创造更多的商机和合作机会，促进资源共享、技术交流和市场拓展。另一方面，行业高度集聚的市场可以吸引更多的投资和资源，提高该市场内经营主体的竞争力和创新能力。然而，当经营主体过度集聚时，可能会形成垄断或寡头市场结构。这样的市场结构可能对周边地区的经营主体活力产生负面影响。

本报告使用经营主体存量行业集聚度和新增注册经营主体行业集聚度两个指标反映行业集聚度。第一，在一个地区内，如果某个行业的经营主体集聚度较高，那么该行业在该地区的影响力和市场份额也较大，这会导致相关产业及其配套企业也相对集聚在该地区，形成一定的产业集群。这种集聚效应能够促使经营主体间更多地合作和协同，实现产业链的优化和协同发展。同时，经营主体的集聚度高也能够吸引更多的投资和资源进入该地区，进一步加强了该地区与外界的互动。第二，当一个地区某一行业的新增注册经营主体行业集聚度较高时，说明该地区在一年内吸引了更多该行业的经营主体，有更多的相关经济活动和资源集聚在该地区。如果一个地区某行业的新增注册经营主体行业集聚度较低，说明该地区该行业吸引新入经营主体的能力较差。这可能意味着该地区该行业的经济活力较弱，缺乏吸引力和竞争力，可能面临发展的挑战。本报告使用企业存量区位商测量经营主体存量行业集聚度，具体计算方式为"（城市j的i行业企业存量/城市j企业存量）/（全国i行业企业存量/全国企业存量）"；使用新增注册企业区位商表示新增注册经营主体行业集中度，具体计算公式为"（城市j的i行业新增注册企业数量/城市 j 新增注册企业数量)/(全国 i 行业新增注册企业数量/全国新增注册企业数量)"

(二)空间均衡度

空间均衡度是指某一现象在地理空间上的均衡程度。当某一现象在地理空间上分布均匀,没有明显的集聚区域或分散区域时,可以说该现象在地理空间上具有较高的均衡度。不同地区的空间均衡度越高,则要素禀赋差异越小,空间活力越高。具体而言,第一,经营主体在特定空间上的均衡度有助于降低经营主体间的恶性竞争。当经营主体分布相对均衡时,不同的经营主体可以在相对均衡和公平的竞争环境下展开竞争。这种良性竞争可以促使不同区域间的经营主体进行更积极有益的互动,使其不断改进产品和服务,提高品质和效率,激发空间活力。第二,当一个地区或一个城市内部的各个区域发展不平衡时,会导致资源的浪费和低效利用。通过提高空间均衡度,可以实现资源的合理配置和高效利用,提升资源利用效率,提高经营主体空间活力。

本报告使用经营主体存量在不同区域间的差异测量空间均衡度。如果不同区域的经营主体存量差异较小,这意味着,一方面,不同区域的产业结构和就业机会等方面相对平衡,没有明显的发展差距。另一方面,不同区域的人口、教育、医疗、交通等社会资源和公共服务相对均衡。相反,如果不同区域的经营主体存量差异较大,如某些区域的经营主体数量远远超过其他区域,一方面,可能导致资源过度集聚,部分区域的经济发展受限,产业结构不平衡,经济发展不均衡。另一方面,可能导致人口过度集聚,其他区域人口减少,社会资源和公共服务不均衡分配。本报告使用泰尔指数(Theil Index)分解出的两个子指数 T_{BR} 和 T_{WR} 分别衡量经营主体存量在城市群间的差异和在城市群内的差异。这两种指数数值越大则相对应的差异程度越大。

本报告使用泰尔指数 T_p 表示城市群总体差异，其计算方法如下：

$$T_p=\Sigma_i\Sigma_j(\frac{Y_{ij}}{Y_i})\log(\frac{Y_{ij}/Y}{P_{ij}/P})$$

其中，Y_{ij} 为 i 城市群第 j 城市的 GDP，Y_i 为 i 城市群的总 GDP，Y 为全国的总 GDP；P_{ij} 为 i 城市群第 j 城市的总经营主体（企业/个体工商户）存量，P_i 为 i 城市群的总经营主体（企业/个体工商户）存量，P 为全国的总经营主体（企业/个体工商户）存量。

令 T_{pi} 表示第 i 个城市群的城市间差异，计算公式如下：

$$T_{pi}=\Sigma_j(\frac{Y_{ij}}{Y_i})\log(\frac{Y_{ij}/Y_i}{P_{ij}/P_i})$$

那么总差异 T_p 可以分解为：

$$T_p=\Sigma_i(\frac{Y_i}{Y})T_{pi}+\Sigma_i(\frac{Y_i}{Y})\log(\frac{Y_i/Y}{P_i/P})=T_{WR}+T_{BR}$$

其中，T_{BR} 表示城市群间差异，计算公式为：

$$T_{BR}=\Sigma_i(\frac{Y_i}{Y})\log(\frac{Y_i/Y}{P_i/P})$$

其中，T_{WR} 表示城市群内差异，计算公式为：

$$T_{WR}=\Sigma_i(\frac{Y_i}{Y})T_{pi}$$

七、生命活力

经营主体生命活力体现在经营主体存续能力方面。存续能力是反映经营主体生命活力的重要指标，提高其有利于延长经营主体生命周期。

存续能力是指经营主体在特定区域内合法存在和正常运营的能力。它强调的是经营主体能够在一段时间内持续存在，并且没有倒闭或停业的风险。存续能力对经营主体生命周期的影响体现在持续经营、竞争优势和资源管理三个方面。第一，存续能力强的经营主体更能够适应市场变化，灵活调整经营策略和产品定位，满足消费者需求，并具有稳定的客户群体和市场份额，能够实现持续经营，延长其生命周期。第二，存续能力强的经营主体更可能拥有独特的技术、专利或品牌，并具有成熟的生产技术和供应链关系，能够提供高质量的产品和服务。这些竞争优势能够帮助其获得更多市场份额，增加试错空间，进而延长其生命周期。第三，存续能力强的经营主体能够有效管理和利用人力、物力、财力等资源，提高生产效率和降低成本。这种资源管理能力有助于延长经营主体的生命周期。

本报告使用一个区域内成立时间在1年以内、1～5年、5～10年、10～15年、15年以上的经营主体存量及其占比测量该区域内经营主体存续能力。一方面，成立时长不同的经营主体可能面临不同的挑战和风险。不同的成立时间代表了经营主体处于不同的经营阶段。通过分析不同成立时间段内经营主体的存量数据，可以明晰经营主体的存续趋势以及可能存在的问题，进而更准确全面地了解区域内经营主体的存续能力情况，从而更好地把握区域内经营主体的生命活力。另一方面，每个成立时间段内的经营主体存量占比能反映区域内主要的经营主体的存续能力处于哪个状态，进而反映出该地区的整体存续能力水平。如果一个地区中存续5年以下的经营主体存量占比较高，可能意味着该地区有更多的新创业者和初创期企业，表明目前该地区经营主体的整体存续能力较差，但具有较高的发展潜力和活力。每个成立时间段内的经营主体存量占比的计算方式为"每个成立时间段内的经营主体存量/所有成立时间段内的经营主体存量总和"。

因此，本报告构建的评价指标体系具有7个一级指标，15个二级指标和25个三级指标，具体指标如表3-1所示。

表 3-1　中国经营主体活力评价指标体系

一级指标	二级指标	三级指标
规模活力	整体规模	经营主体存量（万家）
		经营主体存量增速（%）
	进入规模	新增注册经营主体数量（万家）
		新增注册经营主体增速（%）
	退出规模	退出注销经营主体数量（万家）
		退出注销经营主体增速（%）
发展活力	行业结构发展现状	各行业经营主体存量占比（%）
	行业结构发展趋势	各行业经营主体存量占比增速（%）
创新活力	创新产出	经营主体专利申请量（万件）
	创新潜能	经营主体专利申请量增速（%）
		万家经营主体专利申请量（件/万家）
资本活力	融资规模	经营主体融资总规模（亿元）
		发生融资事件的经营主体数量（家）
		经营主体平均融资规模（亿元/家）
	资本异质性	国有企业、民营企业和外资企业存量的异质性
制度活力	企业所有制结构	国有企业、民营企业和外资企业各自的存量占比（%）
	标准引领	经营主体主导或参与制定的标准数量（个）
		经营主体主导或参与制定的标准数量变动（%）
	制度开放性	注册资本为0元的新增注册经营主体数量（万家）
		注册资本为0元的新增注册经营主体数量占比（%）
空间活力	行业集聚度	经营主体存量行业集聚度
		新增注册经营主体行业集聚度
	空间均衡度	经营主体存量在不同区域间的差异
生命活力	存续能力	成立时间在1年以内/1~5年/5~10年/10~15年/15年以上的经营主体存量（万家）
		成立时间在1年以内/1~5年/5~10年/10~15年/15年以上的经营主体存量占比（%）

第三节 数据来源及说明

一、数据来源

数据主要来源于天眼查研究院和城市统计年鉴 2009—2020 年的数据[①]，其中 GDP 数据来自城市统计年鉴，其余数据均来自天眼查。

二、数据说明

由于以下地区数据大篇幅缺失，故本报告样本不包括兴安盟、锡林郭勒盟、阿拉善盟、延边朝鲜族自治州、大兴安岭地区、恩施土家族苗族自治州、湘西土家族苗族自治州、阿坝藏族羌族自治州、甘孜藏族自治州、凉山彝族自治州、黔西南布依族苗族自治州、黔东南苗族侗族自治州、黔南布依族苗族自治州、楚雄彝族自治州、红河哈尼族彝族自治州、文山壮族苗族自治州、西双版纳傣族自治州、大理白族自治州、德宏傣族景颇族自治州、怒江傈僳族自治州、迪庆藏族自治州、阿里地区、临夏回族自治州、甘南藏族自治州、海北藏族自治州、黄南藏族自治州、海南藏族自治州、果洛藏族自治州、玉树藏族自治州、海西蒙古族藏族自治州、昌吉回族自治州、博尔塔拉蒙古自治州、巴音郭楞蒙古自治州、阿克苏地区、克孜勒苏柯尔克孜自治州、喀什地区、和田地区、伊犁哈萨克自治州、塔城地区、阿勒泰地区、巢湖市、莱芜市、那曲市、三沙市。

在规模活力章节，本报告汇报了企业和个体工商户 2010—2020 年在全国层面的情况，2010—2020 年在省域层面的变化趋势以及 2020 年

---

① 本报告汇报的是 2010—2020 年各地区经营主体活力情况，由于使用的指标中涉及增速，因此也需要使用 2009 年相关数据。

在省域[①]层面和城市[②]层面的具体情况[③]。

在发展活力和创新活力章节，本报告汇报了企业2010—2020年在全国层面的情况，2010—2020年在省域层面的变化趋势以及2020年在省域层面和城市层面的具体情况，缺少相对应的个体工商户数据。此外，由于2009年全国企业专利申请量缺失，所以2010年的全国企业专利申请量增速无法计算，从2011年开始汇报。

在资本活力章节，本报告汇报了企业主体融资规模和资本异质性在2010—2020年在全国层面的情况，2010—2020年在省域层面的变化趋势以及2020年在省域层面的具体情况，由于企业融资规模城市层面的数据严重缺失，故在城市层面只分析资本异质性。此外，由于缺少相对应的个体工商户数据，故不对个体工商户资本活力相关情况进行分析。

在制度活力章节，本报告汇报了2010—2020年在全国层面的企业所有制结构情况，2010—2020年企业主体所有制结构在省域层面的变化趋势以及2020年在省域层面和城市层面的具体情况，2010—2020年企业主体在全国层面的标准引领情况，2010—2020年企业主体标准引领情况在省域层面的变化趋势，2020年在省域层面和城市层面的具体情况，以及2010—2020年企业主体和个体工商户主体在全国层面制度开放性情况，由于省域层面和城市层面制度开放性数据缺失，故未进行汇报。

在空间活力章节，本报告汇报了2020年企业在城市层面的行业集聚

[①] 本报告中，省域包括直辖市、省份和自治区。
[②] 本报告中，由于相关章节关于省域层面的分析中已包括了直辖市，故这些章节在城市层面的分析不包括直辖市，只分析地级市。
[③] 由于省份和城市样本过多，本报告无法将所有省份和城市在2010—2020年的指标情况全部列出，故只列出了相关指标在2020年的部分城市数据，下同。

度情况，以及企业和个体工商户 2010—2020 年在城市群之间和城市群内部的空间均衡度。

在生命活力章节，本报告汇报了 2020 年全国和五大城市群的企业和个体工商户在不同存续时段分布情况，省份和城市层面的数据缺失。

第四章

经营主体规模活力

规模活力主要反映目前市场环境中经营主体的规模，包括已存在的经营主体整体规模、当年进入的经营主体规模和退出的经营主体规模。本报告通过对现有经营主体（整体规模）、新增注册经营主体（进入规模）、退出注销经营主体（退出规模）的数量和增速进行分析，说明全国层面、省域层面、城市层面的经营主体的规模活力情况。

截至 2022 年年底，中国经营主体数量达到 1.69 亿家，其中，企业数量 5000 万家，且全国登记在册个体工商户达到 1.14 亿户，约占经营主体总量的 2/3[①]。

本章对 2010—2020 年全国 31 个省域，以及 291 个地级市的规模活力进行测算，针对两种主要经营主体类型（企业和个体工商户），分析了各层次的整体规模、进入规模和退出规模。

---

① https://baijiahao.baidu.com/s?id=1754917970058138340&wfr=spider&for=pc.

第一节　经营主体整体规模

一、全国层面经营主体整体规模及趋势分析

本部分分析了 2010—2020 年全国企业和个体工商户存量及其增速情况，结果见表 4-1、图 4-1、表 4-2 和图 4-2。

表 4-1　2010—2020 年全国企业存量及其增速

单位：万家，%

年份	企业存量	企业存量增速
2010	563.7737	17.88
2011	665.1067	17.97
2012	777.0380	16.83
2013	931.3322	19.86
2014	1152.2766	23.72
2015	1409.5168	22.32
2016	1725.9400	22.45
2017	2081.7980	20.62
2018	2476.9644	18.98
2019	2928.1764	18.22
2020	3453.7536	17.95

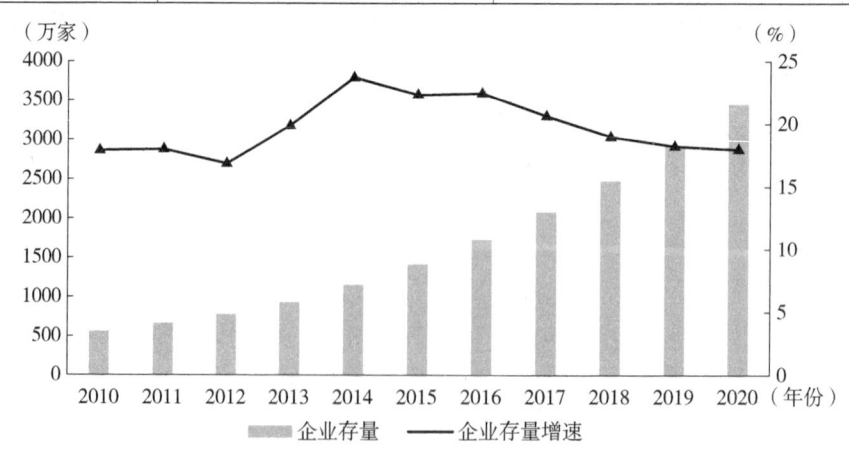

图 4-1　2010—2020 年全国企业存量及其增速趋势

注：三角形代表企业存量增速，2014 年出现最大值，2012 年出现最小值。

根据表 4-1 和图 4-1 可以看出，2010—2020 年，全国企业主体存量持续增长，企业整体规模持续扩大，但增速逐年放缓，在 2014 年达到峰值（23.72%）后有所回落。

表 4-2　2010—2020 年全国个体工商户存量及其增速

单位：万家，%

年份	个体工商户存量	个体工商户存量增速
2010	1303.8599	24.55
2011	1609.7917	23.46
2012	1962.5192	21.91
2013	2410.0564	22.80
2014	2862.1850	18.76
2015	3397.7720	18.71
2016	3976.4996	17.03
2017	4740.2260	19.21
2018	5645.3956	19.10
2019	6704.3668	18.76
2020	8024.4384	19.69

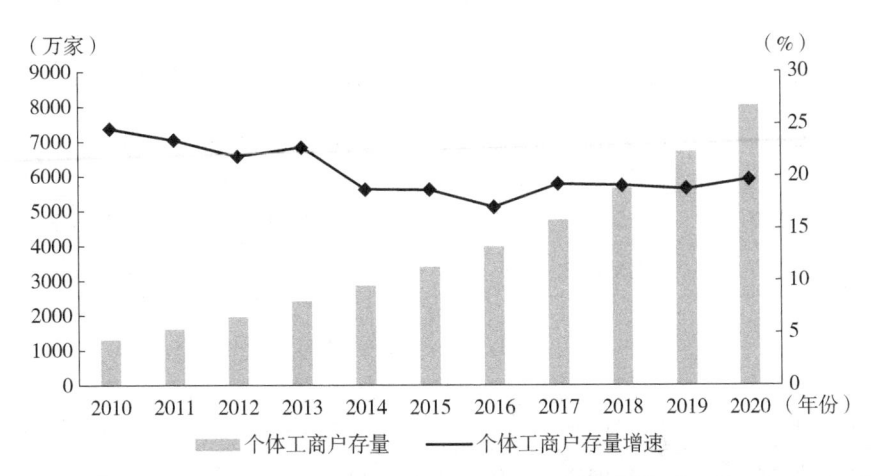

图 4-2　2010—2020 年全国个体工商户存量及其增速趋势

注：菱形代表个体工商户存量增速，2010 年出现最大值，2016 年出现最小值。

由表 4-2 和图 4-2 可知，2010—2020 年全国个体工商户存量呈现持续增长趋势，由 2010 年的 1303 万余家增长至 2020 年的 8000 万余家。虽然受到疫情等多重因素的影响，但 2020 年我国个体工商户存量仍呈现逆势增长势头，2020 年的个体工商户存量为 8024.4384 万家，同比增速为 19.69%。2010—2020 年个体工商户存量增速稍有波动，范围为 17%～25%，2010 年增速（24.55%）最大，2016 年增速（17.03%）最小。

二、省域层面经营主体整体规模及趋势分析

本部分分析了 2020 年 31 个省域企业和个体工商户存量及其增速情况，以及各省域企业和个体工商户存量在 2010—2020 年的变化趋势，结果见表 4-3、图 4-3、表 4-4、图 4-4。

表 4-3 展示了 2020 年 31 个省域企业存量及其增速数据。根据表 4-3 可以看出，在 2020 年，江苏省企业存量最高，超过 332 万家；广东省次高，超过 278 万家；浙江省排在第三位，约为 270 万家。企业存量增速排在前三名的省份分别是海南省（49.41%）、四川省（24.51%）和江西省（22.89%）。

表 4-3　2020 年 31 个省域企业存量及其增速

单位：万家，%

省域	企业存量	企业存量排名	企业存量增速	企业存量增速排名
江苏省	332.3391	1	16.86	18
广东省	278.3958	2	15.31	29
浙江省	269.8135	3	17.03	17
上海市	212.4906	4	17.33	16
河南省	204.6534	5	20.52	7
河北省	178.9617	6	18.63	11
北京市	168.0629	7	10.38	31

续表

省域	企业存量	企业存量排名	企业存量增速	企业存量增速排名
四川省	163.4624	8	24.51	2
安徽省	153.0963	9	21.94	4
福建省	147.4075	10	18.33	12
湖北省	140.1959	11	16.04	24
湖南省	108.3953	12	20.69	6
辽宁省	103.4015	13	14.8	30
广西壮族自治区	91.9696	14	17.47	15
江西省	88.9891	15	22.89	3
重庆市	84.3384	16	16.8	20
贵州省	81.6543	17	16.4	23
山东省	80.7764	18	19.33	9
山西省	78.6281	19	20.9	5
云南省	77.6822	20	17.95	13
天津市	57.8646	21	15.57	26
吉林省	54.6244	22	16.75	21
甘肃省	54.3319	23	15.55	27
黑龙江省	53.2367	24	15.41	28
内蒙古自治区	52.1956	25	16.02	25
海南省	38.6807	26	49.41	1
新疆维吾尔自治区	38.5036	27	18.85	10
陕西省	22.0461	28	16.64	22
宁夏回族自治区	16.9582	29	17.69	14
青海省	12.1033	30	16.82	19
西藏自治区	8.4950	31	20.15	8

图4-3描绘了2010—2020年31个省域的企业存量变化趋势。可以发现，31个省域的企业存量在这段时间内基本都呈上升趋势，其中，江苏省、浙江省、广东省平均增长趋势较为明显。

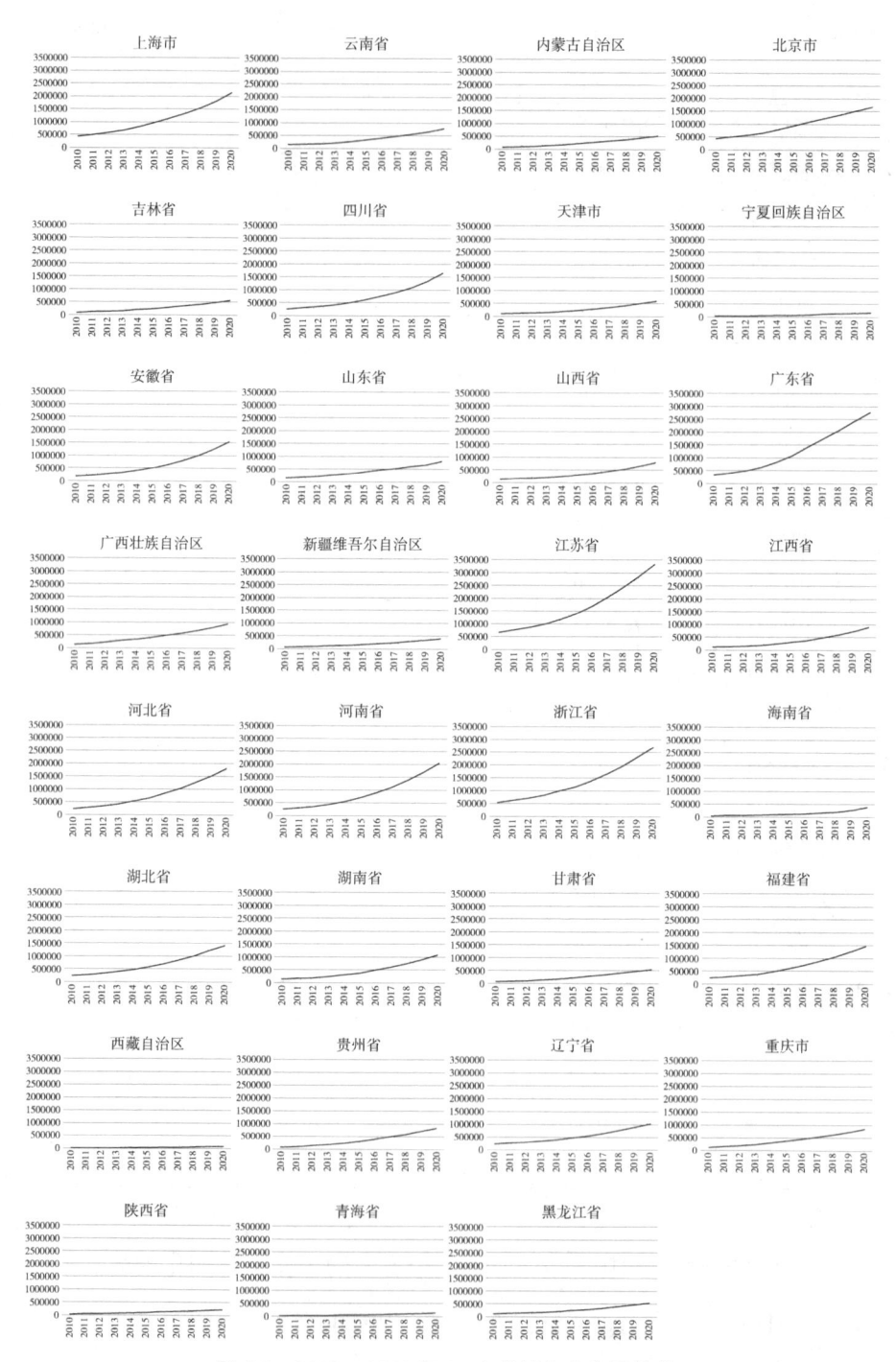

图 4-3　2010—2020 年 31 个省域企业存量趋势

2020年我国31个省域的个体工商户存量数据见表4-4。可以看出，直辖市中，个体工商户存量最高的是重庆市，其次分别是天津市、上海市、北京市，存量分别为166.6067万、57.8739万、46.3423万、36.7410万家，重庆市个体工商户体量远超其他三个直辖市。省和自治区中，江苏省、山东省、广东省个体工商户存量排在前三名，分别为817.8907万、724.0783万、594.2283万家，远超其他省和自治区。

表4-4展示了2020年31个省域的个体工商户存量及其增速。直辖市中，个体工商户存量增速最高的是天津市，其次分别是重庆市、上海市、北京市，存量增速分别为24.40%、18.37%、9.20%、2.95%，可以看出天津市和重庆市都保持了较高的增长率，上海市和北京市增长较缓。省和自治区中，江苏省仍表现突出，增速为43.01%，在存量基数最大的同时保持了最高的增长率；河北省、浙江省、福建省、广西壮族自治区、海南省、贵州省、云南省、新疆维吾尔自治区的增速表现也较为优秀，超过20%；另外，除湖北省外的其他省和自治区增速也超过10%。

表4-4 2020年31个省域个体工商户存量及其增速

单位：万家，%

省域	个体工商户存量	排名	个体工商户存量增速	排名
江苏省	817.8907	1	43.01	1
山东省	724.0783	2	15.46	24
广东省	594.2283	3	16.82	19
湖北省	536.0998	4	7.86	30
四川省	443.5192	5	17.50	16
河南省	425.3078	6	18.85	12
河北省	417.0269	7	20.41	10
浙江省	415.4953	8	21.28	8
湖南省	349.6422	9	14.48	27

续表

省域	个体工商户存量	排名	个体工商户存量增速	排名
安徽省	337.7810	10	17.18	18
福建省	309.0264	11	28.62	2
云南省	258.3105	12	20.53	9
陕西省	247.9695	13	17.90	15
辽宁省	247.3573	14	14.51	26
贵州省	220.9003	15	22.49	7
广西壮族自治区	209.4603	16	26.64	3
重庆市	166.6067	17	18.37	14
吉林省	165.9295	18	16.45	21
山西省	161.7483	19	17.19	17
黑龙江省	159.3216	20	16.62	20
江西省	154.2189	21	19.34	11
甘肃省	132.3979	22	12.36	28
内蒙古自治区	123.2837	23	15.74	22
新疆维吾尔自治区	116.8201	24	23.55	6
海南省	62.1766	25	25.59	4
天津市	57.8739	26	24.40	5
上海市	46.3423	27	9.20	29
宁夏回族自治区	37.4127	28	15.53	23
北京市	36.7410	29	2.95	31
青海省	29.3693	30	15.08	25
西藏自治区	20.1017	31	18.44	13

图4-4描绘了2010—2020年31个省域的个体工商户存量变化趋势。可以发现，基本都呈上升趋势，其中，江苏省增长趋势明显，上海市、天津市、北京市、青海省上升趋势较缓。

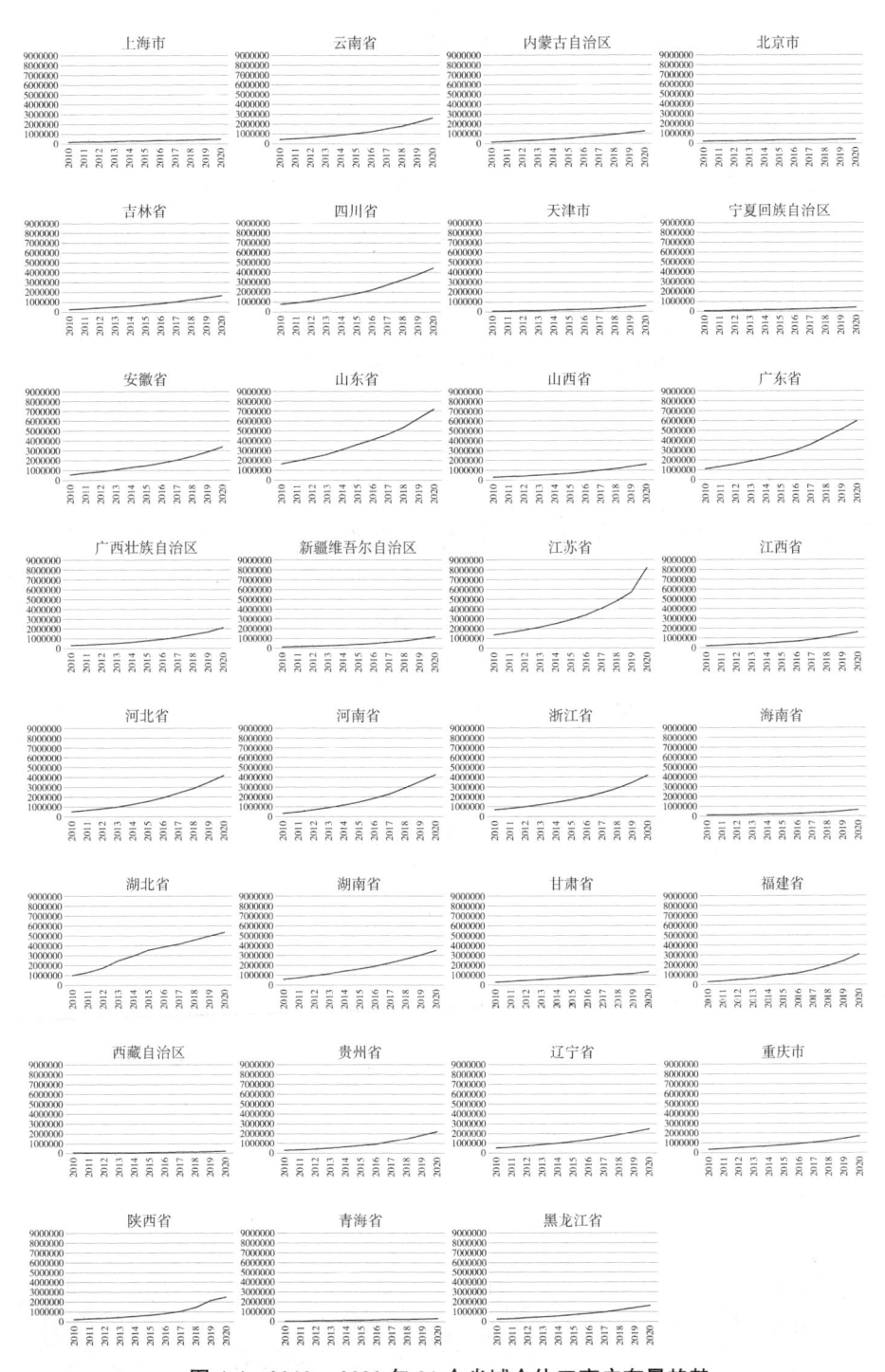

图 4-4　2010—2020 年 31 个省域个体工商户存量趋势

三、城市层面经营主体整体规模及趋势分析

本部分分析了 2020 年城市层面企业和个体工商户存量及其增速情况（前 100 名），具体结果见表 4-5、表 4-6、表 4-7 和表 4-8。

根据表 4-5 可以发现，企业整体规模排在前三名的城市分别是深圳市、成都市和杭州市，企业存量分别超过 205 万、87 万和 71 万家。

表 4-5　2020 年城市企业主体存量（前 100 名）

单位：万家

城市	企业存量	排名	城市	企业存量	排名
深圳市	205.6523	1	亳州市	13.1926	51
成都市	87.3973	2	连云港市	12.961	52
杭州市	71.2483	3	周口市	12.7297	53
苏州市	69.9673	4	遵义市	12.6068	54
郑州市	58.4545	5	乌鲁木齐市	12.1103	55
武汉市	54.6425	6	镇江市	11.9003	56
南京市	52.0947	7	九江市	11.8906	57
宁波市	45.382	8	淮安市	11.8555	58
合肥市	42.2909	9	衡水市	11.7607	59
长沙市	40.6747	10	商丘市	11.5019	60
石家庄市	36.8742	11	湖州市	11.2758	61
厦门市	36.3855	12	驻马店市	11.0054	62
金华市	35.6594	13	宜春市	10.9966	63
无锡市	34.4208	14	济南市	10.8319	64
泉州市	33.9173	15	开封市	10.8026	65
福州市	31.6103	16	襄阳市	10.777	66
昆明市	30.5392	17	漳州市	10.0094	67
温州市	29.4966	18	安庆市	9.9495	68
南宁市	29.1512	19	上饶市	9.8339	69
大连市	28.5416	20	宿州市	9.6927	70
沈阳市	28.1064	21	黄冈市	9.6897	71

续表

城市	企业存量	排名	城市	企业存量	排名
贵阳市	25.8089	22	信阳市	9.6873	72
长春市	25.654	23	呼和浩特市	9.6823	73
南通市	25.3539	24	西安市	9.668	74
广州市	24.8006	25	东莞市	9.6151	75
徐州市	24.4687	26	宜昌市	9.5026	76
保定市	24.313	27	新乡市	9.4209	77
哈尔滨市	22.934	28	运城市	9.3465	78
太原市	21.7838	29	许昌市	9.3133	79
绍兴市	21.5528	30	六安市	9.3091	80
常州市	21.3717	31	滁州市	9.298	81
盐城市	21.3709	32	银川市	9.1857	82
邯郸市	21.1528	33	桂林市	8.9133	83
台州市	20.7845	34	张家口市	8.7382	84
海口市	19.3596	35	柳州市	8.7174	85
嘉兴市	19.0169	36	毕节市	8.6629	86
扬州市	17.0665	37	莆田市	8.627	87
南昌市	16.4647	38	安阳市	8.3839	88
南阳市	15.7838	39	芜湖市	8.3378	89
阜阳市	15.7237	40	玉林市	8.3146	90
兰州市	15.7089	41	潍坊市	8.2689	91
沧州市	15.4173	42	绵阳市	8.2495	92
邢台市	15.343	43	平顶山市	8.145	93
廊坊市	15.113	44	秦皇岛市	7.8933	94
青岛市	15.1069	45	荆州市	7.8918	95
泰州市	14.9021	46	宁德市	7.8547	96
唐山市	14.8489	47	佛山市	7.8375	97
宿迁市	14.6057	48	承德市	7.5073	98
洛阳市	14.1541	49	吉安市	7.4159	99
赣州市	13.5752	50	赤峰市	7.3267	100

表 4-6 列示了 2020 年企业存量增速排在前 100 名的城市的企业存量增速及其排名。排在前五名的城市分别为儋州市、三亚市、铜川市、海口市和宿州市,其存量增速都超过 30%,儋州市增速最快,为 64.24%。排在 20 名左右的城市企业存量增速约为 24%,排在 50 名左右的城市企业存量增速约为 21%,排在 80 名左右的城市企业存量增速约为 19%。

表 4-6 2020 年城市企业主体存量增速(前 100 名)

单位:%

城市	企业存量增速	排名	城市	企业存量增速	排名
儋州市	64.24	1	抚州市	21.59	51
三亚市	48.46	2	淮北市	21.51	52
铜川市	33.50	3	鹤壁市	21.46	53
海口市	33.34	4	合肥市	21.12	54
宿州市	30.72	5	新乡市	21.10	55
宜春市	30.65	6	鹰潭市	21.09	56
成都市	30.19	7	七台河市	21.00	57
莆田市	29.05	8	日喀则市	20.98	58
济南市	27.59	9	晋城市	20.88	59
萍乡市	27.37	10	岳阳市	20.83	60
廊坊市	26.46	11	娄底市	20.80	61
濮阳市	26.34	12	上饶市	20.61	62
聊城市	25.51	13	商丘市	20.57	63
六安市	24.81	14	保定市	20.44	64
亳州市	24.49	15	平顶山市	20.40	65
芜湖市	24.21	16	武威市	20.31	66
吉安市	24.09	17	安庆市	20.31	67
金华市	23.93	18	新余市	20.22	68
周口市	23.91	19	郑州市	20.21	69
青岛市	23.89	20	南平市	20.15	70
日照市	23.76	21	池州市	20.14	71

续表

城市	企业存量增速	排名	城市	企业存量增速	排名
泉州市	23.74	22	拉萨市	20.08	72
徐州市	23.72	23	邢台市	19.96	73
运城市	23.55	24	张家界市	19.93	74
蚌埠市	23.50	25	宿迁市	19.92	75
滨州市	23.44	26	长治市	19.91	76
衡阳市	23.40	27	南昌市	19.91	77
昭通市	23.21	28	淮南市	19.88	78
连云港市	23.11	29	贵港市	19.83	79
九江市	22.94	30	信阳市	19.79	80
咸阳市	22.90	31	南阳市	19.77	81
吕梁市	22.85	32	黄山市	19.72	82
安阳市	22.75	33	焦作市	19.71	83
钦州市	22.75	34	长春市	19.65	84
漯河市	22.66	35	咸宁市	19.61	85
太原市	22.56	36	开封市	19.41	86
林芝市	22.44	37	北海市	19.41	87
邵阳市	22.43	38	株洲市	19.33	88
遂宁市	22.41	39	龙岩市	19.32	89
广安市	22.37	40	滁州市	19.29	90
永州市	22.32	41	洛阳市	19.26	91
景德镇市	22.22	42	许昌市	19.25	92
赣州市	22.18	43	贺州市	19.24	93
长沙市	22.17	44	广元市	19.21	94
德州市	22.08	45	湖州市	19.19	95
阜阳市	22.02	46	舟山市	19.18	96
临汾市	21.89	47	邯郸市	19.16	97
三门峡市	21.81	48	葫芦岛市	19.15	98
眉山市	21.63	49	宜宾市	19.10	99
昌都市	21.60	50	湘潭市	19.06	100

对 2020 年我国各城市的个体工商户存量进行排名，表 4-7 列示了排在前 100 名的城市的个体工商户存量及其排名。排在前五名的城市为成都市、苏州市、西安市、深圳市和徐州市，它们的个体工商户存量都超过或接近 100 万家，成都市最多，为 165.1819 万家。排在 20 名左右的城市个体工商户存量约为 60 万家，排在 50 名左右的城市个体工商户存量约为 40 万家，排在 80 名左右的城市个体工商户存量约为 30 万家。

表 4-7　2020 年城市个体工商户存量（前 100 名）

单位：万家

城市	个体工商户存量	排名	城市	个体工商户存量	排名
成都市	165.1819	1	阜阳市	39.6754	51
苏州市	139.7454	2	毕节市	38.89	52
西安市	117.8173	3	惠州市	38.7473	53
深圳市	117.6042	4	常州市	38.6602	54
徐州市	99.0823	5	南阳市	38.5718	55
青岛市	89.6282	6	枣庄市	38.4598	56
潍坊市	79.8094	7	台州市	38.3079	57
广州市	78.9391	8	连云港市	37.5468	58
武汉市	77.4121	9	莆田市	37.5344	59
南京市	73.7137	10	赣州市	37.4775	60
临沂市	72.0296	11	江门市	37.387	61
南通市	71.9899	12	绍兴市	36.9694	62
石家庄市	71.1192	13	南宁市	35.9717	63
盐城市	70.3117	14	聊城市	34.8035	64
金华市	69.0043	15	贵阳市	34.6686	65
长沙市	66.8091	16	沧州市	34.1648	66
泉州市	66.5677	17	镇江市	33.7928	67
黄冈市	63.3892	18	嘉兴市	33.2726	68
泰州市	61.4789	19	淄博市	33.1653	69
无锡市	61.3665	20	周口市	32.8606	70

续表

城市	个体工商户存量	排名	城市	个体工商户存量	排名
温州市	61.2896	21	孝感市	32.7399	71
长春市	60.0231	22	亳州市	32.572	72
哈尔滨市	59.7447	23	十堰市	32.197	73
菏泽市	59.6524	24	德州市	31.5528	74
保定市	58.5653	25	岳阳市	31.3834	75
宜昌市	58.2015	26	佛山市	30.9134	76
烟台市	57.8647	27	常德市	29.8835	77
邯郸市	57.2124	28	洛阳市	29.0491	78
杭州市	56.5205	29	咸阳市	28.8399	79
襄阳市	56.3436	30	宿州市	28.8297	80
郑州市	54.9526	31	汕头市	27.7242	81
宁波市	54.7036	32	衡阳市	27.4057	82
沈阳市	53.7402	33	宜宾市	27.0526	83
东莞市	53.6205	34	曲靖市	26.9111	84
合肥市	53.2376	35	安庆市	26.4163	85
济宁市	52.9829	36	益阳市	26.121	86
济南市	51.5383	37	龙岩市	25.9833	87
昆明市	49.5583	38	开封市	25.8122	88
唐山市	49.2339	39	太原市	25.6946	89
宿迁市	47.9877	40	驻马店市	25.5401	90
福州市	45.462	41	信阳市	25.4847	91
遵义市	43.0942	42	湖州市	25.3553	92
淮安市	42.4875	43	荆门市	25.3329	93
商丘市	41.2502	44	廊坊市	25.1697	94
荆州市	41.2298	45	绵阳市	25.0678	95
大连市	40.9463	46	随州市	24.5994	96
邢台市	40.6757	47	咸宁市	24.5426	97
泰安市	40.2928	48	株洲市	24.5132	98
漳州市	39.9318	49	黄石市	24.2807	99
扬州市	39.7273	50	宁德市	24.0045	100

表 4-8 列示了 2020 年排在前 100 名的城市的个体工商户存量增速及其排名。排在前五名的城市分别为钦州市、泰州市、盐城市、无锡市和咸阳市，其存量增速都超过 70%，钦州市增速最快。排在 20 名左右的城市个体工商户存量增速约为 28%，排在 50 名左右的城市个体工商户存量增速约为 23%，排在 80 名左右的城市个体工商户存量增速约为 20%。

表 4-8　2020 年城市个体工商户存量增速（前 100 名）

单位：%

城市	个体工商户存量增速	排名	城市	个体工商户存量增速	排名
钦州市	113.99	1	东营市	22.74	51
泰州市	93.74	2	新乡市	22.57	52
盐城市	78.02	3	济南市	22.42	53
无锡市	71.76	4	石家庄市	22.36	54
咸阳市	70.35	5	抚州市	22.21	55
徐州市	53.82	6	南阳市	22.18	56
三明市	53.63	7	肇庆市	21.94	57
贵阳市	48.76	8	北海市	21.90	58
苏州市	45.70	9	商丘市	21.85	59
南平市	45.53	10	廊坊市	21.75	60
佛山市	40.14	11	铜仁市	21.69	61
儋州市	37.64	12	青岛市	21.65	62
宿州市	36.13	13	贺州市	21.63	63
宁德市	36.02	14	延安市	21.63	64
淮安市	35.08	15	齐齐哈尔市	21.62	65
龙岩市	32.56	16	江门市	21.61	66
扬州市	32.40	17	三亚市	21.54	67
萍乡市	30.13	18	清远市	21.50	68
宿迁市	29.79	19	合肥市	21.50	69
铜川市	28.87	20	梧州市	21.46	70
连云港市	28.69	21	莆田市	21.20	71

续表

城市	个体工商户存量增速	排名	城市	个体工商户存量增速	排名
贵港市	28.31	22	宜春市	21.13	72
鹰潭市	28.00	23	沧州市	21.12	73
丽江市	27.81	24	昆明市	21.09	74
邢台市	27.55	25	毕节市	21.08	75
金华市	26.99	26	漳州市	21.05	76
湖州市	26.98	27	唐山市	20.97	77
福州市	26.96	28	玉溪市	20.95	78
景德镇市	26.37	29	常州市	20.93	79
昭通市	26.32	30	保山市	20.90	80
海口市	26.11	31	潮州市	20.86	81
运城市	25.97	32	张家口市	20.73	82
厦门市	25.88	33	乌鲁木齐市	20.70	83
丽水市	25.81	34	佳木斯市	20.46	84
郑州市	25.67	35	来宾市	20.40	85
南昌市	24.86	36	河池市	20.32	86
鹤壁市	24.85	37	鹤岗市	20.30	87
宜宾市	24.81	38	大庆市	20.16	88
桂林市	24.41	39	衡水市	20.16	89
嘉兴市	24.28	40	云浮市	20.10	90
临沂市	24.26	41	遂宁市	20.05	91
镇江市	24.07	42	临汾市	19.94	92
防城港市	23.93	43	温州市	19.78	93
泉州市	23.83	44	衢州市	19.45	94
南通市	23.73	45	中卫市	19.42	95
南京市	23.64	46	南宁市	19.39	96
新余市	23.63	47	渭南市	19.38	97
阳江市	23.36	48	昌都市	19.32	98
台州市	23.10	49	资阳市	19.26	99
长春市	23.09	50	赤峰市	19.25	100

第二节 经营主体进入规模

一、全国层面经营主体进入规模及趋势分析

本部分分析了 2010—2020 年全国新增注册企业和个体工商户数量及其增速情况，结果见表 4-9、图 4-5、表 4-10、图 4-6。

表 4-9 和图 4-5 展示了 2010—2020 年全国新增企业数量及其增速。可以发现，2010—2020 年，全国新增注册企业数量持续增长，企业主体进入规模扩大了近 4 倍，增速在 2014 年达到最高（34.68%），而后在波动中下降。

表 4-9 2010—2020 年全国新增注册企业数量及其增速

单位：万家，%

年份	新增注册企业数量	新增注册企业增速
2010	223.2332	12.39
2011	249.3192	11.69
2012	253.747	1.78
2013	330.0966	30.09
2014	444.5632	34.68
2015	530.1718	19.26
2016	647.4372	22.12
2017	693.5357	7.12
2018	757.7865	9.26
2019	827.9451	9.26
2020	874.8217	5.66

表 4-10 和图 4-6 展示了 2010—2020 年全国新增注册个体工商户数量及其增速。可以发现，在 2010—2020 年，我国新增注册个体工商户数量呈现持续增长态势，尤其是自 2016 年以来，我国每年新增注册个

体工商户数量一直保持高速增长，2010 年新增最少为 713 万家，2020 年新增最多为 1859 万家；我国新增注册个体工商户数量的增速波动较大，2017 年最高为 20.74%，2010 年最低为 0.09%。

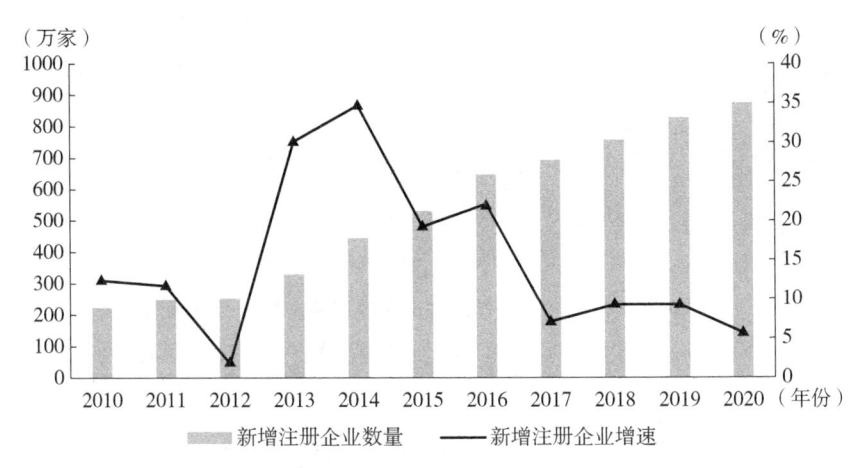

图 4-5 2010—2020 年全国新增注册企业数量及其增速趋势

注：三角形代表新增注册企业增速，2014 年出现最大值，2012 年出现最小值。

表 4-10 2010—2020 年全国新增注册个体工商户数量及其增速

单位：万家，%

年份	新增注册个体工商户数量	新增注册个体工商户增速
2010	713.6105	0.09
2011	755.4266	5.86
2012	786.1314	4.06
2013	929.3314	18.22
2014	933.4065	0.44
2015	1050.8715	12.58
2016	1088.6361	3.59
2017	1314.4251	20.74
2018	1470.8122	11.90
2019	1653.8315	12.44
2020	1859.998	12.47

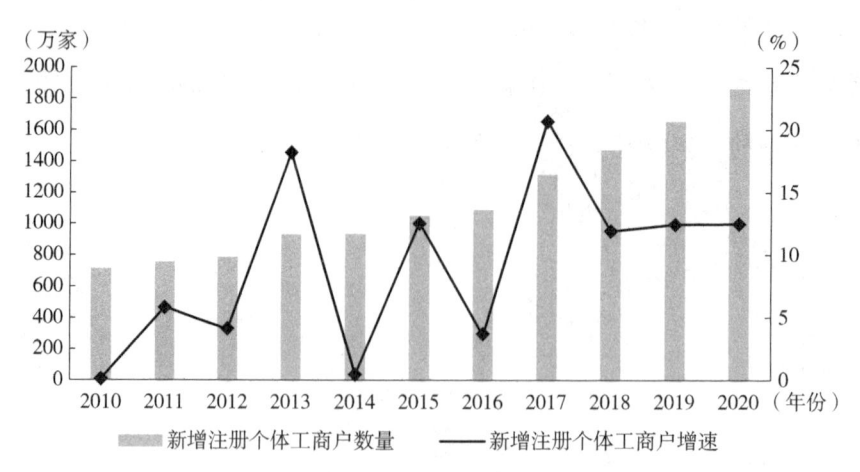

图 4-6 2010—2020 年全国新增注册个体工商户数量及其增速趋势

注：菱形代表新增注册个体工商户增速，2017 年出现最大值，2010 年出现最小值。

二、省域层面经营主体进入规模及趋势分析

本部分分析了 2020 年 31 个省域新增注册企业和个体工商户数量及其增速情况，以及各省域新增注册企业和个体工商户数量在 2010—2020 年的变化趋势，具体结果见表 4-11、图 4-7、表 4-12、图 4-8。

表 4-11 列示了 2020 年 31 个省域新增注册企业数量及其增速数据。根据表 4-11 可以看出，在 2020 年，广东省新增注册企业数量最高，约为 127 万家；山东省和江苏省分别排在第二位和第三位，其新增注册企业数量分别超过 83 万家和 63 万家。新增注册企业数量增速排在前三名的省份分别是海南省（111.52%）、吉林省（22.01%）和四川省（18.78%）。

表 4-11 2020 年 31 个省域新增注册企业数量及其增速

单位：万家，%

省域	新增注册企业数量	新增注册企业数量排名	新增注册企业数量增速	新增注册企业数量增速排名
广东省	126.9764	1	17.42	4
山东省	83.3061	2	4.17	14

续表

省域	新增注册企业数量	新增注册企业数量排名	新增注册企业数量增速	新增注册企业数量增速排名
江苏省	63.4106	3	9.63	12
浙江省	53.2565	4	−1.4	22
河南省	48.5968	5	0.29	19
四川省	43.4147	6	18.78	3
上海市	42.1202	7	12.09	8
河北省	38.4795	8	−3.87	25
安徽省	36.2607	9	0.11	20
福建省	30.2516	10	2.38	16
湖北省	26.0004	11	−10.9	28
湖南省	25.0838	12	0.49	18
江西省	24.0996	13	13.35	6
陕西省	23.5534	14	−3.66	24
山西省	19.7586	15	11.99	9
广西壮族自治区	19.4021	16	10.33	11
北京市	19.0088	17	−4.85	26
辽宁省	18.3221	18	−13.56	29
重庆市	16.5657	19	3.35	15
海南省	16.3495	20	111.52	1
云南省	16.2149	21	6.95	13
贵州省	16.0756	22	−2.1	23
吉林省	12.1829	23	22.01	2
天津市	10.4464	24	−18.75	31
内蒙古自治区	10.3959	25	2.13	17
黑龙江省	10.1633	26	−14.52	30
甘肃省	9.6497	27	11.77	10
新疆维吾尔自治区	7.9989	28	12.56	7
宁夏回族自治区	3.359	29	−0.13	21
青海省	2.3417	30	15.05	5
西藏自治区	1.7763	31	−9.1	27

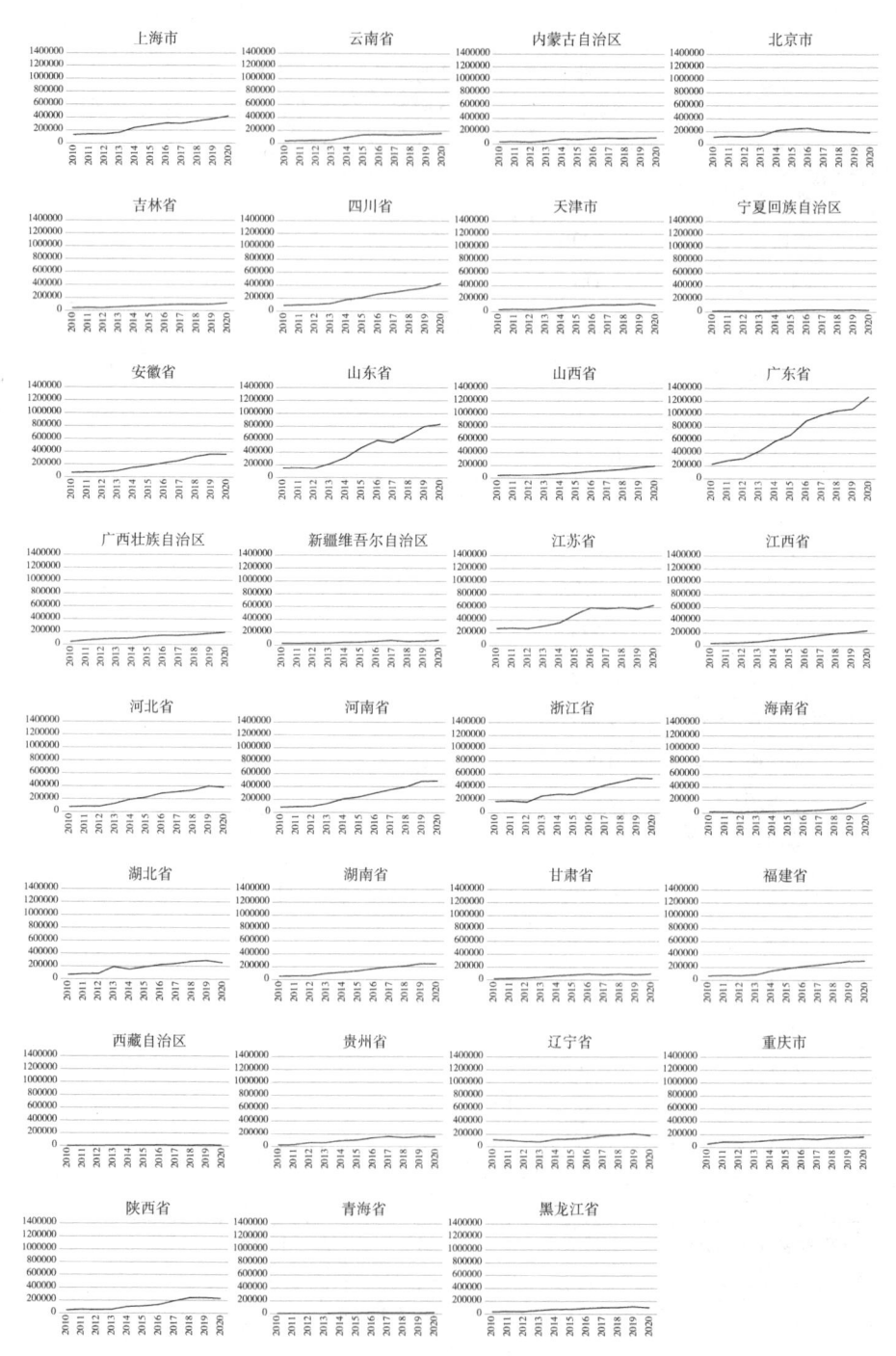

图 4-7 2010—2020 年 31 个省域新增注册企业数量趋势

进一步地，图4-7描绘了2010—2020年31个省域的新增注册企业数量变化趋势。可以发现，从省域层面来看，2010—2020年四川省、山东省、广东省、江苏省、河南省、浙江省等企业进入规模呈明显上升趋势。

2020年31个省域新增注册个体工商户数量及其增速数据见表4-12。可以看出，直辖市中，新增注册个体工商户数量最多的是重庆市，其次分别是天津市、上海市、北京市，新增分别为36.4237万、17.0783万、5.9198万、1.6746万家，重庆市新增注册个体工商户数量突出，这也与个体工商户存量情况一致。省和自治区中，江苏省、山东省、广东省为个体工商户新增量排在前三名，分别为316.6728万、136.1677万、130.5066万家，江苏省远超其他省份和自治区，与个体工商户存量情况类似。对于新增注册个体工商户数量增速，排在前三名的分别是江苏省（141.65%）、广西壮族自治区（61.01%）和福建省（55.70%）。

表4-12　2020年31个省域新增个体工商户数量及其增速

单位：万家，%

省域	新增注册个体工商户数量	新增注册个体工商户数量排名	新增注册个体工商户数量增速	新增注册个体工商户数量增速排名
江苏省	316.6728	1	141.65	1
山东省	136.1677	2	-3.66	18
广东省	130.5066	3	2.05	14
浙江省	117.1147	4	25.57	4
福建省	111.0578	5	55.70	3
河南省	95.967	6	-16.64	28
河北省	92.446	7	-1.99	16
四川省	85.7012	8	11.34	6
广西壮族自治区	70.5648	9	61.01	2
安徽省	67.932	10	6.93	8

续表

省域	新增注册个体工商户数量	新增注册个体工商户数量排名	新增注册个体工商户数量增速	新增注册个体工商户数量增速排名
陕西省	61.8465	11	−44.14	31
湖南省	58.8387	12	4.3	13
云南省	54.646	13	8.85	7
贵州省	54.1363	14	4.83	11
湖北省	52.3867	15	−12.39	26
辽宁省	44.2887	16	−13.98	27
江西省	40.005	17	−4.01	19
重庆市	36.4237	18	12.65	5
山西省	32.3555	19	−2.95	17
吉林省	31.7621	20	5.33	10
黑龙江省	31.4245	21	−8.28	24
新疆维吾尔自治区	31.4125	22	−7.11	22
内蒙古自治区	28.8522	23	−0.92	15
甘肃省	19.2565	24	5.66	9
天津市	17.0783	25	4.4	12
海南省	16.8577	26	−4.59	20
宁夏回族自治区	7.3021	27	−6.69	21
上海市	5.9198	28	−7.71	23
青海省	5.3539	29	−8.78	25
西藏自治区	4.046	30	−23.08	29
北京市	1.6746	31	−35.42	30

进一步地，图4-8展示了我国31个省域在2010—2020年新增注册个体工商户数量的趋势。可以看出部分省域基本保持一个稳定的新增数量，如上海市、内蒙古自治区、天津市、宁夏回族自治区、海南省、甘肃省、西藏自治区、青海省等；部分省域呈现缓慢上升趋势，如

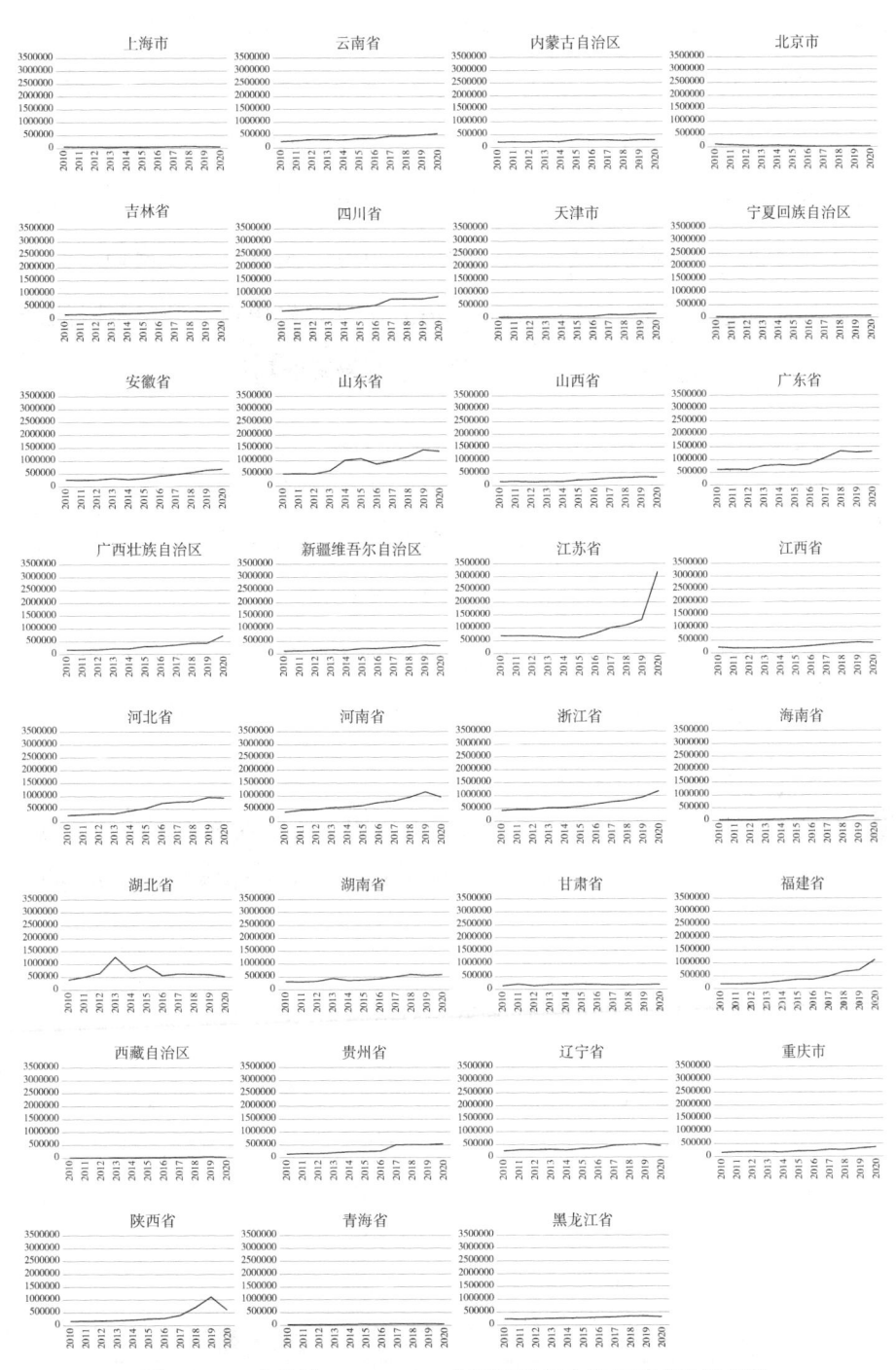

图 4-8　31 个省域 2010—2020 年新增注册个体工商户数量趋势

吉林省、四川省、安徽省、山西省、广西壮族自治区、新疆维吾尔自治区、江西省、湖南省、辽宁省、重庆市、黑龙江省等；部分省域呈现较强增长趋势，例如，山东省、广东省、河北省、河南省、浙江省、福建省、贵州省等。也有部分省份趋势出现较大范围波动，例如，江苏省在2016—2020年实现较快增长，湖北省在2010—2015年两次出现上升—下降的波动趋势，陕西省在2018—2020年呈现先快速上升又下降的趋势。另外，值得注意的是，北京市出现了缓慢降低趋势。

三、城市层面经营主体进入规模及趋势分析

本部分分析了2020年我国城市新增注册企业和个体工商户数量及其增速情况（前100名），结果见表4-13、表4-14、表4-15和表4-16。

2020年城市新增注册企业数量数据（前100名）见表4-13。可以发现，企业主体进入规模排在前五名的城市分别是广州市、深圳市、成都市、青岛市和杭州市，新增注册企业数量分别超过44万、34万、26万、15万和12万家。排在15名左右的城市新增注册企业约为10万家，排在50名左右的城市新增注册企业约为4万家，排在70名左右的城市新增注册企业约为3万家。

表4-13　2020年城市新增注册企业数量（前100名）

单位：万家

城市	新增注册企业数量	排名	城市	新增注册企业数量	排名
广州市	44.0562	1	宜春市	3.5193	51
深圳市	34.1723	2	南阳市	3.5044	52
成都市	26.223	3	德州市	3.487	53
青岛市	15.1549	4	阜阳市	3.4234	54
杭州市	12.7321	5	连云港市	3.4204	55
郑州市	12.6787	6	滨州市	3.37	56

续表

城市	新增注册企业数量	排名	城市	新增注册企业数量	排名
西安市	12.0445	7	绍兴市	3.2858	57
东莞市	11.8854	8	邢台市	3.2846	58
苏州市	11.155	9	洛阳市	3.2478	59
济南市	10.9657	10	九江市	3.2418	60
合肥市	10.2857	11	扬州市	3.1613	61
南京市	9.984	12	亳州市	3.1481	62
武汉市	9.8332	13	沧州市	3.1242	63
金华市	9.5116	14	嘉兴市	3.1217	64
长沙市	9.4741	15	常州市	3.0975	65
临沂市	8.4349	16	淄博市	3.0688	66
泉州市	8.3867	17	泰州市	3.0265	67
潍坊市	7.9261	18	宿迁市	3.0256	68
宁波市	7.7184	19	梅州市	3.0156	69
佛山市	7.3705	20	咸阳市	2.9812	70
无锡市	6.9022	21	唐山市	2.9758	71
石家庄市	6.8505	22	商丘市	2.9431	72
温州市	6.6941	23	宿州市	2.8437	73
徐州市	6.3996	24	泰安市	2.8326	74
海口市	6.2185	25	莆田市	2.6941	75
昆明市	6.1198	26	运城市	2.6054	76
长春市	5.9755	27	安阳市	2.593	77
廊坊市	5.7519	28	遵义市	2.5812	78
厦门市	5.6847	29	兰州市	2.5401	79
沈阳市	5.6667	30	湖州市	2.5102	80
南宁市	5.6592	31	上饶市	2.4981	81
福州市	5.6372	32	三亚市	2.4764	82
保定市	5.415	33	枣庄市	2.4754	83
太原市	5.3988	34	开封市	2.4615	84

续表

城市	新增注册企业数量	排名	城市	新增注册企业数量	排名
济宁市	5.289	35	新乡市	2.4227	85
贵阳市	5.1309	36	日照市	2.3961	86
烟台市	4.9789	37	六安市	2.3683	87
惠州市	4.8903	38	淮安市	2.349	88
菏泽市	4.6401	39	吉安市	2.3385	89
盐城市	4.5754	40	驻马店市	2.3315	90
台州市	4.3398	41	安庆市	2.3226	91
邯郸市	4.3395	42	信阳市	2.2461	92
聊城市	4.314	43	珠海市	2.2087	93
大连市	4.2515	44	襄阳市	2.2001	94
南通市	4.2103	45	许昌市	2.1551	95
哈尔滨市	4.111	46	威海市	2.1438	96
赣州市	3.6075	47	衡水市	2.1435	97
南昌市	3.5844	48	芜湖市	2.1435	98
中山市	3.5602	49	乌鲁木齐市	2.1111	99
周口市	3.5245	50	镇江市	2.1038	100

表 4-14　2020 年城市新增注册企业数量增速（前 100 名）

单位：%

城市	新增注册企业数量增速	排名	城市	新增注册企业数量增速	排名
梅州市	215.57	1	河源市	21.10	51
儋州市	161.49	2	德阳市	21.10	52
云浮市	153.61	3	遂宁市	20.49	53
丽江市	85.23	4	雅安市	20.22	54
三亚市	82.91	5	盐城市	20.09	55
清远市	79.19	6	阳泉市	19.95	56
钦州市	63.38	7	亳州市	19.30	57
吕梁市	63.23	8	大同市	19.29	58

续表

城市	新增注册企业数量增速	排名	城市	新增注册企业数量增速	排名
韶关市	60.56	9	六盘水市	19.28	59
四平市	56.21	10	定西市	19.08	60
海东市	55.59	11	邵阳市	19.00	61
普洱市	52.40	12	绵阳市	18.78	62
武威市	51.54	13	商丘市	18.06	63
朔州市	49.96	14	金昌市	17.88	64
眉山市	47.15	15	汕尾市	17.65	65
廊坊市	46.38	16	南平市	17.25	66
海口市	44.22	17	昭通市	16.67	67
萍乡市	44.06	18	江门市	16.22	68
铜仁市	43.92	19	青岛市	16.22	69
百色市	43.24	20	徐州市	15.98	70
宿州市	42.78	21	菏泽市	15.91	71
咸阳市	38.55	22	汕头市	15.53	72
昌都市	37.47	23	娄底市	15.18	73
铜川市	35.80	24	阳江市	15.01	74
无锡市	35.33	25	九江市	14.85	75
安阳市	34.76	26	泸州市	14.27	76
辽源市	34.20	27	临汾市	14.02	77
松原市	33.62	28	滨州市	13.97	78
贺州市	32.82	29	北海市	13.93	79
保山市	32.52	30	丽水市	13.77	80
河池市	32.12	31	蚌埠市	13.63	81
广安市	31.75	32	临沂市	13.34	82
广州市	30.71	33	拉萨市	13.28	83
赣州市	28.61	34	焦作市	13.26	84
资阳市	27.79	35	莆田市	12.87	85
来宾市	27.61	36	三明市	12.80	86

续表

城市	新增注册企业数量增速	排名	城市	新增注册企业数量增速	排名
宜春市	27.23	37	玉林市	12.44	87
自贡市	26.44	38	崇左市	11.93	88
吉林市	25.26	39	临沧市	11.49	89
宜宾市	23.73	40	扬州市	11.28	90
吉安市	23.44	41	芜湖市	11.25	91
长治市	23.05	42	太原市	11.00	92
衡阳市	23.04	43	湛江市	10.92	93
长春市	23.03	44	抚州市	10.72	94
忻州市	22.91	45	泉州市	10.70	95
平凉市	22.72	46	随州市	10.40	96
南充市	21.99	47	荆州市	10.36	97
潮州市	21.97	48	乐山市	10.34	98
连云港市	21.52	49	柳州市	10.26	99
成都市	21.47	50	肇庆市	10.15	100

表4-14列示了2020年新增注册企业数量增速排在前100名的城市的新增注册企业数量增速及其排名。排在前五名的城市分别为梅州市、儋州市、云浮市、丽江市和三亚市，其新增注册企业数量增速都超过80%。排在20名左右的城市新增注册企业数量增速约为43%，排在50名左右的城市新增注册企业数量增速约为21%，排在80名左右的城市新增注册企业数量增速约为13%。

表4-15列示了新增注册个体工商户数量排在前100名的城市的新增注册个体工商户数量及其排名，即进入规模。排在前五名的城市分别为苏州市、徐州市、泰州市、盐城市和成都市，它们的新增注册个体工商户都超过30万家，苏州市最多，为57.9099万家，是我国唯一一个新增超过50

万家的城市。另外值得注意的是，前五名中属于江苏省的城市有四个，也佐证了江苏省在个体工商户进入规模上表现优异。排在15名左右的城市新增注册个体工商户约为18万家，排在50名左右的城市新增注册个体工商户约为10万家，排在80名左右的城市新增注册个体工商户约为6万家。

表4-15　2020年城市新增注册个体工商户数量（前100名）

单位：万家

城市	新增注册个体工商户数量	排名	城市	新增注册个体工商户数量	排名
苏州市	57.9099	1	武汉市	10.0021	51
徐州市	40.5829	2	镇江市	9.7638	52
泰州市	35.0129	3	南阳市	9.7329	53
盐城市	34.9415	4	济宁市	9.0381	54
成都市	33.5675	5	南平市	8.9237	55
无锡市	31.1061	6	江门市	8.9158	56
三明市	26.3444	7	哈尔滨市	8.846	57
青岛市	21.8923	8	南宁市	8.6653	58
钦州市	21.7337	9	漳州市	8.2706	59
淮安市	21.0227	10	毕节市	8.2176	60
金华市	20.2526	11	惠州市	8.083	61
西安市	20.0581	12	莆田市	8.0573	62
深圳市	19.7673	13	德州市	7.9296	63
南京市	18.5832	14	宁德市	7.9063	64
临沂市	18.4045	15	烟台市	7.8947	65
咸阳市	17.9991	16	湖州市	7.7781	66
泉州市	17.6465	17	厦门市	7.606	67
石家庄市	17.4911	18	赣州市	7.5822	68
南通市	17.054	19	菏泽市	7.4945	69
温州市	16.8759	20	沧州市	7.2755	70
郑州市	16.0366	21	宜宾市	7.0729	71
宿迁市	16.004	22	通辽市	6.6734	72

续表

城市	新增注册个体工商户数量	排名	城市	新增注册个体工商户数量	排名
长沙市	15.225	23	阜阳市	6.6488	73
长春市	15.067	24	洛阳市	6.5974	74
台州市	14.245	25	周口市	6.4967	75
广州市	14.024	26	芜湖市	6.3203	76
佛山市	13.8201	27	淄博市	6.3049	77
贵阳市	13.7348	28	衡阳市	6.2556	78
济南市	13.6737	29	海口市	6.2556	79
龙岩市	13.454	30	廊坊市	5.8104	80
合肥市	13.001	31	运城市	5.8051	81
福州市	12.849	32	聊城市	5.6708	82
唐山市	12.638	33	新乡市	5.5653	83
绍兴市	12.526	34	中山市	5.5444	84
扬州市	12.1796	35	南昌市	5.5257	85
杭州市	12.0294	36	桂林市	5.5132	86
宁波市	12.0004	37	丽水市	5.4852	87
保定市	11.575	38	亳州市	5.3468	88
潍坊市	11.5713	39	太原市	5.3375	89
常州市	11.2896	40	咸宁市	5.3316	90
邢台市	11.2302	41	襄阳市	5.3239	91
连云港市	11.2226	42	衡水市	5.3162	92
昆明市	11.2226	43	大连市	5.1946	93
东莞市	11.2081	44	齐齐哈尔市	5.1541	94
商丘市	10.8585	45	铜仁市	5.1317	95
嘉兴市	10.7555	46	驻马店市	5.112	96
遵义市	10.4584	47	曲靖市	5.0967	97
宿州市	10.3648	48	昭通市	5.0405	98
邯郸市	10.281	49	上饶市	4.9257	99
沈阳市	10.2003	50	威海市	4.9135	100

表 4-16 列示了 2020 年新增注册个体工商户数量增速排在前 100 名的城市的新增注册个体工商户数量增速及其排名。排在前五名的城市分别为钦州市、三明市、泰州市、盐城市和无锡市，其新增注册个体工商户数量增速都超过 270%。排在 20 名左右的城市新增注册个体工商户数量增速约为 78%，排在 50 名左右的城市新增注册个体工商户数量增速约为 21%，排在 80 名左右的城市新增注册个体工商户数量增速约为 12%。

表 4-16　2020 年城市新增注册个体工商户数量增速（前 100 名）

单位：%

城市	新增注册个体工商户增速	排名	城市	新增注册个体工商户增速	排名
钦州市	830.34	1	娄底市	19.92	51
三明市	600.69	2	玉溪市	19.42	52
泰州市	469.65	3	江门市	18.93	53
盐城市	448.51	4	来宾市	18.47	54
无锡市	276.00	5	福州市	18.32	55
龙岩市	252.73	6	阜新市	18.15	56
徐州市	200.88	7	金华市	18.15	57
扬州市	184.42	8	南阳市	17.54	58
南平市	157.65	9	崇左市	17.06	59
咸阳市	133.26	10	河源市	16.24	60
宿州市	125.08	11	陇南市	15.99	61
淮安市	121.79	12	柳州市	15.96	62
贺州市	116.80	13	北海市	15.71	63
雅安市	116.21	14	丽江市	15.50	64
南通市	109.18	15	遂宁市	15.44	65
镇江市	94.96	16	清远市	15.38	66
绍兴市	91.08	17	保山市	14.23	67
德州市	82.68	18	潮州市	14.14	68
连云港市	79.37	19	天水市	14.12	69

续表

城市	新增注册个体工商户增速	排名	城市	新增注册个体工商户增速	排名
通辽市	78.34	20	佛山市	14.04	70
宁德市	78.13	21	葫芦岛市	13.64	71
鹤壁市	77.58	22	达州市	13.58	72
台州市	77.54	23	海口市	13.44	73
苏州市	72.27	24	南充市	13.01	74
宿迁市	68.70	25	淮北市	12.61	75
湖州市	64.26	26	昭通市	12.54	76
常州市	63.31	27	邵阳市	12.25	77
贵阳市	60.46	28	丽水市	12.24	78
桂林市	46.41	29	白银市	11.97	79
嘉兴市	44.97	30	梧州市	11.71	80
宜宾市	44.67	31	吕梁市	11.50	81
邢台市	43.60	32	贵港市	11.42	82
运城市	42.85	33	中卫市	10.73	83
百色市	39.13	34	平凉市	10.64	84
资阳市	37.59	35	永州市	10.27	85
南京市	36.92	36	青岛市	9.89	86
河池市	34.49	37	成都市	9.29	87
防城港市	33.97	38	张家口市	8.90	88
阳江市	32.75	39	普洱市	8.86	89
临沂市	31.40	40	玉林市	8.83	90
温州市	31.14	41	乌兰察布市	8.77	91
安康市	30.44	42	广州市	8.43	92
定西市	29.33	43	湛江市	8.30	93
长春市	26.87	44	梅州市	8.07	94
蚌埠市	26.76	45	临沧市	8.04	95
漳州市	26.69	46	衡阳市	7.72	96
长沙市	22.18	47	广元市	7.69	97

续表

城市	新增注册个体工商户增速	排名	城市	新增注册个体工商户增速	排名
益阳市	22.13	48	遵义市	7.26	98
咸宁市	21.90	49	茂名市	6.76	99
金昌市	21.08	50	武威市	6.64	100

第三节　经营主体退出规模

一、全国层面经营主体退出规模及趋势分析

本部分分析了 2010—2020 年全国退出注销企业和个体工商户数量及其增速情况，结果见表 4-17、表 4-18、图 4-9 和图 4-10。

表 4-17 和图 4-9 展示了 2010—2020 年全国退出注销企业数量及其增速。可以发现，2010—2020 年，全国退出注销企业数量显著增长，但其增速在 2014 年达到最高（27.20%）后在波动中下降，在 2020 年降至最低（-7.30%）。

表 4-17　2010—2020 年全国退出注销企业数量及其增速

单位：万家，%

年份	退出注销企业数量	退出注销企业增速
2010	137.7098	6.95
2011	147.9862	7.46
2012	141.8157	-4.17
2013	175.8024	23.97
2014	223.6188	27.20
2015	272.9316	22.05
2016	331.014	21.28
2017	337.6777	2.01
2018	362.6201	7.39

续表

年份	退出注销企业数量	退出注销企业增速
2019	376.7331	3.89
2020	349.2445	−7.30

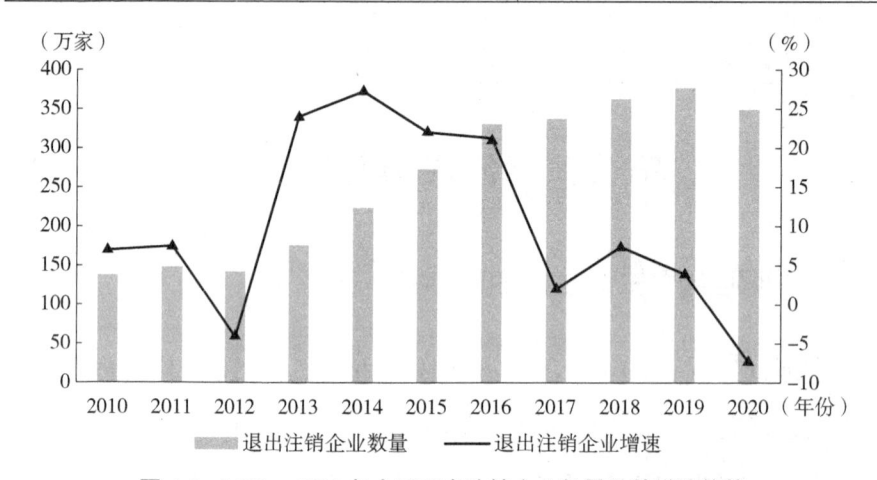

图 4-9　2010—2020 年全国退出注销企业数量及其增速趋势

注：三角形代表退出注销企业增速，2014 年出现最大值，2020 年出现最小值。

表 4-18 和图 4-10 展示了 2010—2020 年全国退出注销个体工商户数量及其增速数据。可以发现，2010—2020 年，全国退出注销个体工商户数量态势平稳，有较小范围波动，2012 年退出注销数量最少（433 万家），2019 年退出注销数量最多（594 万家）。增速在 2013 年达到最高（11.17%）后在波动中下降，在 2020 年降至最低（−9.23%）。

表 4-18　2010—2020 年全国退出注销个体工商户数量及其增速

单位：万家，%

年份	退出注销个体工商户数量	退出注销个体工商户增速
2010	456.5720	−4.44
2011	449.4948	−1.55
2012	433.4039	−3.58
2013	481.7942	11.17
2014	481.2779	−0.11

续表

年份	退出注销个体工商户数量	退出注销个体工商户增速
2015	515.2845	7.07
2016	509.9085	−1.04
2017	550.6987	8.00
2018	565.6426	2.71
2019	594.8603	5.17
2020	539.9264	−9.23

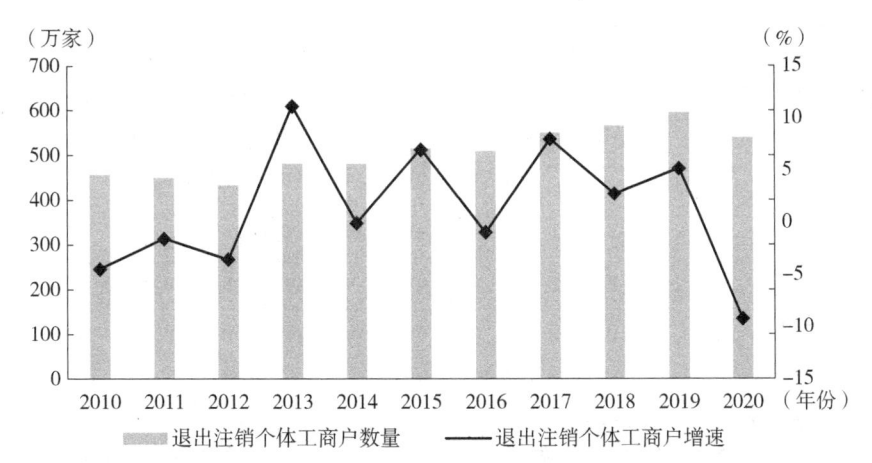

图 4-10　2010—2020 年全国退出注销个体工商户数量及其增速趋势

注：菱形代表退出注销个体工商户增速，2013 年出现最大值，2020 年出现最小值。

二、省域层面经营主体退出规模及趋势分析

本部分分析了 2020 年 31 个省域退出注销企业和个体工商户数量及其增速情况，以及各省域退出注销企业和个体工商户数量在 2010—2020 年的变化趋势，结果见表 4-19、图 4-11、表 4-20、图 4-12。

表 4-19 列示了 2020 年 31 个省域退出注销企业数量及其增速数据。根据表 4-19 可以看出，2020 年，广东省退出注销企业数量最高，约为 90 万家；山东省和陕西省分别排在第二位和第三位，其退出注销企

业数量分别超过70万家和20万家。对于退出注销企业数量增速，排在前三名的省份分别是海南省（66.22%）、吉林省（26.68%）和广东省（21.98%）。

表4-19　2020年31个省域退出注销企业数量及其增速

单位：万家，%

省域	退出注销企业数量	退出注销企业数量排名	退出注销企业数量增速	退出注销企业数量增速排名
广东省	90.0133	1	21.98	3
山东省	70.2229	2	−2.33	7
陕西省	20.409	3	−8.77	11
江苏省	15.4527	4	−9.65	12
浙江省	13.9863	5	−23.29	19
河南省	13.7541	6	−17.91	16
四川省	11.2403	7	−16.61	14
上海市	10.7364	8	−3.79	8
河北省	10.3703	9	−31.74	26
安徽省	8.7132	10	−28.21	23
江西省	7.5269	11	−1.47	6
福建省	7.4205	12	−22.41	18
湖北省	6.6222	13	−29.48	24
湖南省	6.5018	14	−27.11	22
山西省	6.1644	15	−5.37	9
广西壮族自治区	5.7238	16	0.08	5
辽宁省	4.993	17	−41.77	30
贵州省	4.5687	18	−17	15
重庆市	4.4333	19	−24.86	21
云南省	4.3944	20	−23.36	20
吉林省	4.347	21	26.68	2
海南省	3.5578	22	66.22	1
北京市	3.2071	23	−39.68	29

续表

省域	退出注销企业数量	退出注销企业数量排名	退出注销企业数量增速	退出注销企业数量增速排名
内蒙古自治区	3.1893	24	−18.02	17
黑龙江省	3.0541	25	−42.19	31
天津市	2.6527	26	−39.55	28
甘肃省	2.3367	27	8.17	4
新疆维吾尔自治区	1.8912	28	−13.8	13
宁夏回族自治区	0.81	29	−31.45	25
青海省	0.599	30	−6.17	10
西藏自治区	0.3519	31	−32.34	27

进一步地，图 4-11 描绘了 2010—2020 年 31 个省域退出注销企业数量变化趋势。可以发现，从省份层面来看，2010—2020 年山东省、广东省、陕西省企业退出规模呈较为明显的上升趋势，江苏省呈现倒 U 形趋势。

2020 年 31 个省域退出注销个体工商户数量及其增速数据见表 4-20。可以看出，直辖市中，个体工商户注销数量最多的是重庆市，其次分别是天津市、上海市、北京市，注销数量分别为 10.5703 万、5.7282 万、2.0141 万、0.6214 万家，与个体工商户存量、注册数量排名一致，说明直辖市个体工商户新增较多的同时伴随着注销较多，进入和退出规模都较大。省和自治区中，江苏省、广东省、浙江省为个体工商户注销排在前三名，分别为 70.6818 万、44.9471 万、44.2231 万家，江苏省远超其他省和自治区，与个体工商户存量和注册数量排名类似。对于退出注销个体工商户数量增速，排在前三名的分别是福建省（107.95%）、江苏省（78.74%）和广西壮族自治区（61.42%）。

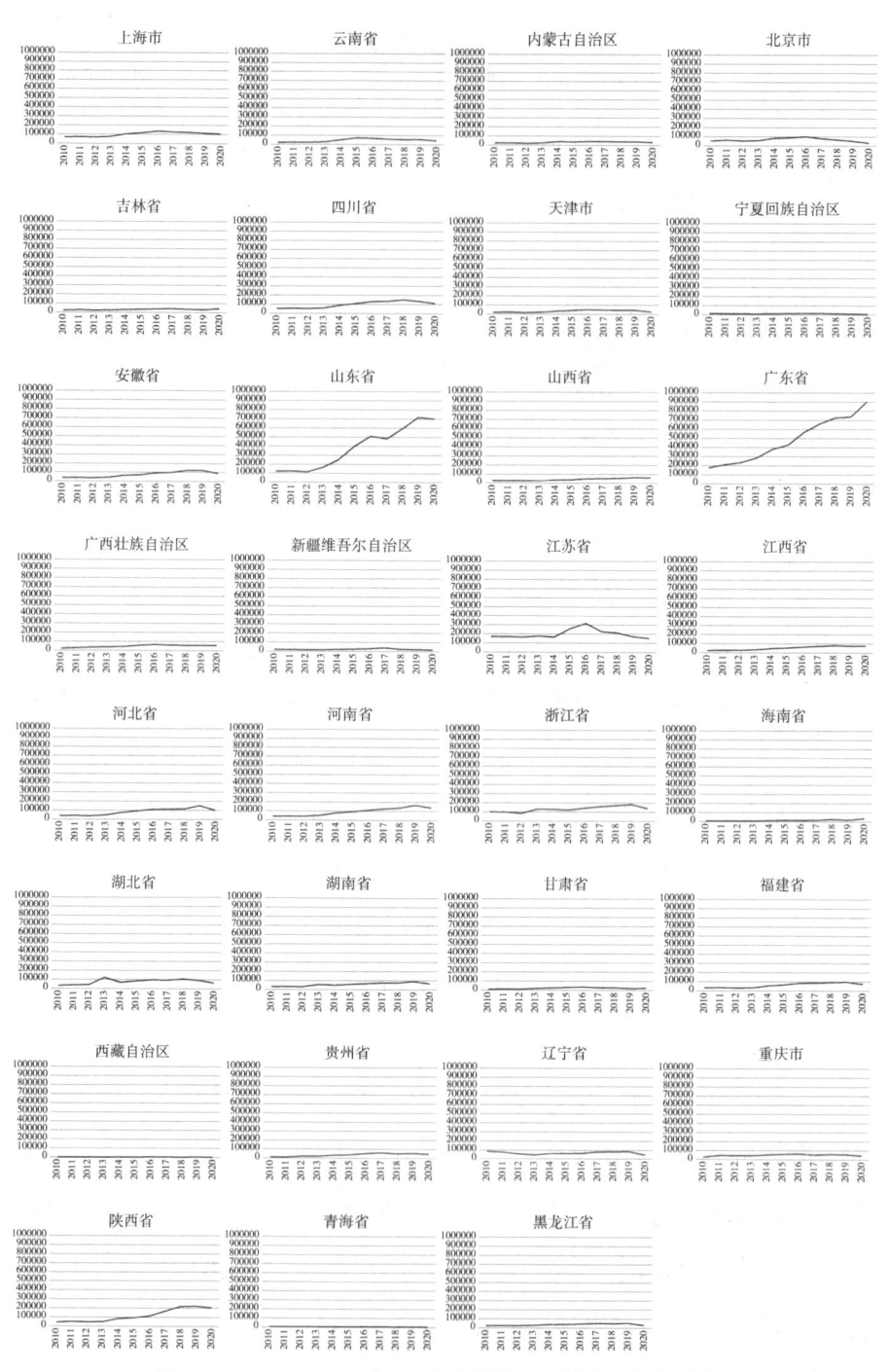

图 4-11　2010—2020 年 31 个省域退出注销企业数量趋势

表 4-20　2020 年 31 个省域退出注销个体工商户数量及其增速

单位：万家，%

省域	退出注销个体工商户数量	退出注销个体工商户数量排名	退出注销个体工商户数量增速	退出注销个体工商户数量增速排名
江苏省	70.6818	1	78.74	2
广东省	44.9471	2	-15.3	9
浙江省	44.2231	3	23.56	4
福建省	42.2928	4	107.95	1
山东省	39.2357	5	-22.88	15
河南省	28.5142	6	-38.12	28
广西壮族自治区	26.5078	7	61.42	3
陕西省	24.1966	8	-43.37	30
河北省	21.746	9	-34.57	26
四川省	19.6331	10	-21.18	11
安徽省	18.4009	11	-2.86	6
江西省	15.0138	12	-10.07	7
湖南省	14.6121	13	-15.81	10
贵州省	13.5773	14	-31.15	23
湖北省	13.3345	15	-37.23	27
辽宁省	12.9528	16	-39.64	29
内蒙古自治区	12.0818	17	-2.3	5
云南省	10.654	18	-27.17	19
重庆市	10.5703	19	-14.32	8
新疆维吾尔自治区	9.1489	20	-31.44	24
黑龙江省	8.718	21	-30.01	22
山西省	8.6236	22	-21.86	12
吉林省	8.3206	23	-23.3	16
天津市	5.7282	24	-22.24	13
甘肃省	4.694	25	-25.35	18
海南省	4.1881	26	-22.26	14

续表

省域	退出注销个体工商户数量	退出注销个体工商户数量排名	退出注销个体工商户数量增速	退出注销个体工商户数量增速排名
宁夏回族自治区	2.2722	27	−24.54	17
上海市	2.0141	28	−28.41	21
青海省	1.5053	29	−28.23	20
西藏自治区	0.9165	30	−32.44	25
北京市	0.6214	31	−44.5	31

进一步地，图4-12展示了我国31个省域在2010—2020年个体工商户注销数量的变化趋势。可以看出一些省域基本保持一个稳定的注销数量，如上海市、内蒙古自治区、吉林省、天津市、宁夏回族自治区、山西省、新疆维吾尔自治区、江西省、海南省、西藏自治区、重庆市、青海省等；一些省域呈现缓慢上升趋势，如安徽省、广西壮族自治区、浙江省等；部分省域呈现较大范围增长，如福建省等；部分省域呈现缓慢下降趋势，如云南省、北京市、湖南省、甘肃省、黑龙江省等；也有部分省域趋势出现较大范围波动，例如山东省、广东省、江苏省、河南省、河北省、湖北省、陕西省等。

三、城市层面经营主体退出规模及趋势分析

本部分分析了2020年我国城市退出注销企业和个体工商户数量及其增速情况（前100名），结果见表4-21、表4-22、表4-23和表4-24。

表4-21列示了2020年城市的退出注销企业数量（前100名）。可以发现，退出注销企业数量排在前三名的城市分别是广州市、青岛市和东莞市，其数量分别超过41万、12万和11万家。

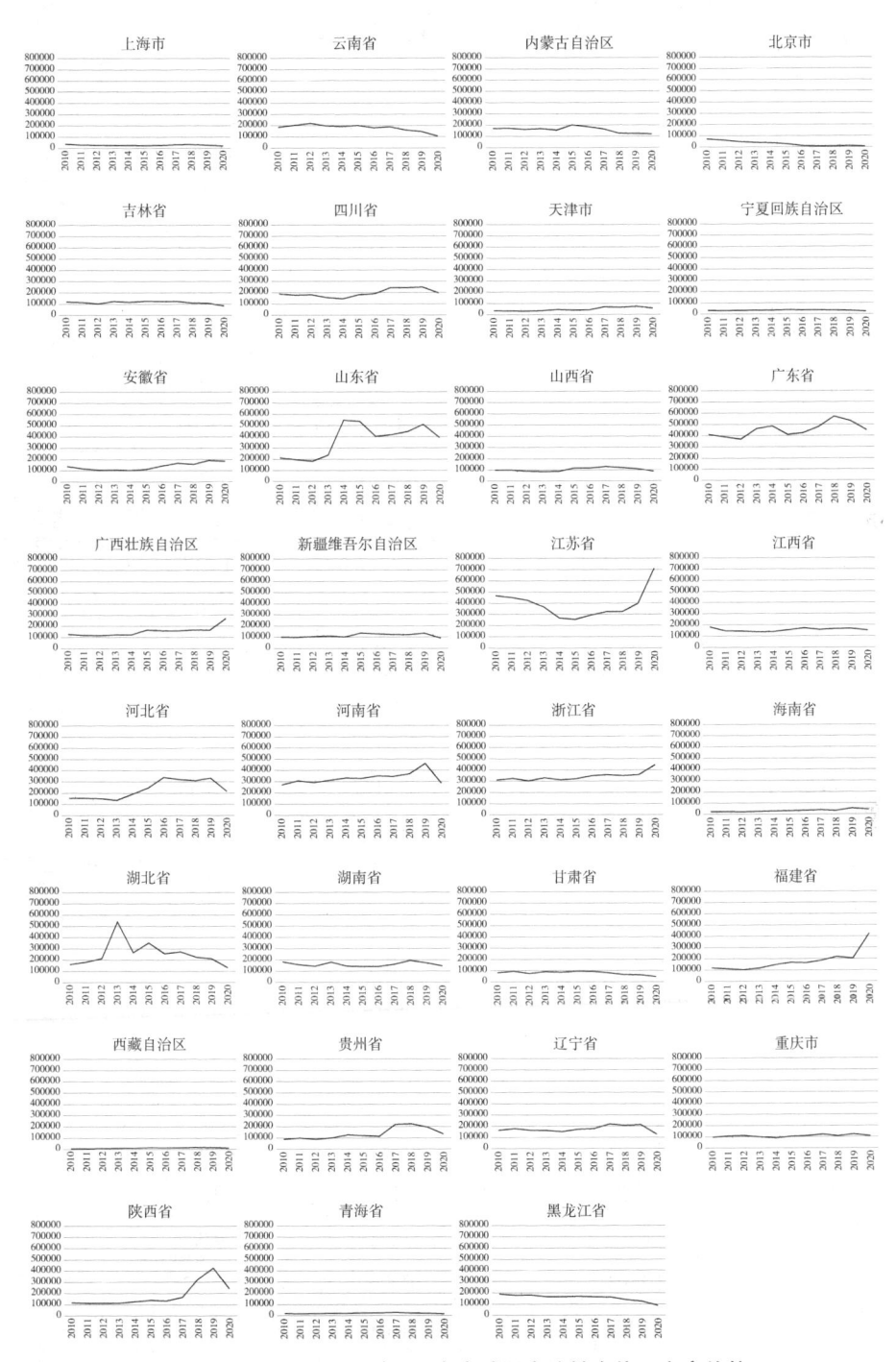

图 4-12 2010—2020 年 31 个省域退出注销个体工商户趋势

表 4-21　2020 年城市退出注销企业数量（前 100 名）

单位：万家

城市	退出注销企业数量	排名	城市	退出注销企业数量	排名
广州市	41.331	1	福州市	1.3604	51
青岛市	12.2414	2	台州市	1.3589	52
东莞市	11.0541	3	昆明市	1.3343	53
西安市	10.5469	4	保定市	1.2882	54
济南市	8.6235	5	贵阳市	1.2789	55
临沂市	7.4604	6	汕头市	1.2749	56
潍坊市	6.6573	7	渭南市	1.2593	57
佛山市	6.5558	8	湛江市	1.2583	58
成都市	5.9541	9	厦门市	1.2571	59
济宁市	4.5705	10	南宁市	1.247	60
深圳市	4.3936	11	河源市	1.2386	61
惠州市	4.3598	12	肇庆市	1.2146	62
烟台市	4.3233	13	哈尔滨市	1.1612	63
菏泽市	4.1194	14	茂名市	1.1459	64
聊城市	3.6128	15	赣州市	1.1435	65
中山市	3.3241	16	宝鸡市	1.0766	66
杭州市	3.1324	17	周口市	1.0678	67
德州市	2.9454	18	云浮市	1.0577	68
梅州市	2.9251	19	安阳市	1.0394	69
合肥市	2.9115	20	韶关市	1.0245	70
郑州市	2.8527	21	九江市	1.0227	71
淄博市	2.765	22	连云港市	0.9874	72
滨州市	2.7448	23	商丘市	0.9806	73
咸阳市	2.6926	24	洛阳市	0.9615	74
金华市	2.6267	25	宜春市	0.9393	75
廊坊市	2.5893	26	邯郸市	0.9383	76
泰安市	2.5018	27	南阳市	0.8992	77
南京市	2.3822	28	吉安市	0.8989	78

续表

城市	退出注销企业数量	排名	城市	退出注销企业数量	排名
武汉市	2.2385	29	大连市	0.8963	79
苏州市	2.21	30	南昌市	0.8506	80
枣庄市	2.1162	31	运城市	0.8241	81
无锡市	2.1045	32	泰州市	0.822	82
长沙市	2.093	33	汉中市	0.8187	83
日照市	2.038	34	上饶市	0.8179	84
温州市	2.0328	35	阳江市	0.8137	85
泉州市	1.88	36	扬州市	0.8064	86
威海市	1.8761	37	揭阳市	0.8008	87
长春市	1.7619	38	吕梁市	0.7928	88
珠海市	1.7388	39	唐山市	0.7916	89
徐州市	1.7077	40	新乡市	0.7812	90
宁波市	1.6949	41	延安市	0.7772	91
清远市	1.6861	42	莆田市	0.752	92
江门市	1.6303	43	嘉兴市	0.7451	93
东营市	1.627	44	安康市	0.734	94
石家庄市	1.5655	45	邢台市	0.7316	95
沈阳市	1.4936	46	南通市	0.7138	96
榆林市	1.487	47	开封市	0.7053	97
盐城市	1.4279	48	绍兴市	0.6968	98
太原市	1.3887	49	湖州市	0.6949	99
海口市	1.3779	50	沧州市	0.6667	100

表4-22列示了2020年城市的退出注销企业数量增速（前100名）。排在前五名的城市分别为梅州市、丽江市、云浮市、四平市和吕梁市，其退出注销企业数量增速都超过110%。排在20名左右的城市退出注销企业数量增速约为53%，排在50名左右的城市退出注销企业数量增速约为17%，排在80名左右的城市退出注销企业数量增速约为2%，排在

89 名的温州市及其后城市实现负增长，德阳市、随州市、泸州市、安庆市和衡阳市是排在 96～100 名的城市，衡阳市的退出注销企业数量增速最低，为 –3.29%。

表 4-22　2020 年城市退出注销企业数量增速（前 100 名）

单位：%

城市	退出注销企业数量增速	排名	城市	退出注销企业数量增速	排名
梅州市	242.72	1	汕尾市	17.77	51
丽江市	199.69	2	赣州市	17.74	52
云浮市	172.88	3	娄底市	14.80	53
四平市	130.75	4	南充市	14.51	54
吕梁市	118.52	5	长春市	14.31	55
朔州市	105.96	6	宜宾市	14.20	56
普洱市	90.02	7	抚州市	14.14	57
清远市	88.31	8	湛江市	13.87	58
海东市	86.59	9	忻州市	13.38	59
铜仁市	85.17	10	白山市	12.86	60
百色市	83.98	11	肇庆市	12.00	61
廊坊市	80.59	12	吉安市	11.96	62
昌都市	71.55	13	菏泽市	10.71	63
无锡市	70.71	14	信阳市	10.55	64
眉山市	69.30	15	资阳市	10.54	65
韶关市	66.40	16	佛山市	10.05	66
钦州市	66.13	17	临沂市	9.42	67
儋州市	54.68	18	东莞市	8.94	68
吉林市	53.69	19	揭阳市	8.58	69
贺州市	53.18	20	中山市	8.33	70
萍乡市	47.62	21	景德镇市	7.80	71
松原市	45.42	22	惠州市	7.23	72
辽源市	44.28	23	青岛市	6.97	73

续表

城市	退出注销企业数量增速	排名	城市	退出注销企业数量增速	排名
定西市	41.45	24	山南市	5.82	74
河池市	40.40	25	连云港市	5.73	75
金昌市	40.17	26	广安市	4.49	76
平凉市	40.08	27	九江市	4.31	77
海口市	39.96	28	襄阳市	4.16	78
安阳市	39.27	29	宜春市	2.31	79
三亚市	36.74	30	焦作市	2.00	80
陇南市	34.42	31	珠海市	1.87	81
咸阳市	32.80	32	白银市	1.75	82
北海市	30.39	33	太原市	1.45	83
广州市	29.93	34	滨州市	1.43	84
大同市	29.69	35	通化市	1.09	85
河源市	28.81	36	邵阳市	1.01	86
自贡市	26.87	37	宿州市	0.50	87
武威市	25.69	38	酒泉市	0.20	88
长治市	25.10	39	温州市	−0.48	89
潮州市	24.89	40	阳泉市	−0.67	90
来宾市	20.81	41	天水市	−0.68	91
扬州市	20.27	42	盐城市	−0.89	92
江门市	19.92	43	绵阳市	−1.45	93
保山市	19.63	44	茂名市	−1.87	94
铜川市	19.51	45	柳州市	−2.29	95
商丘市	19.48	46	德阳市	−2.34	96
汕头市	19.07	47	随州市	−2.67	97
六盘水市	18.49	48	泸州市	−2.74	98
张掖市	18.05	49	安庆市	−3.25	99
阳江市	17.79	50	衡阳市	−3.29	100

表 4-23 列示了 2020 年城市的退出注销个体工商户数量（前 100 名），即退出规模。排在前五名的城市分别为三明市、苏州市、淮安市、钦州市、西安市，它们的个体工商户退出注销数量都超过 9 万家，三明市最多，为 18.5368 万家。排在 10 名左右的城市个体工商户退出注销约为 7 万家，排在 50 名左右的城市个体工商户退出注销约为 3 万家。梅州市的个体工商户退出注销最少，为 1.4614 万家。

表 4-23　2020 年城市退出注销个体工商户数量（前 100 名）

单位：万家

城市	个体工商户注销数量	排名	城市	个体工商户注销数量	排名
三明市	18.5368	1	南阳市	2.7319	51
苏州市	14.0782	2	宿州市	2.7136	52
淮安市	9.9892	3	惠州市	2.7054	53
钦州市	9.9231	4	昆明市	2.5911	54
西安市	9.6922	5	烟台市	2.5748	55
成都市	7.4694	6	赣州市	2.5506	56
龙岩市	7.0723	7	济宁市	2.5141	57
台州市	7.0555	8	扬州市	2.4589	58
绍兴市	7.0516	9	邢台市	2.4439	59
温州市	6.7553	10	宝鸡市	2.4007	60
广州市	6.178	11	湖州市	2.3908	61
咸阳市	6.0885	12	中山市	2.372	62
青岛市	5.9434	13	贵阳市	2.3708	63
徐州市	5.9141	14	江门市	2.2719	64
金华市	5.5866	15	哈尔滨市	2.2561	65
无锡市	5.4667	16	保定市	2.2123	66
泰州市	5.2666	17	贺州市	2.1131	67
深圳市	5.2547	18	洛阳市	2.0789	68
宿迁市	4.989	19	菏泽市	2.0708	69
佛山市	4.9658	20	淄博市	2.0175	70

续表

城市	个体工商户注销数量	排名	城市	个体工商户注销数量	排名
泉州市	4.8343	21	邯郸市	1.9599	71
郑州市	4.813	22	南昌市	1.956	72
通辽市	4.6568	23	桂林市	1.9524	73
常州市	4.5976	24	丽水市	1.9266	74
长沙市	4.585	25	衡阳市	1.8947	75
东莞市	4.5169	26	上饶市	1.8668	76
石家庄市	4.4964	27	太原市	1.7876	77
南京市	4.489	28	海口市	1.7294	78
临沂市	4.3434	29	肇庆市	1.7075	79
嘉兴市	4.2558	30	九江市	1.6985	80
济南市	4.2337	31	宜宾市	1.696	81
盐城市	4.1259	32	新乡市	1.6915	82
唐山市	4.1045	33	鹤壁市	1.6784	83
宁波市	3.8751	34	茂名市	1.6675	84
长春市	3.8084	35	咸宁市	1.6623	85
杭州市	3.785	36	柳州市	1.654	86
遵义市	3.7525	37	吉安市	1.6438	87
德州市	3.6159	38	营口市	1.6177	88
合肥市	3.5798	39	湛江市	1.6079	89
芜湖市	3.5228	40	威海市	1.6037	90
商丘市	3.4616	41	延安市	1.5727	91
武汉市	3.4084	42	铜仁市	1.5504	92
潍坊市	3.2939	43	宁德市	1.55	93
南通市	3.2463	44	大连市	1.5475	94
镇江市	3.2081	45	南平市	1.4956	95
福州市	3.1959	46	莆田市	1.4924	96
沈阳市	3.0717	47	驻马店市	1.4846	97
连云港市	2.8522	48	衡水市	1.4814	98
南宁市	2.8243	49	周口市	1.4686	99
厦门市	2.7889	50	梅州市	1.4614	100

表 4-24 列示了 2020 年城市的退出注销个体工商户数量增速（前 100 名）。排在前五名的城市分别为钦州市、三明市、龙岩市、贺州市和雅安市。排在 20 名左右的城市退出注销个体工商户数量增速约为 89%，排在 50 名左右的城市退出注销个体工商户数量增速约为 2%，排在 56 名的定西市及后城市实现负增长，排在 80 名左右的城市退出注销个体工商户数量增速约为 -10%。云浮市、深圳市、金昌市、抚顺市和遂宁市是排在 96~100 名的城市，遂宁市的退出注销个体工商户数量增速最低，为 -14.31%。

表 4-24　2020 年城市退出注销个体工商户数量增速（前 100 名）

单位：%

城市	个体工商户退出增速	排名	城市	个体工商户退出增速	排名
钦州市	1261.38	1	遵义市	1.91	51
三明市	1214.48	2	崇左市	1.64	52
龙岩市	666.15	3	上饶市	1.52	53
贺州市	289.37	4	长沙市	1.47	54
雅安市	239.79	5	海口市	0.77	55
泰州市	212.89	6	定西市	-1.34	56
通辽市	203.79	7	武汉市	-2.51	57
绍兴市	196.31	8	来宾市	-2.60	58
镇江市	189.62	9	景德镇市	-2.74	59
咸阳市	156.91	10	淮北市	-3.41	60
宿州市	125.53	11	阳江市	-3.66	61
鹤壁市	124.69	12	梧州市	-3.79	62
德州市	123.33	13	河源市	-4.38	63
台州市	118.82	14	邢台市	-5.80	64
连云港市	114.21	15	赣州市	-6.02	65
常州市	110.37	16	延安市	-6.05	66
扬州市	103.59	17	池州市	-6.06	67

续表

城市	个体工商户退出增速	排名	城市	个体工商户退出增速	排名
淮安市	97.24	18	福州市	−6.28	68
无锡市	94.23	19	黄冈市	−6.54	69
盐城市	89.09	20	玉林市	−7.44	70
南通市	79.14	21	抚州市	−7.77	71
徐州市	75.41	22	潍坊市	−7.78	72
南平市	73.42	23	潮州市	−8.01	73
苏州市	46.07	24	金华市	−8.04	74
百色市	45.03	25	广州市	−8.63	75
湖州市	41.98	26	运城市	−8.91	76
防城港市	38.55	27	天水市	−9.23	77
嘉兴市	38.54	28	阜新市	−9.33	78
南京市	36.76	29	漳州市	−9.61	79
桂林市	33.15	30	商洛市	−9.89	80
温州市	32.18	31	荆州市	−9.89	81
宿迁市	29.11	32	清远市	−9.91	82
娄底市	26.39	33	滁州市	−10.34	83
宁德市	23.52	34	陇南市	−10.78	84
北海市	22.64	35	宜春市	−10.91	85
吉安市	18.88	36	佛山市	−10.92	86
资阳市	16.70	37	泉州市	−11.41	87
安康市	15.32	38	宝鸡市	−11.42	88
河池市	9.75	39	济宁市	−11.77	89
蚌埠市	8.23	40	鹰潭市	−11.83	90
汉中市	7.10	41	湛江市	−11.89	91
临沂市	6.55	42	青岛市	−11.91	92
新余市	5.90	43	牡丹江市	−12.18	93
芜湖市	5.79	44	安庆市	−12.60	94
舟山市	5.55	45	南充市	−12.95	95

续表

城市	个体工商户退出增速	排名	城市	个体工商户退出增速	排名
益阳市	5.07	46	云浮市	−13.19	96
梅州市	3.34	47	深圳市	−13.52	97
柳州市	3.27	48	金昌市	−13.71	98
邵阳市	2.81	49	抚顺市	−13.82	99
南阳市	2.06	50	遂宁市	−14.31	100

第五章

经营主体发展活力

本章分析了2010—2020年国家层面、省域层面[①]以及城市层面[②]经营主体发展活力。依据前文构建的指标体系，经营主体发展活力通过行业结构发展现状与行业结构发展趋势两个二级指标反映。其中，行业结构发展现状通过各行业经营主体存量占比反映，行业结构发展趋势通过各行业经营主体存量占比增速反映。此外，参考联合国使用的产业分类方法，本报告主要分析了三大产业代表行业[③]数据信息。其中，第一产业选取农、林、牧、渔业；第二产业选取采矿业，"电力、热力、燃气及水生产和供应业"，建筑业及制造业；第三产业选取"交通运输、仓储和邮政业"，教育业，金融业，"居民服务、修理和其他服务业"。

---

① 由于7个省域的行业数据缺失，故本部分在省域层面只分析了22个省域经营主体发展活力情况。
② 由于36个城市的行业数据缺失，故本部分在城市层面只计算了236个地级市的相关数据，并取前100名进行经营主体发展活力分析。
③ 第一产业行业较少，包括农、林、牧、渔业，而第二产业和第三产业行业众多，故本报告选择2020年全国第二产业和第三产业内经营主体存量占比排在前四名的行业进行分析。

第一节 经营主体行业结构发展现状

一、全国层面企业主体行业结构发展现状分析

本部分汇报了 2010—2020 年全国三大产业代表行业企业主体存量占比情况，具体结果如见表 5-1、表 5-2、表 5-3、图 5-1、图 5-2 和图 5-3 所示。

根据表 5-1 和图 5-1 可以看出，2010—2020 年全国的农、林、牧、渔业企业主体存量占比呈现波动式变化，整体呈现先增长后减少的趋势，2010 年最低，为 2.69%，在 2010—2017 年保持持续增长，该阶段存量占比增速较为明显，并于 2017 年达到峰值，为 5.30%，然后在 2017—2019 年持续下降，在 2020 年回升至 5.14%。

表 5-1　2010—2020 年全国农、林、牧、渔业企业主体存量占比

单位：%

年份	农、林、牧、渔业
2010	2.69
2011	3.00
2012	3.37
2013	4.22
2014	4.66
2015	4.96
2016	5.23
2017	5.30
2018	5.23
2019	5.11
2020	5.14

图 5-1　2010—2020 年全国农、林、牧、渔业企业主体存量占比趋势

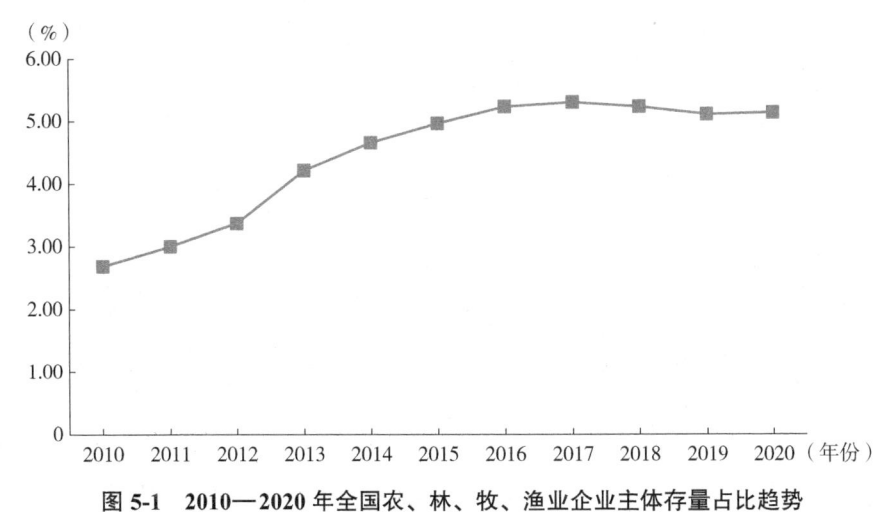

根据表 5-2 和图 5-2 可以看出，2010—2020 年全国的采矿业企业主体存量占比持续下降，从 2010 年最高值 0.20% 降至 2020 年最低值 0.07%；电力、热力、燃气及水生产和供应业企业主体存量占比也呈现持续下降趋势，从 2010 年的最高值 0.27% 下降到 2020 年的 0.14%；建筑业企业主体存量占比呈现先增加后下降的趋势，2010—2013 年下降幅度较小，2014—2020 年保持持续增长，2020 年达到峰值 2.63%；制造业企业主体存量占比总体呈下降趋势，2010 年为最高值 12.20%，2020 年降至最低值 7.60%。

表 5-2　2010—2020 年全国第二产业主要行业企业主体存量占比

单位：%

年份	采矿业	电力、热力、燃气及水生产和供应业	建筑业	制造业
2010	0.20	0.27	1.50	12.20
2011	0.19	0.23	1.50	11.61
2012	0.17	0.21	1.49	11.06
2013	0.16	0.19	1.49	10.52
2014	0.14	0.17	1.61	10.05

续表

年份	采矿业	电力、热力、燃气及水生产和供应业	建筑业	制造业
2015	0.13	0.16	1.68	9.57
2016	0.12	0.17	1.83	9.13
2017	0.10	0.17	2.03	8.77
2018	0.09	0.17	2.22	8.35
2019	0.09	0.15	2.46	7.89
2020	0.07	0.14	2.63	7.60

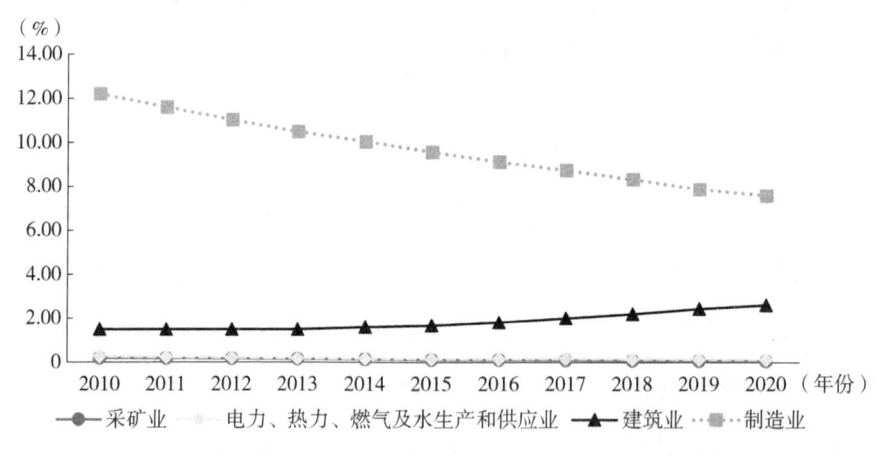

图 5-2　2010—2020 年全国第二产业主要行业企业主体存量占比趋势

根据表 5-3 和图 5-3 可以看出，2010—2020 年全国的交通运输、仓储和邮政业企业主体存量占比呈波动变化，总体稳中有进，2017—2020 年占比在 3.5% 左右，较 2014—2016 年占比增加，2020 年达到峰值 3.72%；租赁和商务服务业企业主体存量占比总体稳定，出现小幅增加，但存量占比未超过 10%；批发和零售业企业主体存量占比整体呈先上升后下降的趋势，2010—2013 年呈现上升趋势，在 2012 年达到峰值 62.90%，2020 年降至最低值 55.70%；住宿和餐饮业企业主体存量占比呈现上升趋势，从 2010 年的最低值 4.99% 上升到 2020 年的最高值 8.95%。

表 5-3 2010—2020 年全国第三产业主要行业企业主体存量占比

单位：%

年份	交通运输、仓储和邮政业	批发和零售业	住宿和餐饮业	租赁和商务服务业
2010	3.30	61.97	4.99	3.52
2011	3.25	62.46	5.03	3.65
2012	3.12	62.90	5.13	3.77
2013	3.08	62.76	5.20	3.92
2014	2.91	62.12	5.44	4.34
2015	2.78	61.06	6.12	4.80
2016	2.82	59.52	6.90	5.15
2017	3.08	57.96	7.76	5.41
2018	3.34	56.81	8.40	5.75
2019	3.53	55.89	8.92	6.02
2020	3.72	55.70	8.95	6.35

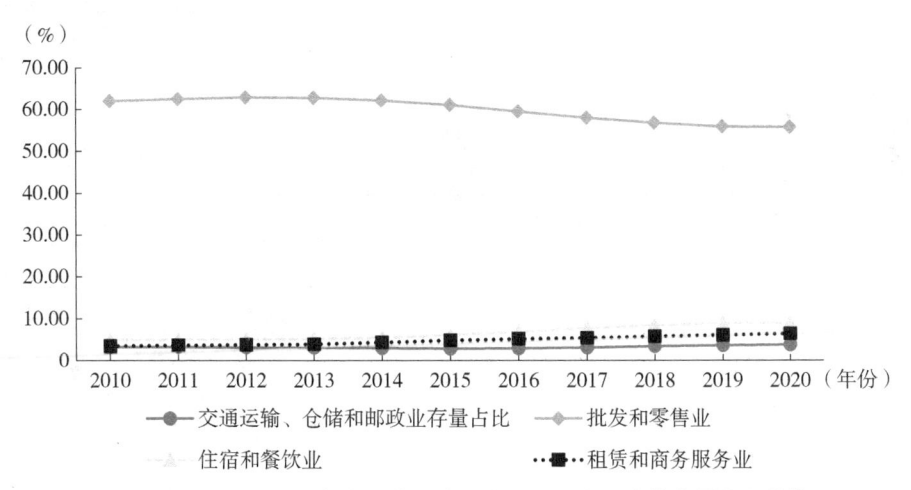

图 5-3 2010—2020 年全国第三产业主要行业企业主体存量占比趋势

二、省域层面企业主体行业结构发展现状分析

本部分分析了 31 个省域的三大产业中主要行业企业主体存量占比情况。由于数据较多，本报告只具体展示了部分省域在 2020 年各行业的企

业主体占比结果,以及企业主体存量占比在2010—2020年的变化趋势。具体结果如表5-4、表5-5、表5-6、图5-4、图5-5、图5-6、图5-7、图5-8、图5-9、图5-10、图5-11、图5-12所示。

根据表5-4可以看出,2020年吉林省农、林、牧、渔业企业主体存量占比最高,达10.22%,上海市最低,为0.53%,占比高的省域多为经济欠发达地区或农业资源较好的地区,如广西壮族自治区和江西省,占比低的省域多为经济发达地区或生态脆弱区,如上海市,反映出第一产业占比与经济发展状况和农业资源相关性较高。

表5-4 2020年部分省域农、林、牧、渔业企业主体存量占比

单位:%

省域	农、林、牧、渔业	排名
吉林省	10.22	1
云南省	10.11	2
甘肃省	9.07	3
内蒙古自治区	8.51	4
安徽省	8.00	5
河南省	7.14	6
广西壮族自治区	7.06	7
江西省	7.00	8
湖北省	6.76	9
山西省	6.29	10
山东省	6.00	11
河北省	5.72	12
宁夏回族自治区	5.69	13
湖南省	5.44	14
四川省	5.11	15
福建省	3.75	16
海南省	3.55	17
新疆维吾尔自治区	3.46	18

续表

省域	农、林、牧、渔业	排名
天津市	3.28	19
浙江省	2.67	20
江苏省	2.63	21
北京市	1.67	22
广东省	1.55	23
上海市	0.53	24

根据图 5-4 可以看出，2010—2020 年部分省域农、林、牧、渔业企业主体存量占比变化中，上海市、北京市等省域较为稳定，甘肃省、云南省等省域则变化较大。结合表 5-4 可知，第一产业占比低的省域一般变化较小，反之则变化较大，这是因为第一产业占比大的省域更容易受自然灾害或城镇化影响，进而使其企业主体存量占比遭受剧烈波动。

根据表 5-5 可以看出，2020 年山西省采矿业企业主体存量占比最高，达到 0.25%；江西省电力、热力、燃气及水生产和供应业企业主体存量占比最高，达到 0.44%；天津市建筑业企业主体存量占比最高，达到 4.52%；浙江省制造业企业主体存量占比最高，达到 16.25%。还有一些省域的第二产业中某些行业企业主体存量占比排名靠前，而某些行业企业主体存量占比排名较后，例如云南省采矿业企业主体存量占比 0.20%，排在第三名，但制造业企业主体存量占比仅 4.83%，说明云南省虽矿产资源丰富，但只进行矿产资源的开采与运输，并没有进一步加工，制造业占比较低。类似情况的还有西藏自治区。但同时有些省域利用其他地区的资源发展了制造业，例如江苏省与浙江省。此外，图 5-5、图 5-6、图 5-7、图 5-8 描绘出 2010—2020 年第二产业主要行业企业主体存量占比变化情况。

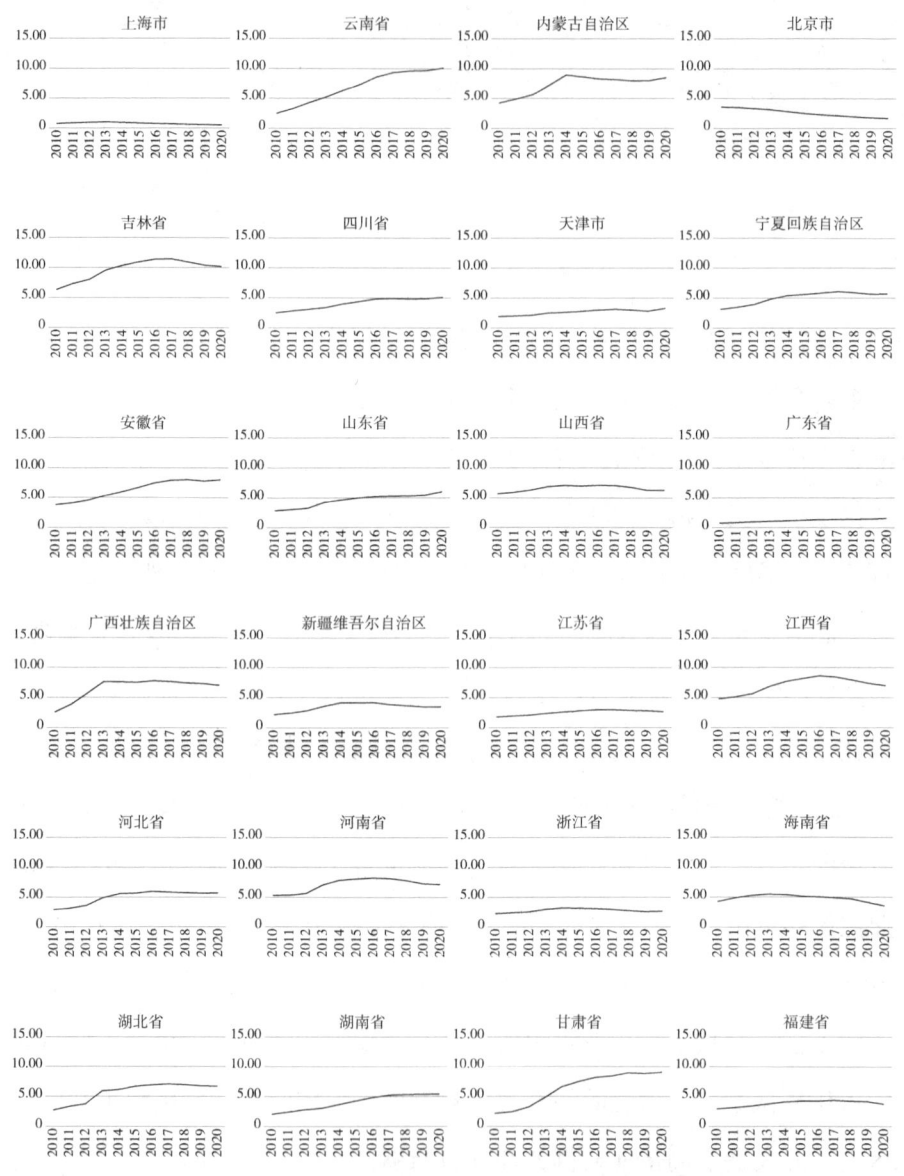

图 5-4　2010—2020 年部分省域农、林、牧、渔业企业主体存量占比趋势

表 5-5　2020 年部分省域第二产业主要行业企业主体存量占比

单位：%

省域	采矿业	排名	电力、热力、燃气及水生产和供应业	排名	建筑业	排名	制造业	排名
山西省	0.25	1	0.32	2	3.09	10	5.05	17
内蒙古自治区	0.23	2	0.26	4	2.91	12	6.32	11
云南省	0.20	3	0.11	17	2.35	16	4.83	20
江西省	0.17	4	0.44	1	3.17	7	8.07	5
新疆维吾尔自治区	0.17	5	0.20	7	2.11	22	5.94	12
宁夏回族自治区	0.14	6	0.23	6	2.90	13	5.69	14
甘肃省	0.13	7	0.18	8	3.39	5	5.01	18
广西壮族自治区	0.12	8	0.18	9	2.23	19	5.35	15
吉林省	0.12	9	0.15	10	2.16	20	4.89	19
湖南省	0.12	10	0.24	5	2.15	21	5.33	16
河北省	0.11	11	0.11	19	3.03	11	10.68	2
福建省	0.09	12	0.28	3	2.52	15	6.94	9
四川省	0.08	13	0.13	13	2.29	18	3.77	22
海南省	0.08	14	0.12	16	3.66	4	3.20	23
湖北省	0.08	15	0.14	12	2.68	14	5.89	13
河南省	0.06	16	0.13	15	3.11	9	6.43	10
安徽省	0.05	17	0.15	11	3.76	3	7.01	8
山东省	0.03	18	0.11	18	1.26	24	7.12	7
广东省	0.02	19	0.08	23	1.48	23	9.04	4
浙江省	0.02	20	0.13	14	2.34	17	16.25	1
江苏省	0.01	21	0.08	21	3.25	6	10.41	3
天津市	0.01	22	0.10	20	4.52	1	7.88	6
北京市	0.01	23	0.08	22	3.14	8	1.85	24
上海市	0.00	24	0.03	24	4.11	2	3.99	21

根据图 5-5 可以看出，2010—2020 年大多数省域采矿业企业主体存量占比大致呈现下降趋势，可能与国家大力实行绿色发展战略有关，

云南省、山西省、内蒙古自治区等省域变动较大，而上海市、江苏省等省域则变动较小，可以看出依赖于采矿业的省域占比变化大，反之变化小，变化大小也与经济发展情况大致呈负相关。

根据图5-6可以看出，2010—2020年大多数省域电力、热力、燃气及水生产和供应业企业主体存量占比大致呈现下降趋势，福建省、广西壮族自治区等省域变动较大。但部分经济发达区这一占比变化不大，如上海市、浙江省等省域变动较小。

根据图5-7可以看出，2010—2020年大多数省域建筑业企业主体存量占比大致呈现上升趋势，安徽省、甘肃省等省域增长较大，说明这十多年我国建筑业发展较快。对比之下，山东省、福建省等省域变动较为不明显。其中，上海市、江苏省、海南省、福建省的企业主体存量占比在2019年有下降的趋势。

根据图5-8可以看出，2010—2020年大多数省域制造业企业主体存量占比大致呈现下降趋势，浙江省、福建省等省域变动较大。在这十来年间，大多数省域的制造业企业主体存量占比在10%以下，少部分省域在部分年度制造业企业主体存量占比超出此数值，如浙江省，但在后续年度中，此数值相继下降，维持在10%左右。

根据表5-6可以看出，2020年山东省批发和零售业的企业主体存量占比最高，达到63.53%，北京市最低，为29.93%；吉林省交通运输、仓储和邮政业企业主体存量占比最高，达7.99%，云南省最低，为1.90%；云南省住宿和餐饮业占比最高，达12.96%，而上海市最低，为3.47%；上海市租赁和商务服务业企业主体存量占比最高，达20.29%，山东省最低，为3.39%。此外，图5-9、图5-10、图5-11、图5-12描绘出2010—2020年第三产业中"交通运输、仓储和邮政业"、批发和零售业、住宿和餐饮业、租赁和商务服务业企业主体存量占比变化情况。

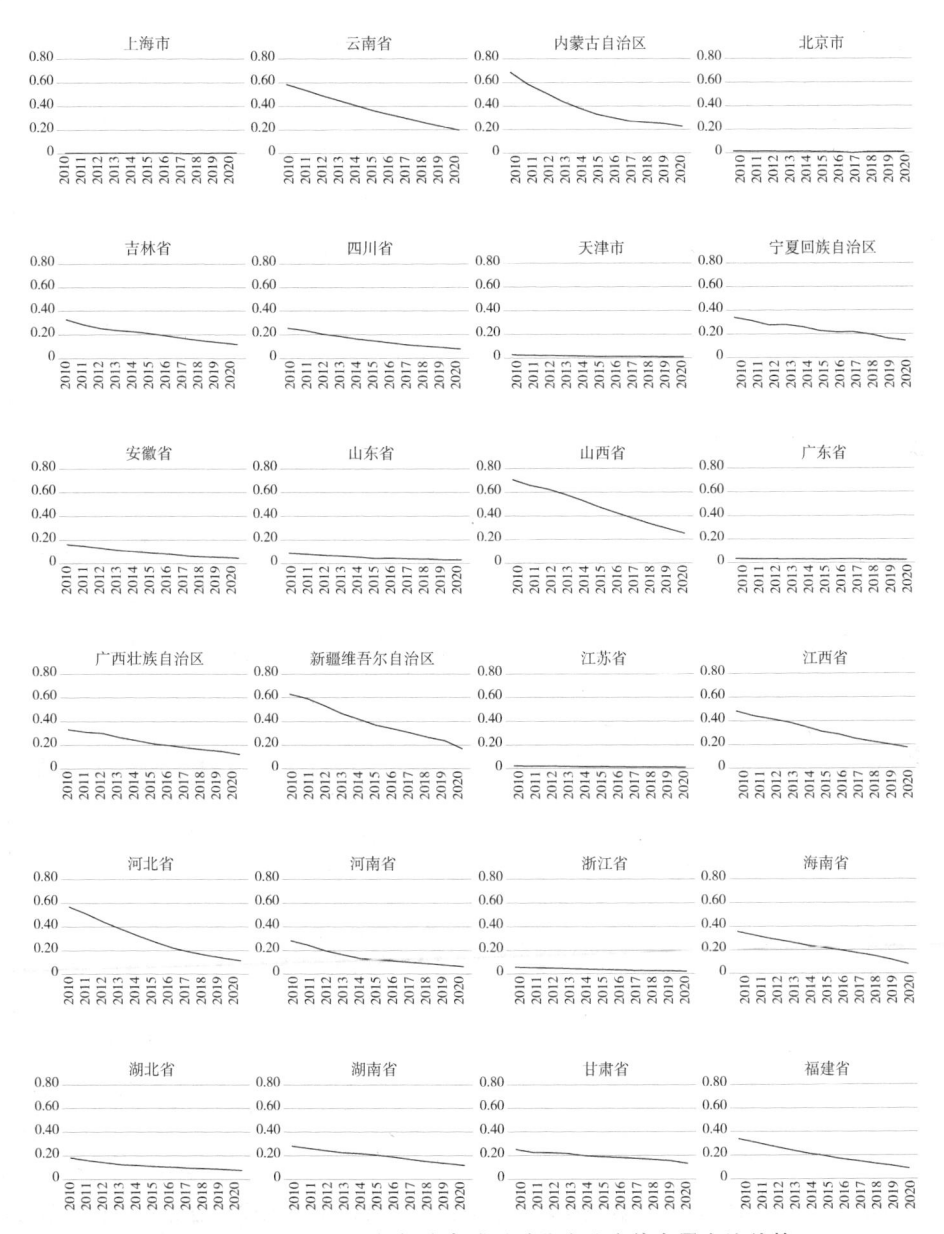

图 5-5 2010—2020 年部分省域采矿业企业主体存量占比趋势

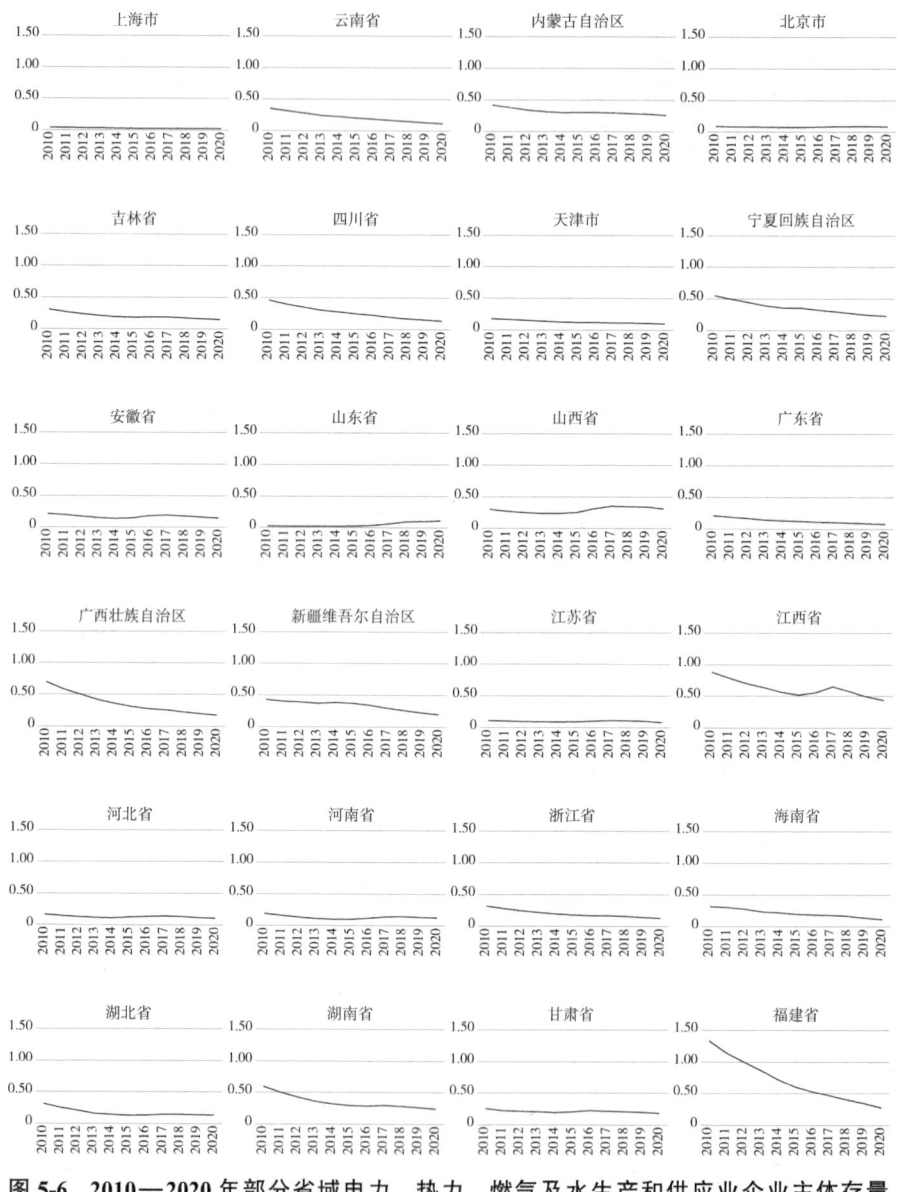

图 5-6 2010—2020 年部分省域电力、热力、燃气及水生产和供应业企业主体存量占比趋势

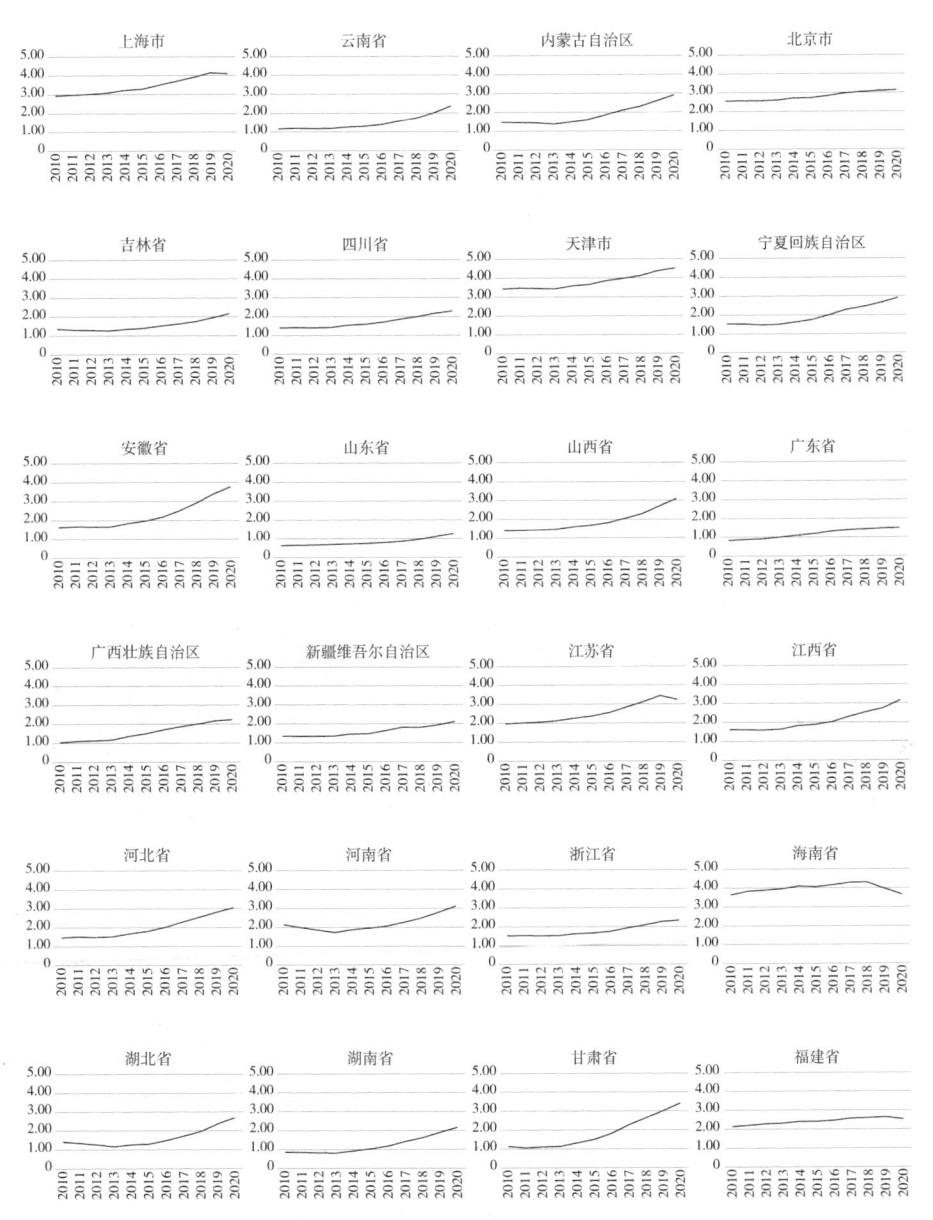

图 5-7 2010—2020 年部分省域建筑业企业主体存量占比趋势

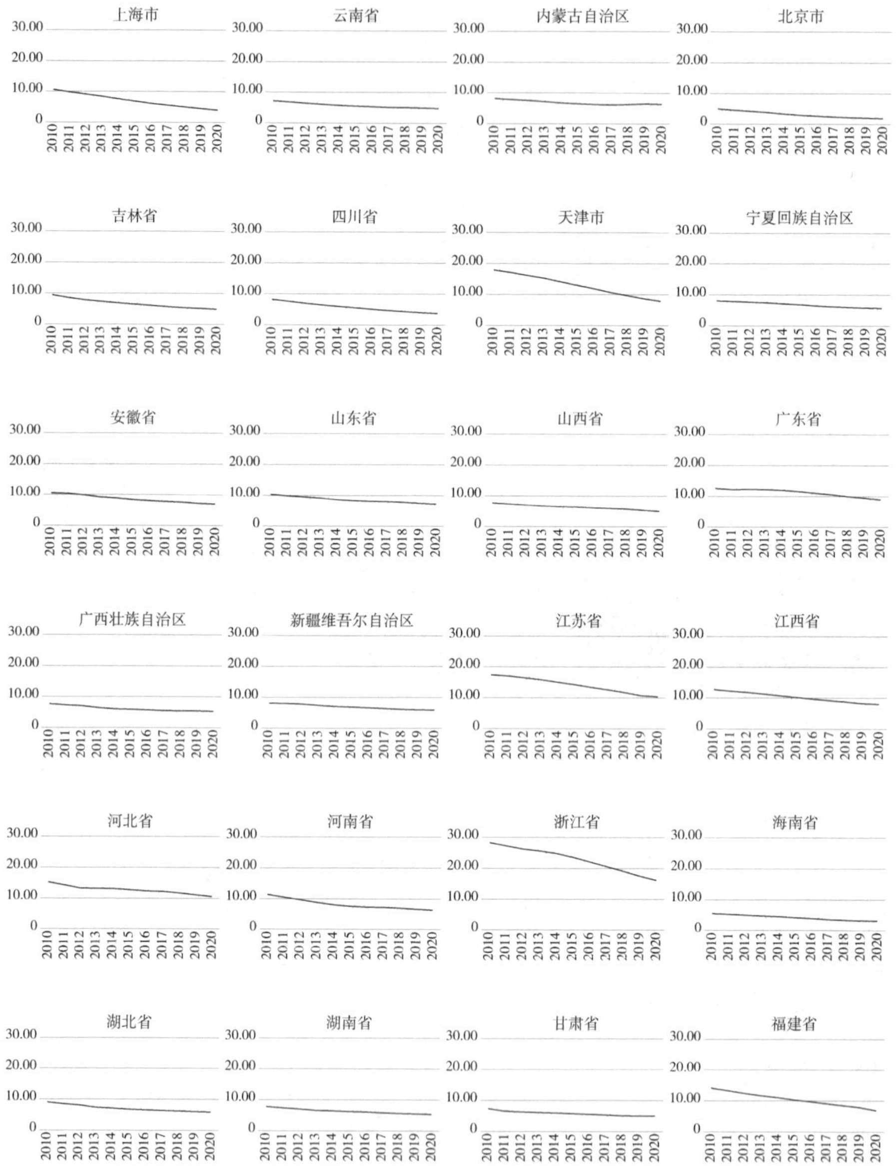

图 5-8　2010—2020 年部分省域制造业企业主体存量占比趋势

表 5-6　2020 年部分省域第三产业主要行业企业主体存量占比

单位：%

省域	交通运输、仓储和邮政业	排名	批发和零售业	排名	住宿和餐饮业	排名	租赁和商务服务业	排名
吉林省	7.99	1	48.15	21	10.91	5	4.23	20
江苏省	6.89	2	56.08	10	6.21	22	5.96	12
广西壮族自治区	6.26	3	54.73	13	8.39	16	7.59	6
山西省	5.63	4	54.79	12	10.40	8	4.42	18
河北省	5.56	5	53.44	16	8.14	18	4.06	22
内蒙古自治区	5.01	6	48.52	20	11.11	4	5.13	15
宁夏回族自治区	4.57	7	52.95	17	10.31	9	7.06	9
湖北省	4.20	8	60.78	2	8.26	17	4.21	21
湖南省	3.95	9	58.75	6	10.13	11	5.07	16
山东省	3.39	10	63.53	1	9.72	13	3.39	24
天津市	3.20	11	43.46	23	6.83	20	10.93	3
海南省	3.08	12	51.69	19	10.86	6	8.81	4
四川省	2.77	13	58.81	5	11.36	3	7.09	8
新疆维吾尔自治区	2.56	14	56.25	9	12.88	2	5.30	14
浙江省	2.31	15	51.96	18	6.80	21	7.04	10
江西省	2.29	16	53.57	15	9.44	15	6.42	11
安徽省	2.23	17	53.96	14	9.52	14	5.53	13
北京市	2.22	18	29.93	24	3.59	23	17.49	2
河南省	2.20	19	56.99	8	10.10	12	4.86	17
上海市	2.18	20	45.62	22	3.47	24	20.29	1
福建省	1.99	21	60.39	3	7.64	19	7.32	7
甘肃省	1.92	22	57.20	7	10.72	7	3.62	23
广东省	1.91	23	59.92	4	10.30	10	8.57	5
云南省	1.90	24	54.85	11	12.96	1	4.36	19

根据图 5-9 可以看出，2010—2020 年部分省域交通运输、仓储和邮政业企业主体存量占比呈现波动式变化，其中江苏省、山东省、吉林省

等省域在部分年份变动较大。相比之下，多数省域交通运输、仓储和邮政业企业主体存量占比变动较为稳定，如上海市、云南省等。

根据图5-10可以看出，2010—2020年大多数省域批发和零售业企业主体存量占比呈现波动下降的趋势，上海市、云南省、甘肃省等省域在部分年度变动较大，海南省、福建省、吉林省等少数几个省域在2017年后略有上升的趋势，可以看出该行业在2010—2015年发展形势较差，自2017年后，少数几个省域在该行业的发展前景较好。

根据图5-11可以看出，2010—2020年大多数省域住宿和餐饮业企业主体存量占比呈现上升趋势，上海市和北京市的变动较小。多数省域在2010—2018年住宿和餐饮业占比都是呈现不断上升趋势，其中海南省上升尤其明显，自2018年后，可能受疫情影响，该行业各省域的企业主体存量占比开始下降。

根据图5-12可以看出，2010—2020年少数省域租赁和商务服务业企业主体存量占比呈现较为明显的波动式变化，其中上海市、北京市等省域在部分年度变动较大。相比之下，大多数省域的租赁和商务服务业企业主体存量占比保持平稳，如云南省、河北省、河南省等。租赁和商务服务业企业主体存量占比没有在部分年度、部分省域出现较大峰值。

三、城市层面企业主体行业结构发展现状分析

本部分主要分析了我国各城市三大产业中主要行业企业主体存量占比情况。由于2010—2020年数据过多，本报告只具体展示了排在前100名的城市在2020年各行业的企业主体存量占比结果。具体结果如表5-7、表5-8、表5-9、表5-10、表5-11、表5-12、表5-13、表5-14、表5-15所示。

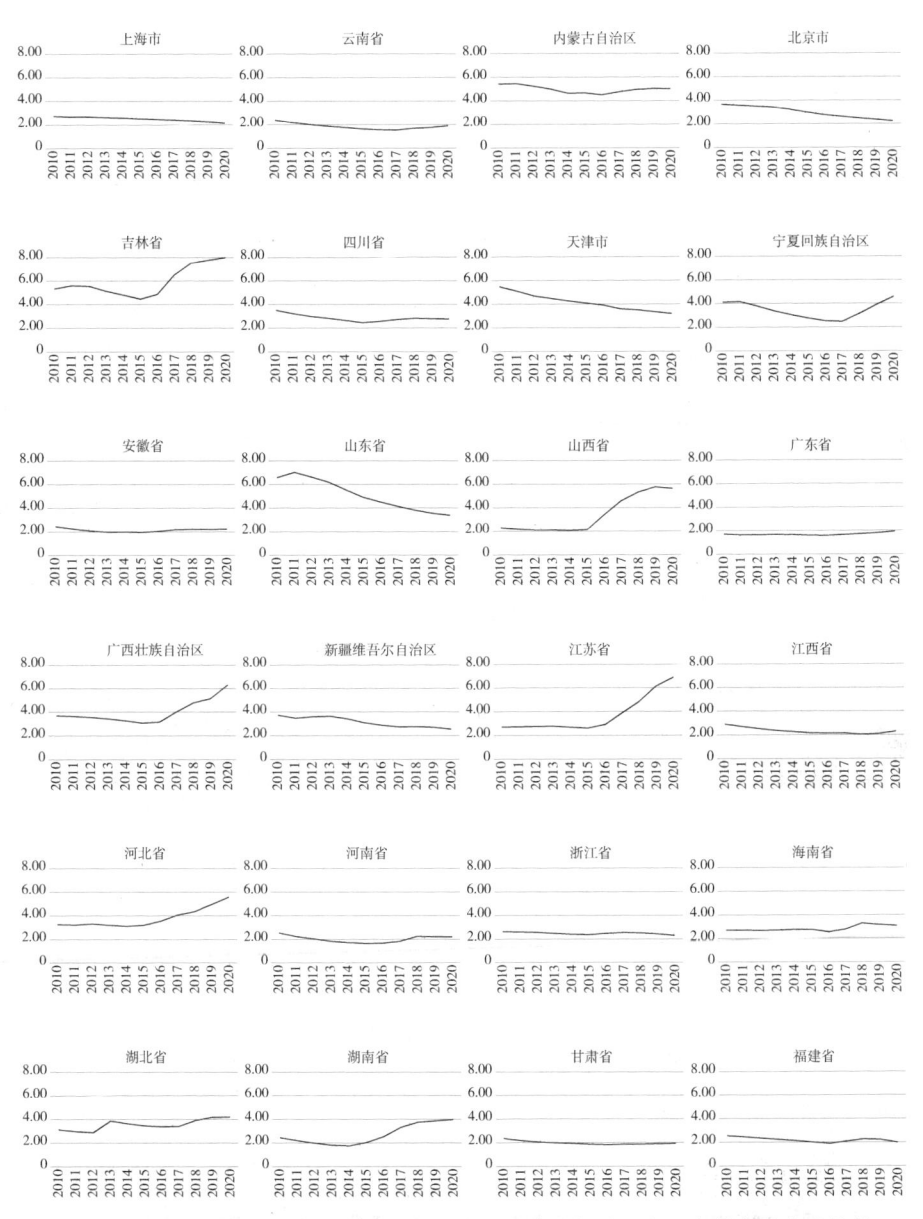

图 5-9 2010—2020 年部分省域交通运输、仓储和邮政业企业主体存量占比趋势

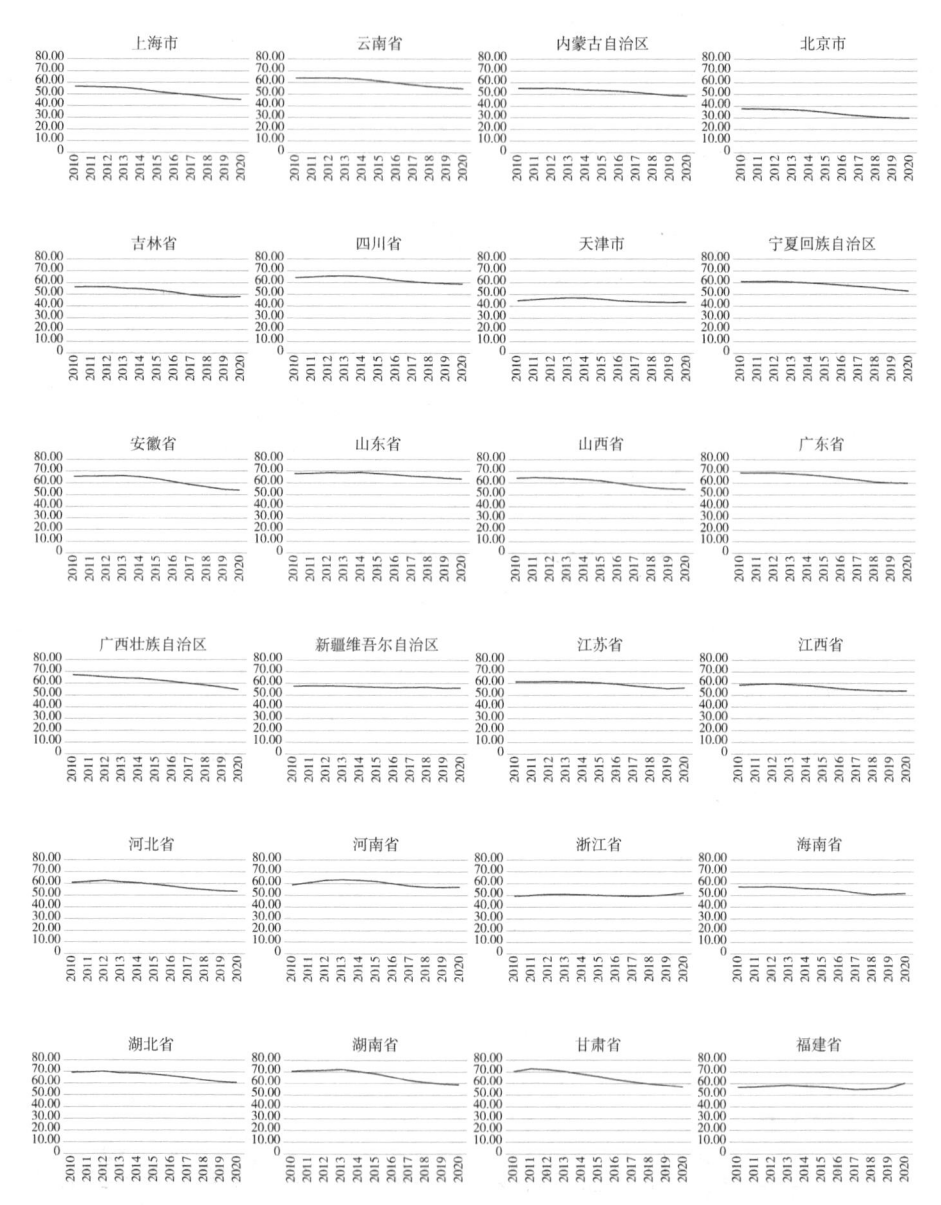

图 5-10 2010—2020 年部分省域批发和零售业企业主体存量占比趋势

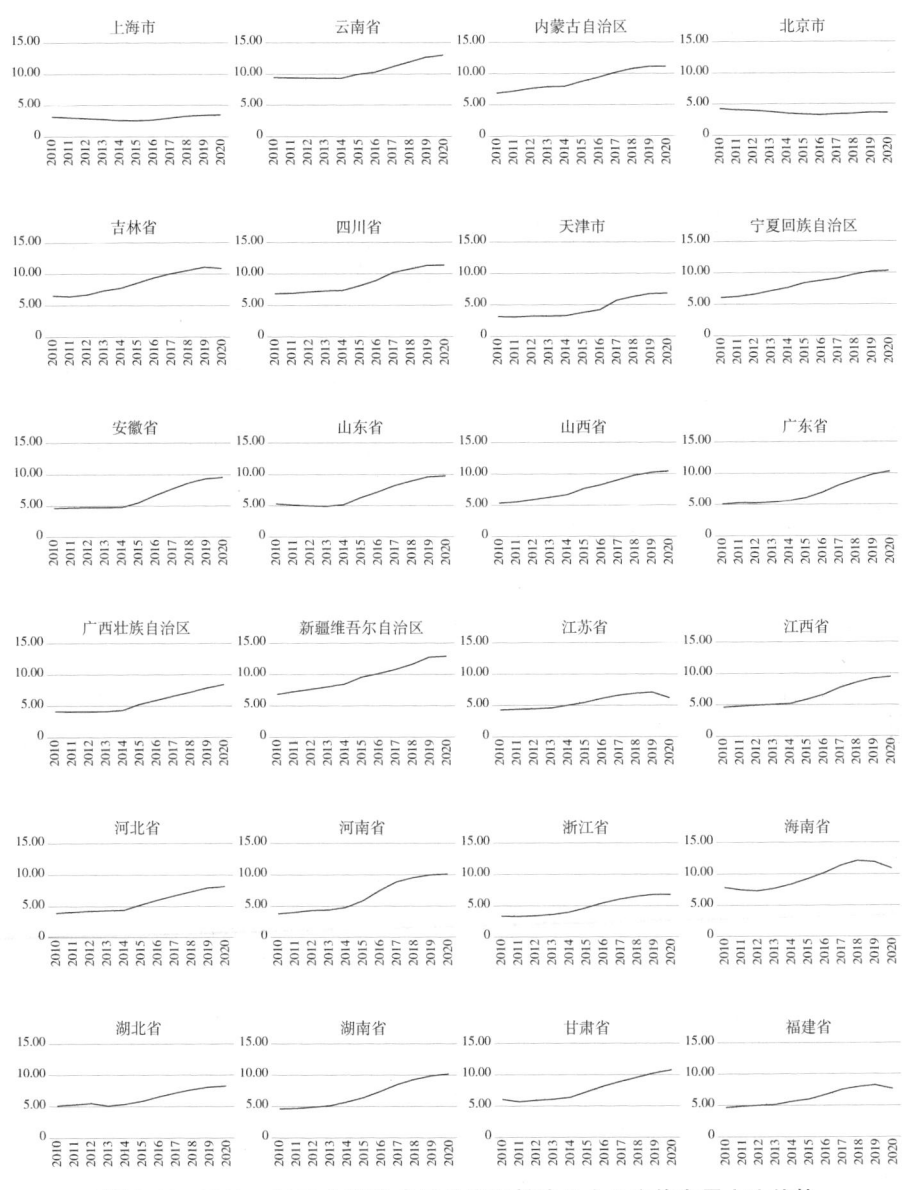

图 5-11　2010—2020 年部分省域住宿和餐饮业企业主体存量占比趋势

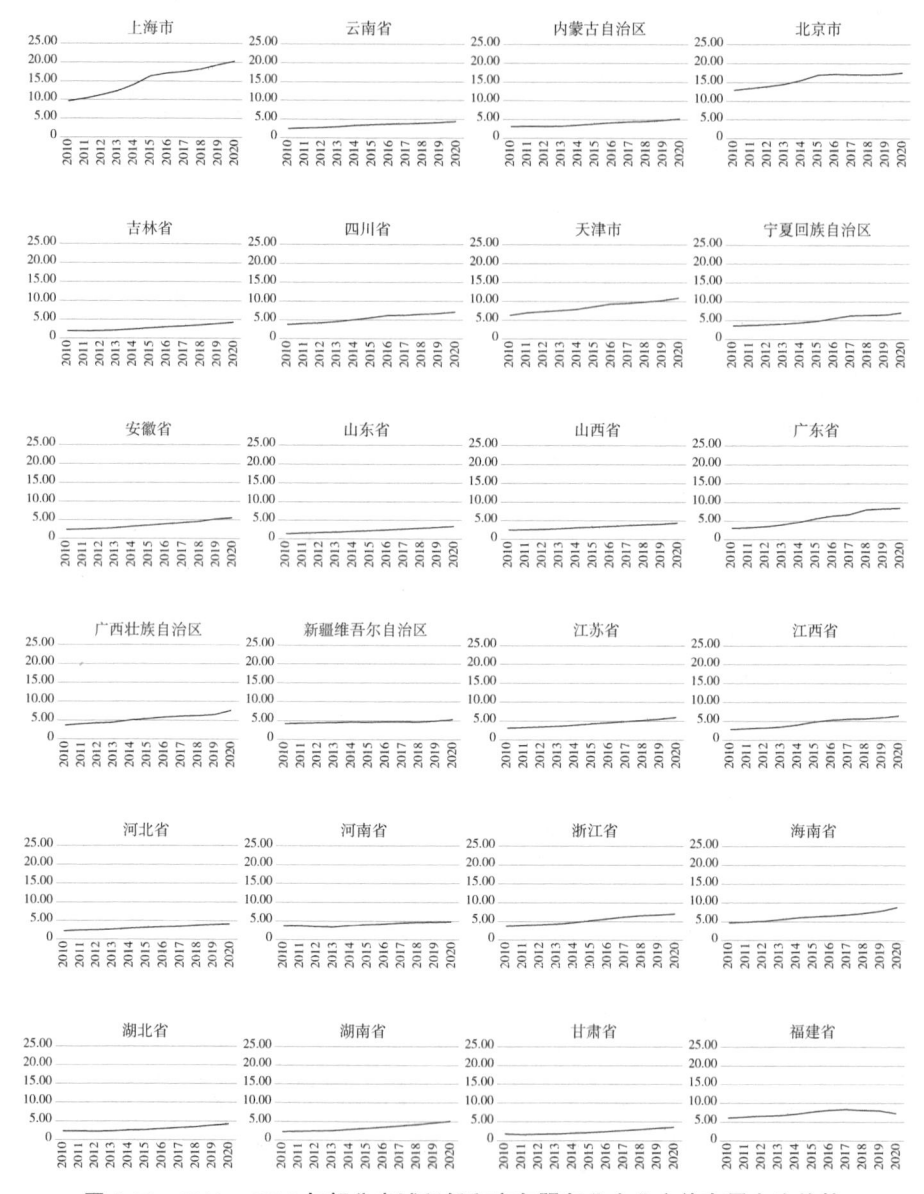

图 5-12 2010—2020 年部分省域租赁和商务服务业企业主体存量占比趋势

根据表5-7可以看出，2020年，临沧市农、林、牧、渔业企业主体存量占比最高，达16.98%；赣州市最低，为7.09%。超50个城市的农、林、牧、渔业企业主体存量占比在9%以上，排在前三名的城市分别是临沧市、普洱市、玉溪市，数值分别达到了16.98%、16.79%、15.52%。

表5-7 2020年城市农、林、牧、渔业企业主体存量占比（前100名）

单位：%

城市	农、林、牧、渔业存量占比	排名	城市	农、林、牧、渔业存量占比	排名
临沧市	16.98	1	吉安市	9.02	51
普洱市	16.79	2	德州市	8.86	52
玉溪市	15.52	3	滨州市	8.81	53
白银市	14.78	4	呼伦贝尔市	8.81	54
驻马店市	14.76	5	乌兰察布市	8.80	55
白城市	14.62	6	玉林市	8.74	56
丽江市	14.40	7	吕梁市	8.70	57
宿州市	13.47	8	庆阳市	8.70	58
通化市	13.24	9	东营市	8.68	59
保山市	13.13	10	河池市	8.65	60
四平市	13.12	11	咸宁市	8.48	61
通辽市	12.95	12	临汾市	8.46	62
来宾市	12.89	13	清远市	8.38	63
陇南市	12.75	14	梧州市	8.32	64
松原市	12.62	15	濮阳市	8.28	65
辽源市	12.03	16	百色市	8.19	66
亳州市	11.98	17	永州市	8.15	67
赤峰市	11.86	18	济宁市	8.08	68
张掖市	11.67	19	随州市	8.08	69
贺州市	11.55	20	天水市	8.06	70
信阳市	11.37	21	吴忠市	7.99	71
黄冈市	11.32	22	新乡市	7.99	72

续表

城市	农、林、牧、渔业存量占比	排名	城市	农、林、牧、渔业存量占比	排名
阜阳市	11.28	23	淮北市	7.95	73
贵港市	11.21	24	淮南市	7.95	74
六安市	11.14	25	平凉市	7.89	75
巴彦淖尔市	10.90	26	长春市	7.84	76
巴中市	10.68	27	运城市	7.84	77
承德市	10.52	28	自贡市	7.77	78
中卫市	10.28	29	崇左市	7.76	79
武威市	10.19	30	上饶市	7.72	80
固原市	9.98	31	眉山市	7.68	81
宜昌市	9.93	32	商丘市	7.55	82
周口市	9.91	33	宣城市	7.49	83
开封市	9.80	34	鹰潭市	7.47	84
衡水市	9.77	35	南充市	7.45	85
忻州市	9.76	36	白山市	7.42	86
滁州市	9.76	37	菏泽市	7.40	87
吉林市	9.75	38	九江市	7.39	88
广元市	9.66	39	酒泉市	7.37	89
韶关市	9.64	40	衢州市	7.30	90
南阳市	9.62	41	益阳市	7.25	91
曲靖市	9.56	42	许昌市	7.24	92
抚州市	9.50	43	蚌埠市	7.23	93
定西市	9.47	44	荆州市	7.20	94
朔州市	9.19	45	宿迁市	7.18	95
荆门市	9.18	46	达州市	7.15	96
丽水市	9.15	47	潍坊市	7.10	97
十堰市	9.10	48	池州市	7.10	98
宜宾市	9.06	49	昭通市	7.10	99
河源市	9.05	50	赣州市	7.09	100

根据表 5-8 可以看出，2020 年，克拉玛依市采矿业企业主体存量占比最高，达 1.01%；玉林市最低，为 0.10%。只有五个城市采矿业企业主体存量占比达到 0.5% 及以上，排在前五名的城市分别是克拉玛依市、石嘴山市、忻州市、承德市、吐鲁番市，数值分别为 1.01%、0.82%、0.58%、0.51%、0.50%。

表 5-8　2020 年城市采矿业企业主体存量占比（前 100 名）

单位：%

城市	采矿业存量占比	排名	城市	采矿业存量占比	排名
克拉玛依市	1.01	1	怀化市	0.18	51
石嘴山市	0.82	2	上饶市	0.18	52
忻州市	0.58	3	梧州市	0.18	53
承德市	0.51	4	娄底市	0.17	54
吐鲁番市	0.50	5	巴彦淖尔市	0.17	55
鄂尔多斯市	0.44	6	邵阳市	0.17	56
乌海市	0.43	7	临沧市	0.17	57
吕梁市	0.41	8	黄石市	0.17	58
酒泉市	0.40	9	宜宾市	0.17	59
阳泉市	0.39	10	松原市	0.16	60
白山市	0.36	11	广元市	0.16	61
攀枝花市	0.35	12	辽源市	0.16	62
河池市	0.34	13	通化市	0.16	63
哈密市	0.34	14	池州市	0.16	64
金昌市	0.34	15	潮州市	0.16	65
曲靖市	0.33	16	铜陵市	0.16	66
朔州市	0.32	17	九江市	0.16	67
晋中市	0.31	18	新余市	0.15	68
白银市	0.31	19	信阳市	0.15	69
贺州市	0.30	20	永州市	0.15	70
乌兰察布市	0.30	21	洛阳市	0.15	71

续表

城市	采矿业存量占比	排名	城市	采矿业存量占比	排名
昭通市	0.30	22	衡阳市	0.15	72
临汾市	0.28	23	运城市	0.15	73
晋城市	0.28	24	吴忠市	0.14	74
丽江市	0.26	25	陇南市	0.14	75
张家口市	0.26	26	呼伦贝尔市	0.14	76
来宾市	0.26	27	桂林市	0.14	77
普洱市	0.26	28	内江市	0.13	78
吉安市	0.26	29	平顶山市	0.13	79
宜春市	0.25	30	鹰潭市	0.13	80
唐山市	0.25	31	十堰市	0.13	81
赤峰市	0.25	32	张掖市	0.13	82
三门峡市	0.25	33	崇左市	0.13	83
三明市	0.24	34	巴中市	0.12	84
张家界市	0.24	35	玉溪市	0.12	85
大同市	0.23	36	南平市	0.12	86
百色市	0.23	37	株洲市	0.12	87
雅安市	0.23	38	定西市	0.12	88
郴州市	0.23	39	荆门市	0.12	89
萍乡市	0.23	40	宜昌市	0.12	90
庆阳市	0.23	41	宣城市	0.12	91
秦皇岛市	0.22	42	景德镇市	0.11	92
长治市	0.22	43	包头市	0.11	93
赣州市	0.21	44	通辽市	0.11	94
保山市	0.21	45	黄冈市	0.10	95
吉林市	0.20	46	泰安市	0.10	96
抚州市	0.19	47	茂名市	0.10	97
达州市	0.19	48	岳阳市	0.10	98
中卫市	0.19	49	随州市	0.10	99
乐山市	0.18	50	玉林市	0.10	100

根据表 5-9 可以看出，2020 年，抚州市电力、热力、燃气及水生产和供应业企业主体存量占比最高，达到 1.71%；洛阳市电力、热力、燃气及水生产和供应业企业主体存量占比最低，为 0.17%。前 100 名中只有抚州市、滨州市超过 1%，分别为 1.71%、1.14%。总体来说，大部分城市的电力、热力、燃气及水生产和供应业企业主体存量占比处于较低水平。近 50 座城市电力、热力、燃气及水生产和供应业企业主体存量占比高于 0.27%。

表 5-9　2020 年城市电力、热力、燃气及水生产和供应业企业主体存量占比（前 100 名）

单位：%

城市	电力、热力、燃气及水生产和供应业存量占比	排名	城市	电力、热力、燃气及水生产和供应业存量占比	排名
抚州市	1.71	1	新余市	0.27	51
滨州市	1.14	2	张家界市	0.27	52
韶关市	0.79	3	三门峡市	0.26	53
丽水市	0.64	4	呼和浩特市	0.26	54
吉安市	0.63	5	石嘴山市	0.25	55
郴州市	0.62	6	云浮市	0.25	56
三明市	0.61	7	白城市	0.24	57
雅安市	0.59	8	梧州市	0.24	58
日照市	0.59	9	百色市	0.24	59
临汾市	0.57	10	咸宁市	0.24	60
梅州市	0.52	11	东营市	0.23	61
酒泉市	0.50	12	池州市	0.23	62
长治市	0.48	13	淮南市	0.23	63
桂林市	0.48	14	包头市	0.23	64
永州市	0.47	15	赤峰市	0.23	65
哈密市	0.47	16	聊城市	0.22	66
晋城市	0.43	17	益阳市	0.22	67
邵阳市	0.42	18	太原市	0.22	68

续表

城市	电力、热力、燃气及水生产和供应业存量占比	排名	城市	电力、热力、燃气及水生产和供应业存量占比	排名
九江市	0.42	19	六安市	0.22	69
白山市	0.42	20	张掖市	0.22	70
鹰潭市	0.42	21	陇南市	0.22	71
忻州市	0.40	22	晋中市	0.21	72
宜春市	0.40	23	常德市	0.21	73
南平市	0.39	24	运城市	0.21	74
阳泉市	0.39	25	衢州市	0.21	75
铜陵市	0.38	26	宣城市	0.20	76
朔州市	0.38	27	十堰市	0.20	77
张家口市	0.37	28	承德市	0.19	78
大同市	0.37	29	乌海市	0.19	79
怀化市	0.37	30	银川市	0.19	80
赣州市	0.36	31	黄山市	0.19	81
中卫市	0.35	32	来宾市	0.19	82
清远市	0.34	33	信阳市	0.19	83
安庆市	0.34	34	黄石市	0.19	84
贺州市	0.34	35	安阳市	0.19	85
乌兰察布市	0.34	36	达州市	0.19	86
吴忠市	0.33	37	广安市	0.19	87
河源市	0.33	38	河池市	0.18	88
上饶市	0.33	39	茂名市	0.18	89
吐鲁番市	0.32	40	景德镇市	0.18	90
武威市	0.32	41	黄冈市	0.18	91
攀枝花市	0.31	42	平顶山市	0.18	92
萍乡市	0.31	43	宜昌市	0.18	93
乐山市	0.31	44	吕梁市	0.18	94
通辽市	0.30	45	鹤壁市	0.17	95

续表

城市	电力、热力、燃气及水生产和供应业存量占比	排名	城市	电力、热力、燃气及水生产和供应业存量占比	排名
巴彦淖尔市	0.30	46	阳江市	0.17	96
金昌市	0.29	47	通化市	0.17	97
株洲市	0.29	48	嘉峪关市	0.17	98
鄂尔多斯市	0.28	49	宜宾市	0.17	99
娄底市	0.27	50	洛阳市	0.17	100

根据表5-10可以看出，2020年，武汉市建筑业企业主体存量占比最高，为5.97%。建筑业企业主体存量占比排在前100名的城市中，超过半数在3%以上，乌兰察布市数值最低，为2.59%。建筑业企业主体存量占比在3%~4%的城市数量最多。

表5-10 2020年城市建筑业企业主体存量占比（前100名）

单位：%

城市	建筑业存量占比	排名	城市	建筑业存量占比	排名
武汉市	5.97	1	南宁市	3.26	51
合肥市	5.92	2	安阳市	3.26	52
兰州市	5.45	3	鄂州市	3.25	53
南京市	5.43	4	鹰潭市	3.24	54
舟山市	5.39	5	厦门市	3.18	55
张掖市	5.33	6	乌鲁木齐市	3.18	56
海口市	5.32	7	桂林市	3.17	57
郑州市	5.01	8	乌海市	3.17	58
酒泉市	4.89	9	秦皇岛市	3.17	59
太原市	4.70	10	衡水市	3.16	60
南昌市	4.42	11	淮安市	3.12	61
廊坊市	4.34	12	克拉玛依市	3.11	62
昆明市	4.29	13	池州市	3.09	63

续表

城市	建筑业存量占比	排名	城市	建筑业存量占比	排名
张家口市	4.22	14	长沙市	3.08	64
淮北市	4.22	15	金昌市	3.06	65
濮阳市	4.17	16	景德镇市	3.05	66
三亚市	4.08	17	新乡市	3.05	67
赤峰市	3.96	18	信阳市	3.02	68
黄山市	3.95	19	上饶市	2.98	69
承德市	3.92	20	芜湖市	2.98	70
嘉峪关市	3.89	21	南通市	2.97	71
马鞍山市	3.82	22	三门峡市	2.95	72
镇江市	3.79	23	开封市	2.93	73
银川市	3.78	24	宣城市	2.89	74
庆阳市	3.76	25	临汾市	2.88	75
杭州市	3.75	26	运城市	2.88	76
阜阳市	3.65	27	宿州市	2.86	77
萍乡市	3.63	28	邢台市	2.86	78
扬州市	3.59	29	抚州市	2.86	79
呼和浩特市	3.58	30	哈密市	2.85	80
蚌埠市	3.53	31	保定市	2.85	81
吉安市	3.51	32	成都市	2.82	82
常州市	3.51	33	无锡市	2.81	83
六安市	3.49	34	珠海市	2.80	84
洛阳市	3.45	35	新余市	2.75	85
连云港市	3.43	36	宜春市	2.75	86
滁州市	3.42	37	武威市	2.75	87
晋城市	3.41	38	许昌市	2.74	88
石家庄市	3.41	39	驻马店市	2.73	89
晋中市	3.39	40	北海市	2.71	90
鹤壁市	3.39	41	宁波市	2.69	91
白银市	3.39	42	包头市	2.69	92

续表

城市	建筑业存量占比	排名	城市	建筑业存量占比	排名
淮南市	3.38	43	沧州市	2.68	93
鄂尔多斯市	3.36	44	天水市	2.67	94
铜陵市	3.36	45	朔州市	2.67	95
长治市	3.32	46	邯郸市	2.64	96
苏州市	3.30	47	焦作市	2.62	97
嘉兴市	3.30	48	湖州市	2.60	98
安庆市	3.27	49	平顶山市	2.59	99
九江市	3.27	50	乌兰察布市	2.59	100

根据表 5-11 可以看出，2020 年，潮州市制造业企业主体存量占比最高，达 23.54%；其次是温州市、台州市，占比分别为 22.86%、22.04%。前六名城市的制造业企业主体存量占比均达到 20% 以上，前 100 名城市的制造业企业主体存量占比均达到 6% 以上，淄博市最低，达到了 6.75%。

表 5-11　2020 年城市制造业企业主体存量占比（前 100 名）

单位：%

城市	制造业存量占比	排名	城市	制造业存量占比	排名
潮州市	23.54	1	茂名市	8.41	51
温州市	22.86	2	洛阳市	8.41	52
台州市	22.04	3	石嘴山市	8.30	53
宁波市	21.47	4	滨州市	8.21	54
衡水市	21.44	5	黄山市	8.11	55
沧州市	20.86	6	铜陵市	8.00	56
绍兴市	19.99	7	新乡市	7.97	57
汕头市	19.33	8	抚州市	7.96	58
廊坊市	17.62	9	日照市	7.82	59
嘉兴市	16.81	10	上饶市	7.80	60

续表

城市	制造业存量占比	排名	城市	制造业存量占比	排名
金华市	16.64	11	青岛市	7.77	61
泰州市	16.60	12	宜春市	7.77	62
中山市	16.26	13	梅州市	7.74	63
东莞市	15.60	14	马鞍山市	7.71	64
常州市	15.19	15	德州市	7.70	65
南通市	15.17	16	平凉市	7.66	66
湖州市	14.89	17	周口市	7.65	67
邢台市	14.00	18	株洲市	7.63	68
揭阳市	13.98	19	孝感市	7.57	69
扬州市	12.98	20	辽源市	7.49	70
佛山市	12.96	21	厦门市	7.49	71
无锡市	12.61	22	舟山市	7.48	72
安庆市	12.21	23	清远市	7.42	73
镇江市	12.14	24	石家庄市	7.37	74
保定市	11.95	25	泰安市	7.37	75
肇庆市	11.93	26	阳泉市	7.36	76
阳江市	11.34	27	南平市	7.35	77
惠州市	11.02	28	乌兰察布市	7.32	78
盐城市	10.64	29	黄石市	7.30	79
许昌市	10.38	30	濮阳市	7.24	80
苏州市	10.38	31	广州市	7.21	81
宣城市	10.27	32	临沧市	7.21	82
焦作市	10.06	33	贺州市	7.18	83
景德镇市	9.88	34	雅安市	7.15	84
云浮市	9.87	35	萍乡市	7.13	85
赣州市	9.85	36	威海市	7.09	86
池州市	9.80	37	邯郸市	7.08	87
滁州市	9.69	38	临沂市	7.05	88
丽水市	9.64	39	阜阳市	7.05	89

续表

城市	制造业存量占比	排名	城市	制造业存量占比	排名
枣庄市	9.58	40	芜湖市	7.01	90
吉安市	9.25	41	梧州市	7.01	91
汕尾市	9.22	42	新余市	6.99	92
潍坊市	8.97	43	中卫市	6.93	93
贵港市	8.84	44	益阳市	6.87	94
徐州市	8.81	45	德阳市	6.86	95
江门市	8.76	46	荆门市	6.86	96
安阳市	8.69	47	鹤壁市	6.82	97
九江市	8.52	48	菏泽市	6.77	98
六安市	8.51	49	玉林市	6.77	99
聊城市	8.48	50	淄博市	6.75	100

根据表5-12可以看出，2020年，钦州市交通运输、仓储和邮政业企业主体存量占比最高，达到18.17%；白城市交通运输、仓储和邮政业企业主体存量占比为10.05%，为10名。前10名数值均超过10%，其中焦作市交通运输、仓储和邮政业企业主体存量占比最低，为3.36%。

表5-12 2020年城市交通运输、仓储和邮政业企业主体存量占比（前100名）

单位：%

城市	交通运输、仓储和邮政业存量占比	排名	城市	交通运输、仓储和邮政业存量占比	排名
钦州市	18.17	1	荆门市	5.51	51
淮安市	14.36	2	娄底市	5.46	52
苏州市	14.25	3	镇江市	5.43	53
四平市	14.16	4	湛江市	5.42	54
大同市	13.56	5	扬州市	5.34	55
攀枝花市	12.52	6	黄石市	5.30	56
玉林市	11.80	7	吉林市	5.23	57
唐山市	11.12	8	晋中市	5.20	58

续表

城市	交通运输、仓储和邮政业存量占比	排名	城市	交通运输、仓储和邮政业存量占比	排名
呼伦贝尔市	10.53	9	吕梁市	5.15	59
白城市	10.05	10	朔州市	5.08	60
松原市	9.48	11	舟山市	5.04	61
萍乡市	9.28	12	永州市	5.02	62
徐州市	8.65	13	自贡市	5.02	63
崇左市	8.52	14	乌海市	4.89	64
白山市	8.52	15	河池市	4.88	65
宜昌市	8.51	16	临汾市	4.87	66
贵港市	8.25	17	长沙市	4.86	67
克拉玛依市	8.25	18	忻州市	4.79	68
吴忠市	8.16	19	武威市	4.70	69
承德市	8.10	20	景德镇市	4.68	70
赤峰市	8.06	21	广元市	4.64	71
连云港市	8.02	22	衡水市	4.61	72
襄阳市	7.96	23	防城港市	4.61	73
张家口市	7.77	24	运城市	4.55	74
泰安市	7.71	25	乌兰察布市	4.51	75
枣庄市	7.61	26	益阳市	4.51	76
潍坊市	7.52	27	固原市	4.46	77
石家庄市	7.25	28	荆州市	4.45	78
哈密市	7.13	29	宣城市	4.43	79
辽源市	7.13	30	鹤壁市	4.34	80
长春市	7.03	31	湘潭市	4.24	81
通化市	6.90	32	清远市	4.15	82
长治市	6.67	33	邯郸市	4.12	83
儋州市	6.64	34	太原市	4.12	84
秦皇岛市	6.58	35	无锡市	4.10	85
云浮市	6.33	36	郴州市	4.09	86

续表

城市	交通运输、仓储和邮政业存量占比	排名	城市	交通运输、仓储和邮政业存量占比	排名
新乡市	6.33	37	遂宁市	4.04	87
石嘴山市	6.27	38	茂名市	3.98	88
中卫市	6.26	39	肇庆市	3.90	89
贺州市	6.24	40	梧州市	3.89	90
阳泉市	6.19	41	保定市	3.79	91
随州市	6.05	42	绍兴市	3.74	92
通辽市	6.04	43	晋城市	3.70	93
宿迁市	5.97	44	亳州市	3.60	94
德阳市	5.96	45	宁波市	3.57	95
邵阳市	5.91	46	嘉兴市	3.50	96
雅安市	5.79	47	衢州市	3.43	97
北海市	5.61	48	德州市	3.42	98
百色市	5.59	49	池州市	3.42	99
绵阳市	5.57	50	焦作市	3.36	100

根据表 5-13 可以看出，2020 年，漯河市批发和零售业企业主体存量占比最高，达到 77.38%；其次是汕尾市、菏泽市，占比分别为 70.71%、69.58%。嘉峪关市批发和零售业企业主体存量占比低，为 57.33%。前 65 位的城市批发和零售业企业主体存量占比超过 60%，前 100 名城市中的存量占比都超过了 57%。

表 5-13　2020 年城市批发和零售业企业主体存量占比（前 100 名）

单位：%

城市	批发和零售业存量占比	排名	城市	批发和零售业存量占比	排名
漯河市	77.38	1	邵阳市	61.32	51
汕尾市	70.71	2	成都市	61.25	52
菏泽市	69.58	3	达州市	61.17	53

续表

城市	批发和零售业存量占比	排名	城市	批发和零售业存量占比	排名
揭阳市	68.97	4	黄石市	61.06	54
三明市	67.90	5	韶关市	60.90	55
临沂市	67.69	6	肇庆市	60.87	56
茂名市	67.22	7	郴州市	60.87	57
烟台市	67.10	8	平顶山市	60.73	58
盐城市	66.76	9	株洲市	60.69	59
湛江市	66.10	10	东营市	60.66	60
孝感市	65.94	11	连云港市	60.63	61
阳江市	65.33	12	襄阳市	60.58	62
昭通市	65.11	13	资阳市	60.27	63
随州市	65.09	14	柳州市	60.23	64
梅州市	64.99	15	珠海市	60.07	65
黄冈市	64.96	16	乌鲁木齐市	59.93	66
岳阳市	64.56	17	南通市	59.88	67
淄博市	64.47	18	清远市	59.84	68
广州市	64.46	19	日照市	59.74	69
内江市	64.24	20	宿迁市	59.69	70
南平市	64.16	21	崇左市	59.64	71
常德市	64.00	22	河池市	59.57	72
商丘市	63.99	23	防城港市	59.57	73
济南市	63.95	24	南阳市	59.56	74
天水市	63.94	25	滨州市	59.44	75
聊城市	63.84	26	云浮市	59.42	76
济宁市	63.71	27	荆门市	59.16	77
定西市	63.63	28	南充市	59.16	78
广安市	63.28	29	曲靖市	59.05	79
金华市	63.25	30	徐州市	59.03	80
枣庄市	63.23	31	陇南市	59.02	81

续表

城市	批发和零售业存量占比	排名	城市	批发和零售业存量占比	排名
汕头市	63.14	32	平凉市	58.98	82
河源市	63.14	33	中山市	58.97	83
怀化市	63.06	34	潮州市	58.96	84
惠州市	62.92	35	亳州市	58.72	85
咸宁市	62.79	36	扬州市	58.61	86
十堰市	62.76	37	周口市	58.54	87
德州市	62.49	38	淮南市	58.29	88
娄底市	62.47	39	百色市	58.27	89
青岛市	62.32	40	开封市	58.25	90
泰安市	62.27	41	三门峡市	58.21	91
东莞市	62.27	42	永州市	58.13	92
泸州市	62.13	43	蚌埠市	57.96	93
泰州市	61.80	44	潍坊市	57.89	94
荆州市	61.78	45	深圳市	57.86	95
邯郸市	61.77	46	巴中市	57.84	96
衡阳市	61.66	47	北海市	57.45	97
威海市	61.41	48	安阳市	57.41	98
益阳市	61.39	49	眉山市	57.39	99
鄂州市	61.34	50	嘉峪关市	57.33	100

根据表5-14可以看出，2020年，丽江市住宿和餐饮业企业主体存量占比最高，达到20.61%；其次是吐鲁番市、普洱市，占比分别为16.32%、15.52%。排在前四名的城市均超过15%。排在前100名的城市均超过10%，其中玉溪市最低，为10.29%。

表 5-14 2020 年城市住宿和餐饮业企业主体存量占比（前 100 名）

单位：%

城市	住宿和餐饮业存量占比	排名	城市	住宿和餐饮业存量占比	排名
丽江市	20.61	1	洛阳市	11.51	51
吐鲁番市	16.32	2	平顶山市	11.45	52
普洱市	15.52	3	阳泉市	11.43	53
乐山市	15.05	4	庆阳市	11.41	54
雅安市	14.62	5	淮北市	11.36	55
佛山市	14.44	6	陇南市	11.35	56
广元市	14.37	7	黄山市	11.35	57
三亚市	14.35	8	日照市	11.28	58
惠州市	14.08	9	宜宾市	11.26	59
遂宁市	13.95	10	长治市	11.25	60
绵阳市	13.90	11	昭通市	11.24	61
张家界市	13.61	12	宣城市	11.22	62
眉山市	13.35	13	白城市	11.19	63
达州市	13.34	14	自贡市	11.17	64
哈密市	13.33	15	河源市	11.16	65
酒泉市	12.98	16	临汾市	11.15	66
白山市	12.98	17	韶关市	11.11	67
信阳市	12.97	18	清远市	11.08	68
曲靖市	12.89	19	石嘴山市	11.03	69
广安市	12.80	20	怀化市	11.01	70
乌兰察布市	12.68	21	景德镇市	11.01	71
南充市	12.63	22	承德市	10.97	72
三门峡市	12.62	23	银川市	10.94	73
东莞市	12.61	24	汕头市	10.89	74
巴中市	12.54	25	许昌市	10.86	75
湘潭市	12.53	26	长沙市	10.85	76
临沧市	12.53	27	驻马店市	10.85	77

续表

城市	住宿和餐饮业存量占比	排名	城市	住宿和餐饮业存量占比	排名
中山市	12.49	28	巴彦淖尔市	10.84	78
晋城市	12.46	29	克拉玛依市	10.84	79
晋中市	12.39	30	兰州市	10.80	80
鄂尔多斯市	12.38	31	桂林市	10.77	81
济宁市	12.35	32	汕尾市	10.75	82
呼伦贝尔市	12.31	33	淄博市	10.72	83
辽源市	12.25	34	滨州市	10.67	84
德阳市	12.18	35	焦作市	10.63	85
乌海市	12.18	36	周口市	10.63	86
资阳市	12.09	37	运城市	10.60	87
金昌市	12.02	38	通化市	10.54	88
池州市	11.94	39	通辽市	10.54	89
昆明市	11.93	40	吕梁市	10.48	90
保山市	11.84	41	商丘市	10.41	91
泸州市	11.84	42	济南市	10.41	92
广州市	11.79	43	武威市	10.40	93
呼和浩特市	11.73	44	马鞍山市	10.39	94
攀枝花市	11.65	45	四平市	10.39	95
松原市	11.63	46	固原市	10.32	96
吉林市	11.62	47	鹰潭市	10.32	97
忻州市	11.61	48	长春市	10.32	98
内江市	11.58	49	铜陵市	10.29	99
嘉峪关市	11.53	50	玉溪市	10.29	100

根据表5-15可以看出，2020年，江门市租赁和商务服务业企业主体存量占比最高，达到37.65%；其次是钦州市、新余市，占比分别为17.69%、14.04%。前17名城市的租赁和商务服务业企业主体存量占比

超过10%，前73名城市的租赁和商务服务业企业主体存量占比超过5%。景德镇市租赁和商务服务业企业主体存量占比最低，为4.36%。

表5-15 2020年城市租赁和商务服务业企业主体存量占比（前100名）

单位：%

城市	租赁和商务服务业存量占比	排名	城市	租赁和商务服务业存量占比	排名
江门市	37.65	1	秦皇岛市	5.91	51
钦州市	17.69	2	兰州市	5.89	52
新余市	14.04	3	常州市	5.86	53
深圳市	12.97	4	池州市	5.79	54
芜湖市	12.51	5	济南市	5.78	55
三亚市	12.42	6	乌海市	5.76	56
南宁市	11.93	7	长春市	5.66	57
杭州市	11.71	8	绍兴市	5.45	58
郑州市	10.99	9	廊坊市	5.43	59
儋州市	10.93	10	洛阳市	5.39	60
舟山市	10.78	11	青岛市	5.39	61
厦门市	10.64	12	淮安市	5.30	62
成都市	10.59	13	石嘴山市	5.29	63
长沙市	10.54	14	石家庄市	5.28	64
海口市	10.41	15	吉安市	5.20	65
银川市	10.27	16	无锡市	5.19	66
珠海市	10.05	17	东营市	5.15	67
南京市	9.75	18	攀枝花市	5.13	68
苏州市	9.63	19	德阳市	5.12	69
南昌市	9.58	20	遂宁市	5.12	70
合肥市	9.32	21	乐山市	5.11	71
宁波市	9.22	22	张掖市	5.07	72
鹰潭市	8.96	23	上饶市	5.07	73
武汉市	8.82	24	广州市	4.99	74

续表

城市	租赁和商务服务业存量占比	排名	城市	租赁和商务服务业存量占比	排名
昆明市	8.79	25	梧州市	4.97	75
乌鲁木齐市	8.60	26	绵阳市	4.88	76
嘉峪关市	8.57	27	湘潭市	4.88	77
宜宾市	8.52	28	晋城市	4.86	78
呼和浩特市	8.50	29	威海市	4.85	79
克拉玛依市	8.14	30	宜昌市	4.82	80
太原市	8.12	31	张家界市	4.81	81
九江市	7.78	32	宿迁市	4.75	82
丽水市	7.49	33	滁州市	4.71	83
桂林市	7.36	34	唐山市	4.71	84
衢州市	7.32	35	宣城市	4.64	85
宜春市	7.18	36	眉山市	4.58	86
鄂尔多斯市	7.10	37	南通市	4.51	87
北海市	6.94	38	自贡市	4.49	88
黄山市	6.84	39	日照市	4.48	89
湖州市	6.78	40	广元市	4.47	90
佛山市	6.75	41	淄博市	4.44	91
嘉兴市	6.64	42	鹤壁市	4.44	92
萍乡市	6.63	43	台州市	4.43	93
柳州市	6.62	44	淮南市	4.41	94
防城港市	6.39	45	承德市	4.41	95
哈密市	6.37	46	扬州市	4.41	96
包头市	6.22	47	抚州市	4.39	97
马鞍山市	6.04	48	白山市	4.37	98
酒泉市	5.96	49	镇江市	4.36	99
铜陵市	5.92	50	景德镇市	4.36	100

第二节 经营主体行业结构发展趋势

一、全国层面企业主体行业结构发展趋势分析

本部分分析了 2010—2020 年全国三大产业企业主体存量占比增速情况，具体结果见表 5-16、表 5-17、表 5-18、图 5-13、图 5-14 和图 5-15 所示。

根据表 5-16 可以看出，2010—2020 年全国的农、林、牧、渔业企业主体存量占比增速波动较大，但都为正数，说明 2010—2020 年农、林、牧、渔业企业主体存量一直增长。在 2013 年农、林、牧、渔业企业主体存量占比增速出现峰值，达 52.71%，2019 年农、林、牧、渔业企业主体存量占比增速出现最低值，达 15.09%。此外，图 5-13 描绘出 2010—2020 年第一产业企业主体存量占比增速变化情况。

表 5-16　2010—2020 年全国农、林、牧、渔业企业主体存量占比增速

单位：%

年份	农、林、牧、渔业
2010	41.94
2011	35.66
2012	35.04
2013	52.71
2014	32.60
2015	27.43
2016	24.86
2017	20.81
2018	16.93
2019	15.09
2020	19.86

根据图 5-13 可以看出，2010—2020 年第一产业企业主体存量占比增速变化的波动性较大，在 2013 年农、林、牧、渔业企业主体存量占比增速最高，达到 52.71%。2014—2019 年农、林、牧、渔业的企业主体存量占比增速骤降，2019 年降至最低值，在 2020 年有小幅度回升。

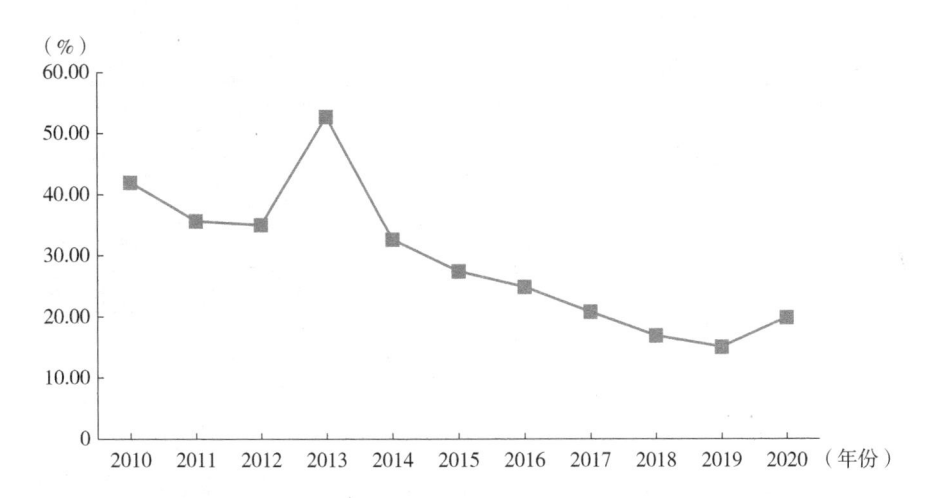

图 5-13　2010—2020 年全国农、林、牧、渔业企业主体存量占比增速趋势

根据表 5-17 可以看出，2010—2020 年全国第二产业主要行业企业主体存量占比增速都为正数，说明这期间这些行业的企业主体存量一直增长。在第二产业主要行业中，采矿业的企业主体存量占比增速一直呈现下降趋势，在 2020 年跌落至 2.51%，为最低值；电力、热力、燃气及水生产和供应业企业主体存量占比增速在 2017 年达到峰值，为 24.19%；建筑业企业主体存量占比增速在 2017 年达到峰值，为 32.38%，制造业企业主体存量占比增速在 2013 年达到峰值，为 16.07%。此外，图 5-14 描绘了 2010—2020 年第二产业主要行业企业主体存量占比增速变化情况。

表 5-17 2010—2020 年全国第二产业主要行业企业主体存量占比增速

单位：%

年份	采矿业	电力、热力、燃气及水生产和供应业	建筑业	制造业
2010	14.16	7.55	22.54	17.43
2011	11.91	7.09	21.79	15.62
2012	10.41	7.88	19.30	14.50
2013	10.66	7.51	22.12	16.07
2014	8.67	10.11	29.30	14.69
2015	7.39	13.84	24.66	13.81
2016	8.97	20.98	29.07	13.09
2017	6.69	24.19	32.38	14.42
2018	7.70	14.22	29.45	12.82
2019	5.67	8.98	30.66	11.45
2020	2.51	8.87	27.41	14.80

根据图 5-14 可以看出，2010—2020 年全国第二产业主要行业企业主体存量占比增速变动较大，采矿业、制造业企业主体存量占比增速呈现波动性下降的趋势，电力、热力、燃气及水生产和供应业企业主体存量占比增速呈现先上升后下降的趋势，建筑业企业主体存量占比增速波动性上升。

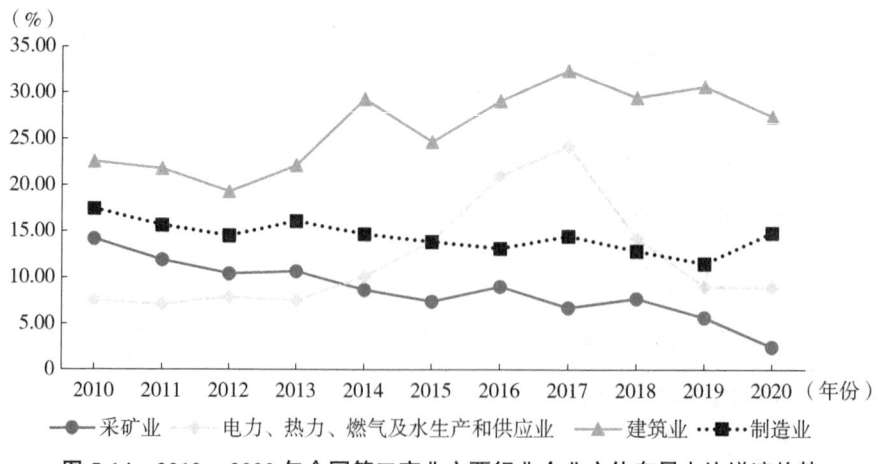

图 5-14 2010—2020 年全国第二产业主要行业企业主体存量占比增速趋势

根据表 5-18 可以看出，2010—2020 年全国交通运输、仓储和邮政业企业主体存量占比增速变动幅度较大，在 2017 年达到峰值，为 30.12%。批发和零售业企业主体存量占比增速呈现波动性下降的趋势，在 2010 年达到峰值，为 22.75%，在 2016 年数值最低，为 15.48%。住宿和餐饮业企业主体存量占比增速呈现先上升后下降的趋势，在 2015 年达到最大值，为 34.38%。租赁和商务服务业企业主体存量占比增速在 2019 年降至最低点，为 23.39%。此外，图 5-15 描绘了 2010—2020 年第三产业主要行业企业主体存量占比增速变化情况。

表 5-18　2010—2020 年全国第三产业主要行业企业主体存量占比增速

单位：%

年份	交通运输、仓储和邮政业	批发和零售业	住宿和餐饮业	租赁和商务服务业
2010	21.25	22.75	23.27	25.72
2011	19.62	22.44	22.54	26.03
2012	15.37	21.08	22.66	24.09
2013	20.51	21.76	23.64	26.98
2014	13.39	18.75	25.56	32.69
2015	14.18	17.57	34.38	32.20
2016	20.40	15.48	33.74	27.13
2017	30.12	16.08	34.02	25.17
2018	28.29	16.16	28.18	25.99
2019	24.68	15.95	25.15	23.39
2020	25.78	18.87	19.70	25.90

根据图 5-15 可以看出，2010—2020 年全国租赁和商务服务业与住宿和餐饮业企业主体存量占比增速走势大致相同，相比之下，交通运输、仓储和邮政业企业主体存量占比增速变动明显较大。整体来看，2010—2020 年，住宿和餐饮业企业主体存量占比增速的峰值点数值最

高，在 2015 年达到峰值，为 34.38%，交通运输、仓储和邮政业在 2014 年降至最低值，为第三产业主要行业企业主体存量占比增速的最低点。

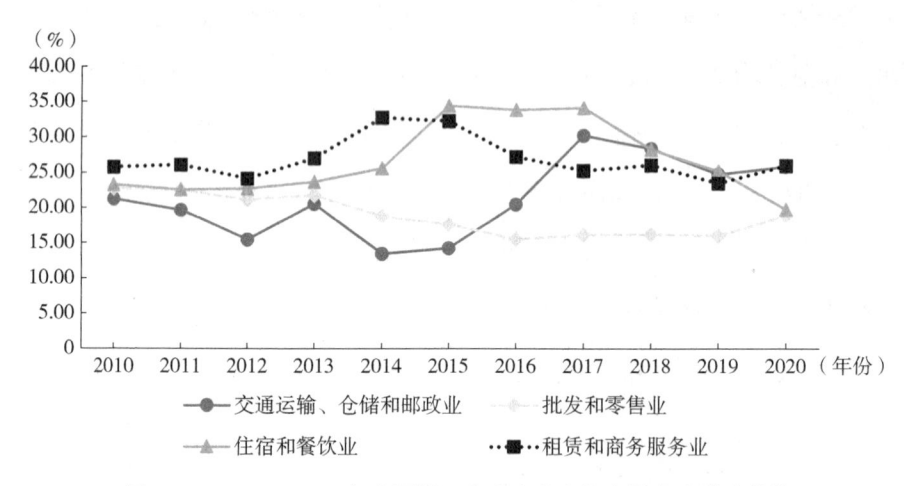

图 5-15　2010—2020 年全国第三产业企业主体存量占比增速趋势

二、省域层面企业主体行业结构发展趋势分析

本部分主要分析了省域层面 24 个省域的三大产业中主要行业企业主体存量占比增速情况。由于 2010—2020 年数据过多，本报告只具体展示了各省域在 2020 年各行业的企业主体存量占比增速结果以及各省域企业主体存量占比增速在 2010—2020 年内的变化趋势。具体结果如表 5-19、表 5-20、表 5-21、图 5-16、图 5-16、图 5-18、图 5-19、图 5-20、图 5-21、图 5-22、图 5-23 和图 5-24 所示。

根据表 5-19 可以看出，2020 年江苏省的农、林、牧、渔业企业主体存量占比增速为全国各省域中的最高值，达到 34.33%，农、林、牧、渔业企业主体存量占比增速超过 30% 的省域有江苏省、海南省。而北京市的农、林、牧、渔业企业主体存量占比增速为全国各省域的最低值，为 8.97%。此外，图 5-16 描绘了 2010—2020 年农、林、牧、渔业企业主体存量占比增速变化情况。

表 5-19　2020 年部分省域农、林、牧、渔业企业主体存量占比增速

单位：%

省域	农、林、牧、渔业	排名
江苏省	34.33	1
海南省	33.77	2
福建省	28.77	3
广西壮族自治区	23.69	4
新疆维吾尔自治区	22.32	5
江西省	20.61	6
云南省	19.92	7
河北省	19.87	8
天津市	19.82	9
浙江省	19.57	10
河南省	19.38	11
四川省	19.31	12
安徽省	18.63	13
山西省	18.38	14
吉林省	16.52	15
广东省	16.34	16
宁夏回族自治区	16.20	17
湖南省	15.89	18
山东省	15.84	19
内蒙古自治区	15.83	20
上海市	15.79	21
甘肃省	13.26	22
湖北省	9.46	23
北京市	8.97	24

根据图 5-16 可以看出，多个省域农、林、牧、渔业企业主体存量占比增速变化趋势具有波动性。个别省域特定年份数值较高，具有明显的峰值，高于整体水平，如江苏省、湖北省。少数省域农、林、牧、渔业企业主体存量占比增速波动较小，如上海市、云南省等。

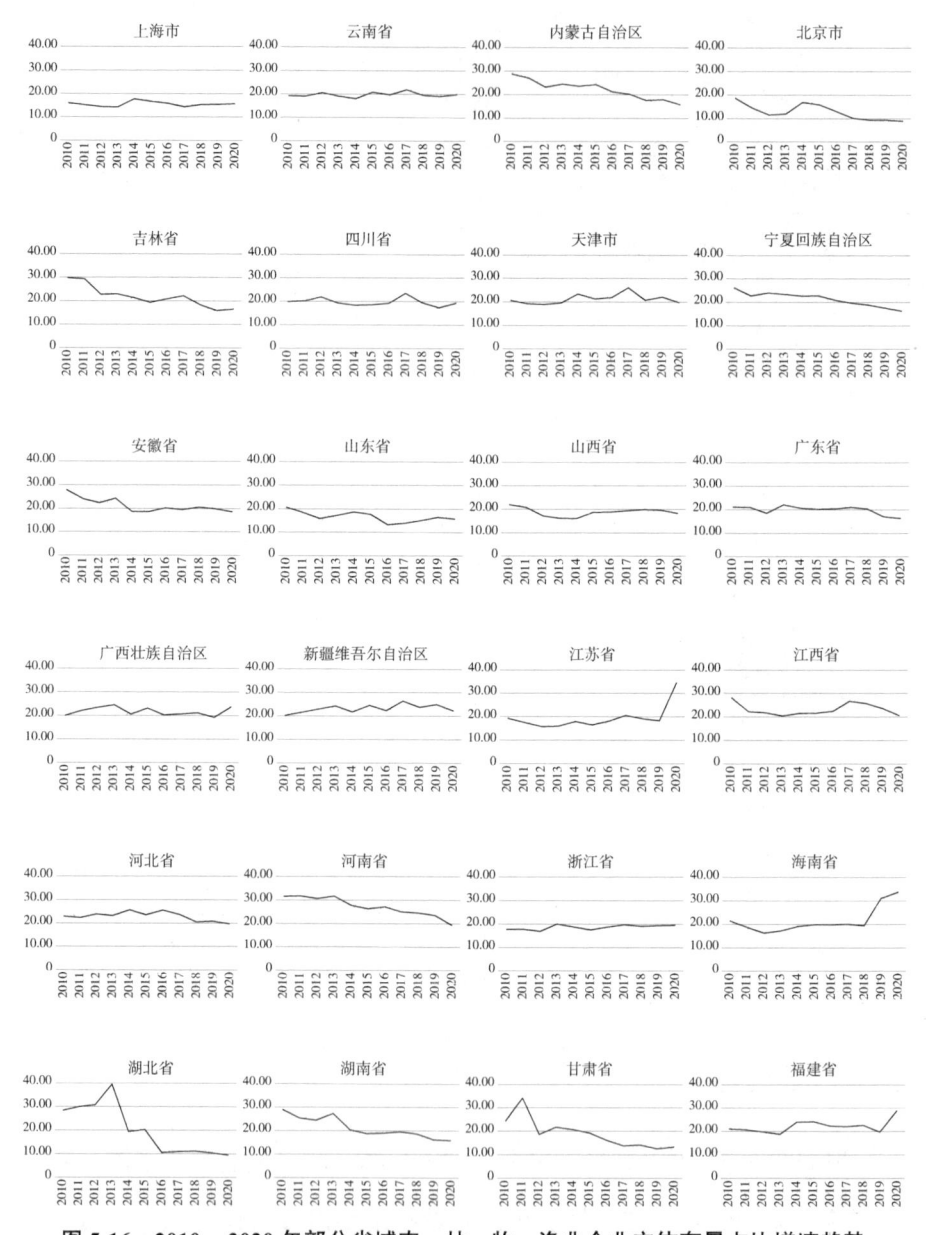

图 5-16　2010—2020 年部分省域农、林、牧、渔业企业主体存量占比增速趋势

根据表 5-20 可以看出，2020 年上海市采矿业企业主体存量占比增速最高，达 23.53%；山东省电力、热力、燃气及水生产和供应业企业主体存量占比增速最高，达 29.92%；云南省建筑业企业主体存量占比增速最高，达 41.67%；海南省制造业企业主体存量占比增速最高，达 30.76%。此外，图 5-17、图 5-18、图 5-19、图 5-20 描绘了 2010—2020 年部分省域第二产业主要行业企业主体存量占比增速变化情况。

表 5-20　2020 年部分省域第二产业主要行业企业主体存量占比增速

单位：%

省域	采矿业	排名	电力、热力、燃气及水生产和供应业	排名	建筑业	排名	制造业	排名
上海市	23.53	1	17.93	2	14.72	23	3.94	23
山东省	17.92	2	29.92	1	31.88	8	11.68	16
江苏省	15.90	3	9.75	7	26.80	15	30.26	2
天津市	14.85	4	12.24	5	23.83	18	8.94	21
浙江省	6.90	5	9.47	8	23.24	20	10.68	18
广东省	6.44	6	5.71	19	17.72	22	10.25	20
内蒙古自治区	5.12	7	9.23	10	29.97	9	13.21	11
江西省	5.06	8	5.96	18	39.27	2	17.41	5
北京市	4.93	9	5.28	21	10.03	24	1.37	24
四川省	3.80	10	4.18	22	26.09	16	11.31	17
宁夏回族自治区	3.29	11	9.99	6	27.20	13	12.45	13
湖南省	2.87	12	6.37	16	32.00	6	13.20	12
吉林省	2.87	13	9.43	9	29.53	11	10.54	19
安徽省	2.85	14	8.66	13	31.93	7	15.15	7
云南省	2.61	15	4.12	23	41.67	1	16.48	6
山西省	2.59	16	8.82	12	36.24	3	11.75	15
广西壮族自治区	2.36	17	7.74	14	27.02	14	21.03	3
湖北省	2.17	18	6.14	17	24.69	17	6.75	22

续表

省域	采矿业	排名	电力、热力、燃气及水生产和供应业	排名	建筑业	排名	制造业	排名
河北省	1.64	19	8.83	11	29.92	10	14.49	9
福建省	0.57	20	2.70	24	23.17	21	12.35	14
河南省	−1.15	21	12.43	4	33.84	5	14.50	8
甘肃省	−3.30	22	5.38	20	28.30	12	13.41	10
新疆维吾尔自治区	−11.43	23	7.19	15	33.87	4	20.90	4
海南省	−11.52	24	13.49	3	23.44	19	30.76	1

根据图 5-17 可以看出，2010—2020 年多数省域采矿业企业主体存量占比增速波动性较小，少数省域的企业主体存量占比增速波动性较为明显，如北京市、上海市等，在部分年份，这些省域出现明显偏离其余年份的峰值。与其他行业相比，全国大多数省域的采矿业企业主体存量占比增速一直维持在较为稳定水平，说明采矿业发展稳定。

根据图 5-18 可以看出，2010—2020 年大部分省域电力、热力、燃气及水生产和供应业企业主体存量占比增速波动性较弱，趋势较为平坦，而山东省、山西省、河南省电力、热力、燃气及水生产和供应业企业主体存量占比增速波动性较强，在部分年份达到峰值，偏离其余年份。

根据图 5-19 可以看出，2010—2020 年大部分省域建筑业企业主体存量占比增速波动较为明显，其中云南省、安徽省、内蒙古自治区等在部分年份的数值达到峰值，偏离其余年份平均水平。与其他省域相比，上海市、北京市、福建省等省域的增速变化趋势较为平缓。

根据图 5-20 可以看出，2010—2020 年大多数省域制造业企业主体存量占比增速的变动较为稳定，纵坐标数值维持在相近水平，说明大多

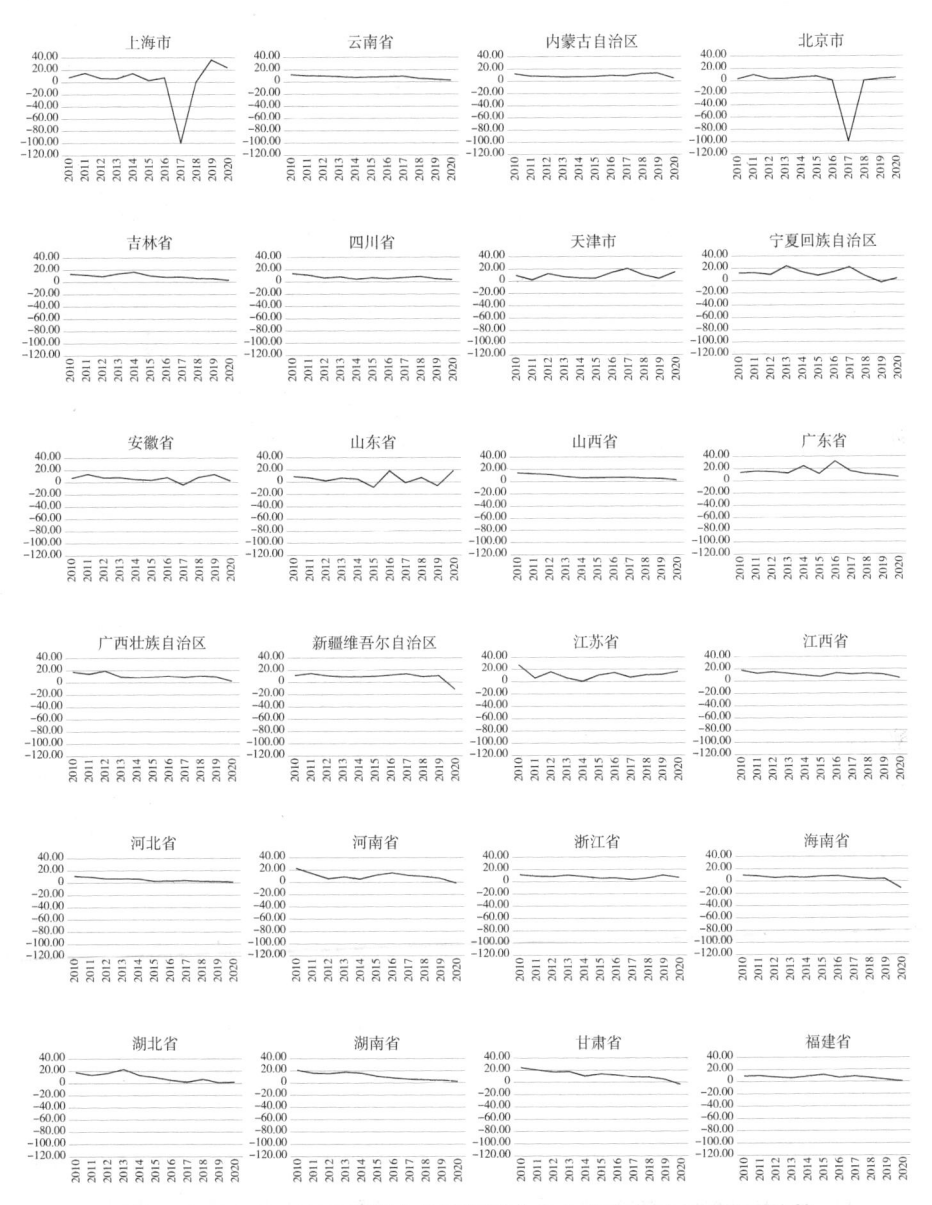

图 5-17　2010—2020 年部分省域采矿业企业主体存量占比增速趋势

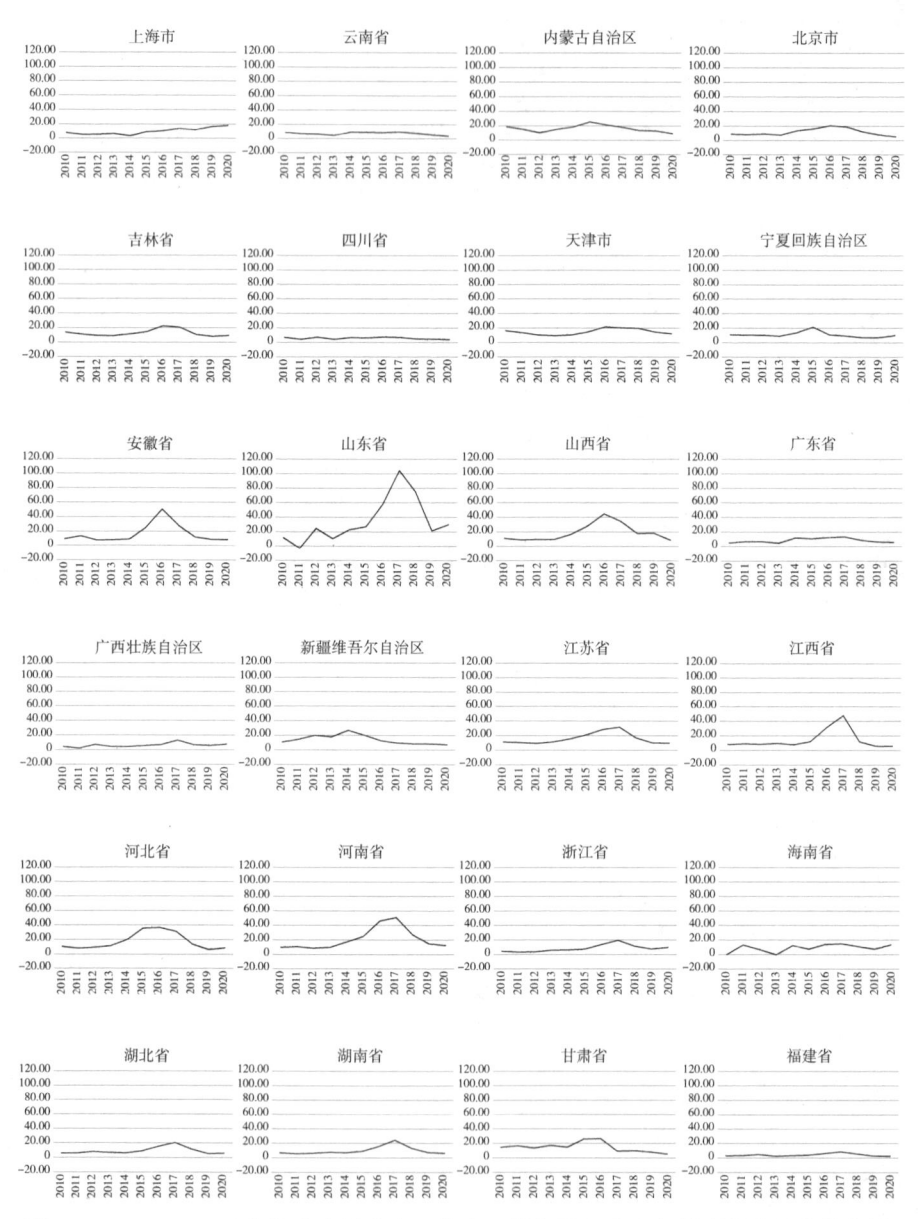

图 5-18 2010—2020 年部分省域电力、热力、燃气及水生产和供应业企业主体存量占比增速趋势

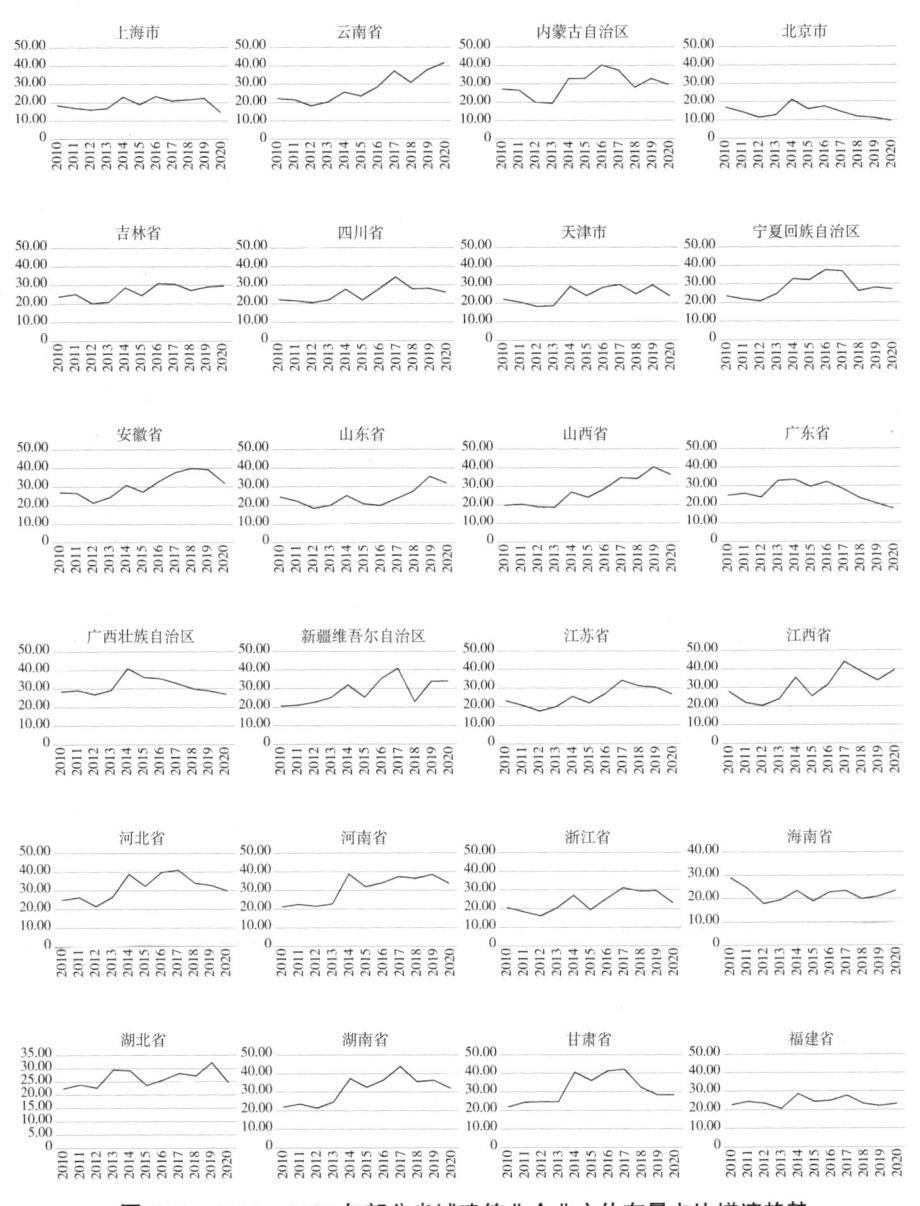

图 5-19 2010—2020 年部分省域建筑业企业主体存量占比增速趋势

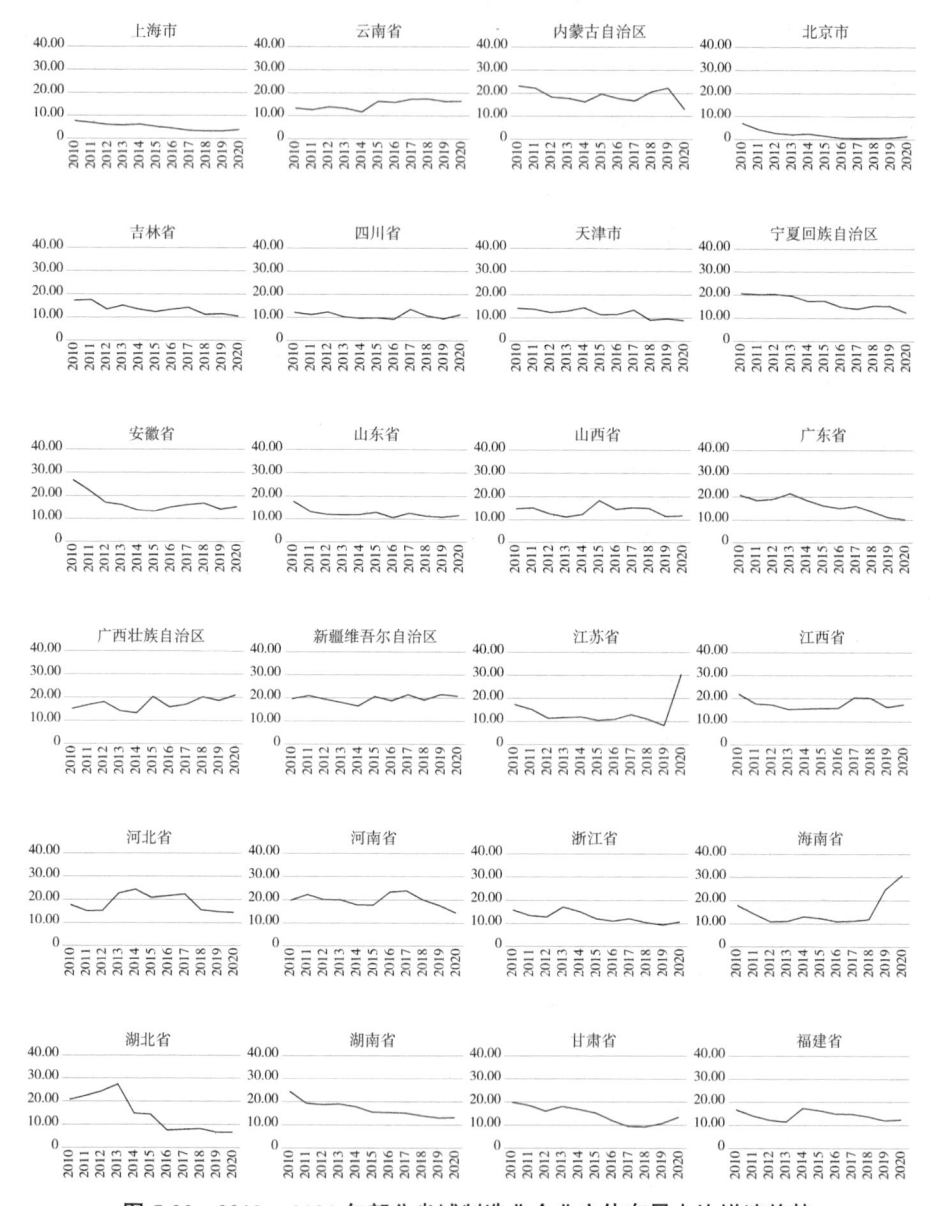

图 5-20 2010—2020 年部分省域制造业企业主体存量占比增速趋势

数省域制造业企业主体存量占比增速变化趋势相差不大。在个别年份，少量省域出现峰值，偏离整体水平，如2020年江苏省的制造业企业主体存量占比增速达到峰值，明显偏离自身其余年份平均水平。

根据表5-21可以看出，2020年广西壮族自治区批发和零售业企业主体存量占比增速最高，达50.89%；福建省交通运输、仓储和邮政业的企业主体存量占比增速最高，达38.41%；广西壮族自治区住宿和餐饮业企业主体存量占比增速最高，为32.00%；海南省租赁和商务服务业企业主体存量占比增速最高，为51.21%，北京市最低，为11.22%。此外，图5-21、图5-22、图5-23、图5-24描绘了2010—2020年第三产业主要行业企业主体存量占比增速变化情况。

表5-21 2020年部分省域第三产业主要行业企业主体存量占比增速

单位：%

省域	批发和零售业	排名	交通运输、仓储和邮政业	排名	住宿和餐饮业	排名	租赁和商务服务业	排名
广西壮族自治区	50.89	1	19.06	9	32.00	1	44.95	3
江苏省	50.79	2	35.67	2	17.97	17	45.58	2
宁夏回族自治区	37.03	3	13.46	21	17.67	19	25.86	12
河北省	34.89	4	18.99	10	22.99	5	24.95	15
江西省	31.78	5	20.22	7	23.60	3	30.04	5
海南省	30.38	6	35.12	3	21.99	7	51.21	1
云南省	29.95	7	18.09	12	23.00	4	26.55	9
广东省	23.41	8	15.63	16	22.50	6	19.26	21
吉林省	20.11	9	17.28	14	14.44	22	26.42	10
安徽省	19.18	10	17.13	15	21.36	8	26.18	11
湖南省	19.06	11	14.36	18	18.97	15	25.80	13
四川省	18.05	12	18.72	11	19.80	12	25.37	14
河南省	17.65	13	19.63	8	20.78	10	22.59	19

续表

省域	批发和零售业	排名	交通运输、仓储和邮政业	排名	住宿和餐饮业	排名	租赁和商务服务业	排名
山西省	15.68	14	17.74	13	20.68	11	27.43	7
内蒙古自治区	15.37	15	14.26	20	15.76	21	24.51	16
新疆维吾尔自治区	15.15	16	23.01	5	23.82	2	32.33	4
甘肃省	14.89	17	10.97	22	18.30	16	23.25	18
福建省	14.50	18	38.41	1	19.58	13	17.91	23
天津市	14.20	19	20.32	6	21.02	9	27.50	6
浙江省	13.46	20	23.11	4	19.30	14	24.08	17
上海市	10.92	21	14.34	19	17.84	18	21.50	20
山东省	10.85	22	14.60	17	17.42	20	26.82	8
湖北省	10.08	23	8.21	23	11.84	23	18.51	22
北京市	3.38	24	7.78	24	7.48	24	11.22	24

根据图 5-21 可以看出，2010—2020 年大多数省域交通运输、仓储和邮政业企业主体存量占比增速波动不明显，在个别年份，少量省域数值峰值偏离整体水平，如吉林省、山西省、湖北省的交通运输、仓储和邮政业企业主体存量占比增速达到峰值，明显偏离自身其余年份平均水平。

根据图 5-22 可以看出，2010—2020 年除湖北省、湖南省、甘肃省、海南省、江苏省变动幅度较大以外，大多数省域批发和零售业企业主体存量占比增速波动较小，折线走势较为稳定，说明在多数年度大多数省域批发和零售业企业主体存量占比增速变化趋势差别较小。在个别年份，少量省域数值出现峰值，偏离整体水平，如 2020 年江苏省的批发和零售业企业主体存量占比增速达到峰值，明显偏离自身其余年份平均水平。

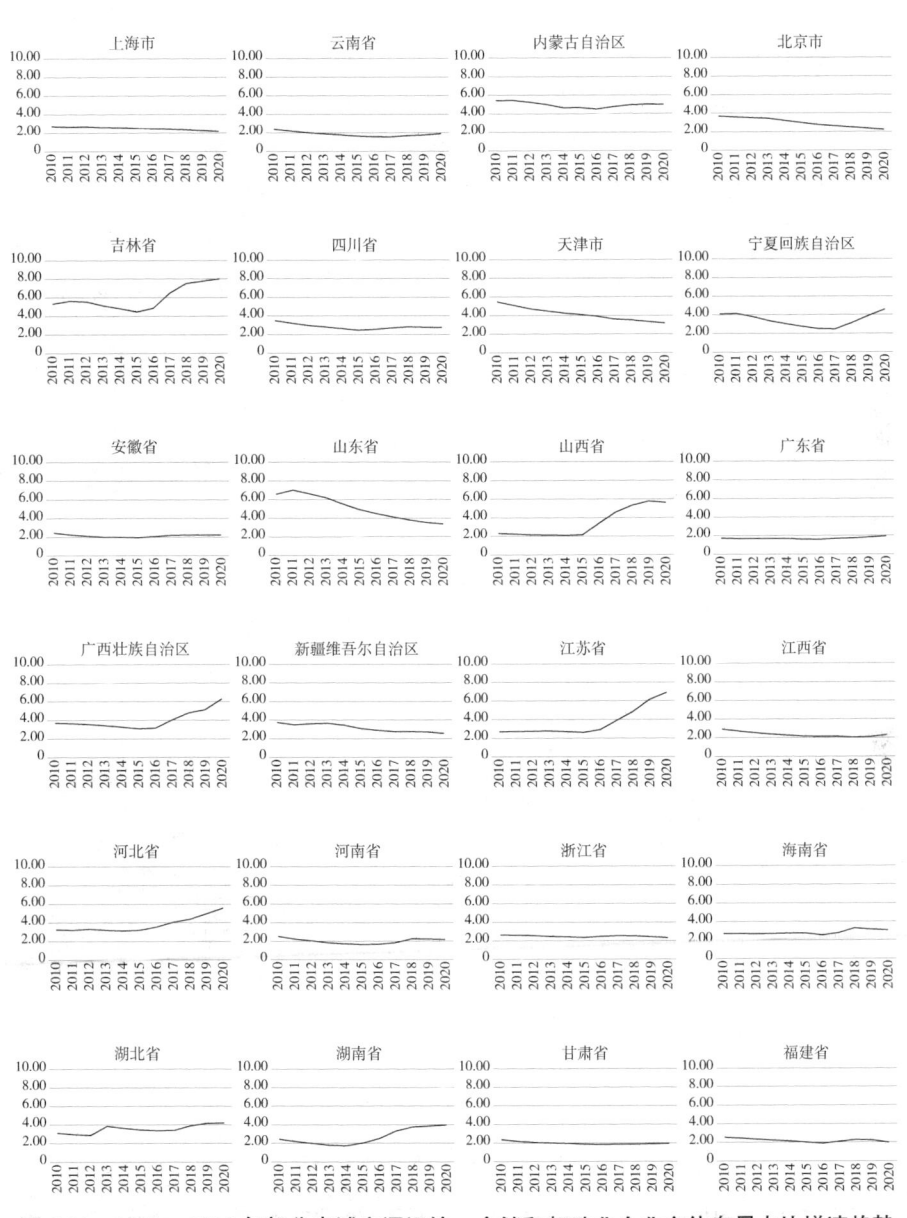

图 5-21　2010—2020 年部分省域交通运输、仓储和邮政业企业主体存量占比增速趋势

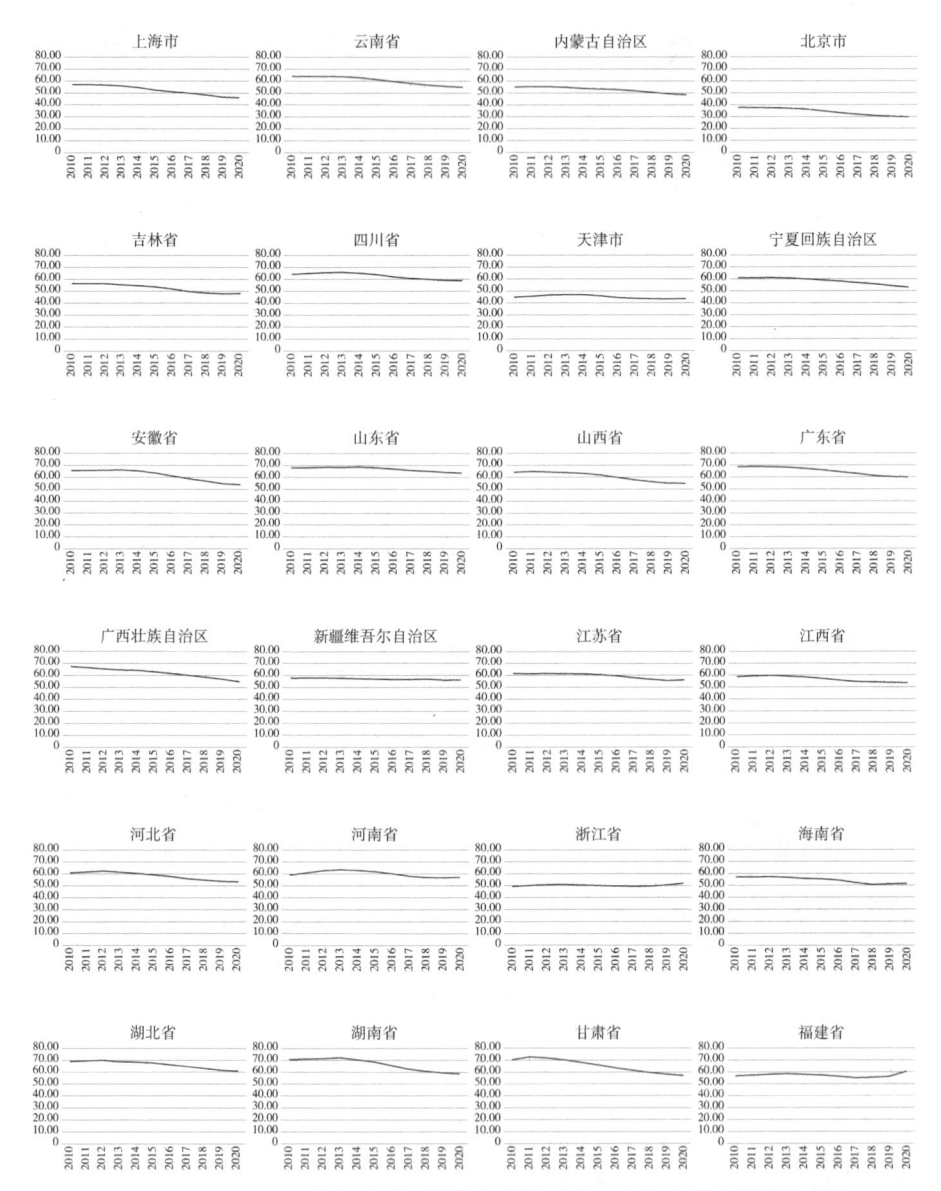

图 5-22　2010—2020 年部分省域批发和零售业企业主体存量占比增速趋势

根据图 5-23 可以看出，2010—2020 年大多数省域住宿和餐饮业企业主体存量占比增速波动较大，大体上呈现先波动性上升再波动性下降的趋势，各省陆续在 2014—2016 年出现峰值，其中天津市、广西壮族自治区的波动变化趋势尤为明显，由此可以看出住宿和餐饮业发展较为不稳定。

根据图 5-24 可以看出，2010—2020 年大多数省域租赁和商务服务业企业主体存量占比增速波动较为明显，并且呈现波动性下降的趋势，说明在多数年度大多数省域租赁和商务服务业企业主体存量占比增速变化趋势具有一定差异性。在个别年份，少量省域数值出现峰值，偏离整体水平，如广东省、福建省的租赁和商务服务业企业主体存量占比增速在个别年份达到最高峰值及最低谷数值，明显偏离自身其余年份平均水平。

三、城市层面企业主体行业结构发展趋势分析

本部分主要分析了我国城市三大产业中主要行业企业主体存量占比增速情况，由于 2010—2020 年数据过多，本报告只具体展示了排在前 100 名的城市在 2020 年各行业的企业主体存量占比增速结果。具体结果如表 5-22、表 5-23、表 5-24、表 5-25、表 5-26、表 5-27、表 5-28、表 5-29、表 5-30 所示。

根据表 5-22 可以看出，2020 年，无锡市农、林、牧、渔业企业主体存量占比增速最高，达 72.56%；排在第五名的城市为东营市，农、林、牧、渔业企业主体存量占比增速达到 51.16%，前五名城市都超过 50%。从整体来看，前 100 名城市均在 10% 以上，排在第 100 名的城市为衡阳市，农、林、牧、渔业企业主体存量占比增速为 19.47%。

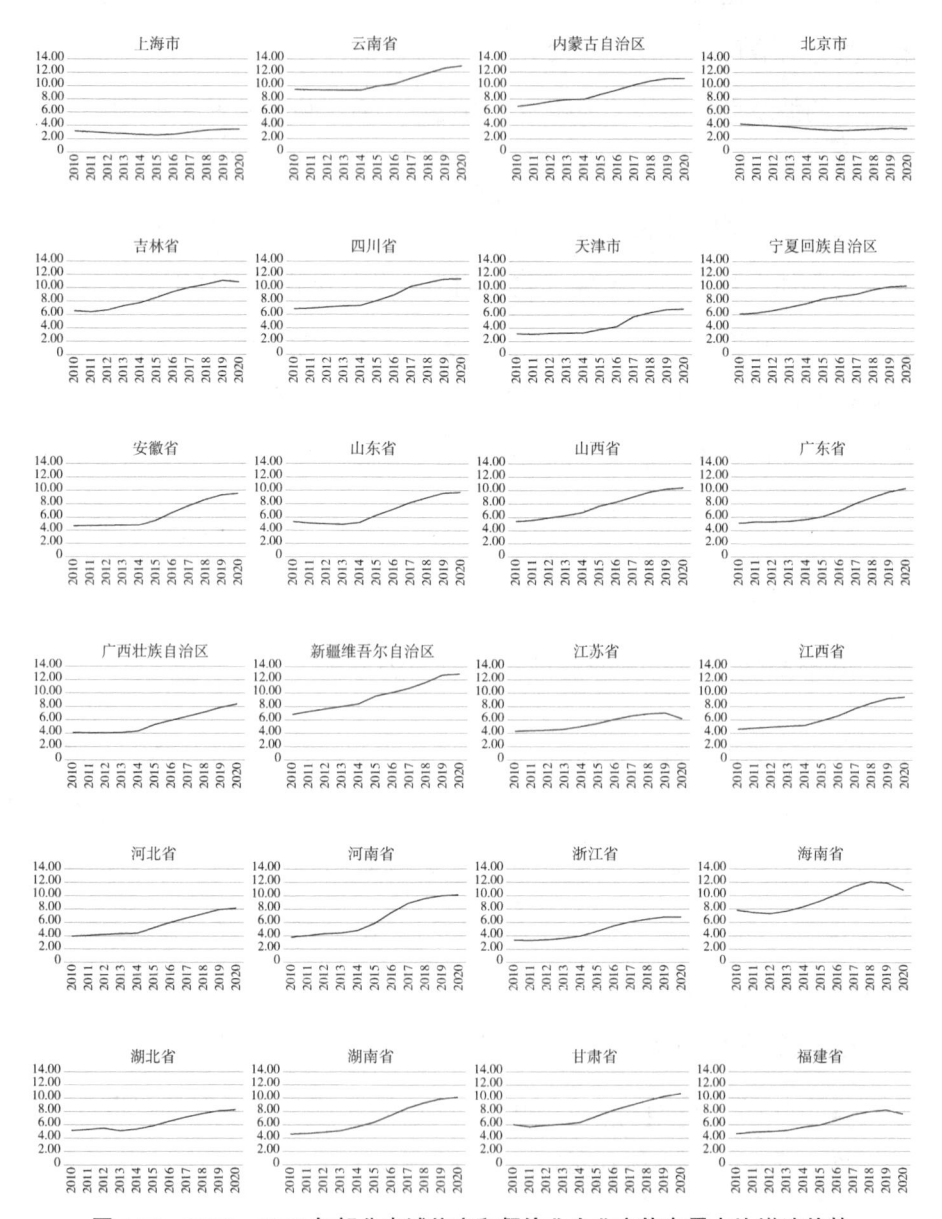

图 5-23 2010—2020 年部分省域住宿和餐饮业企业主体存量占比增速趋势

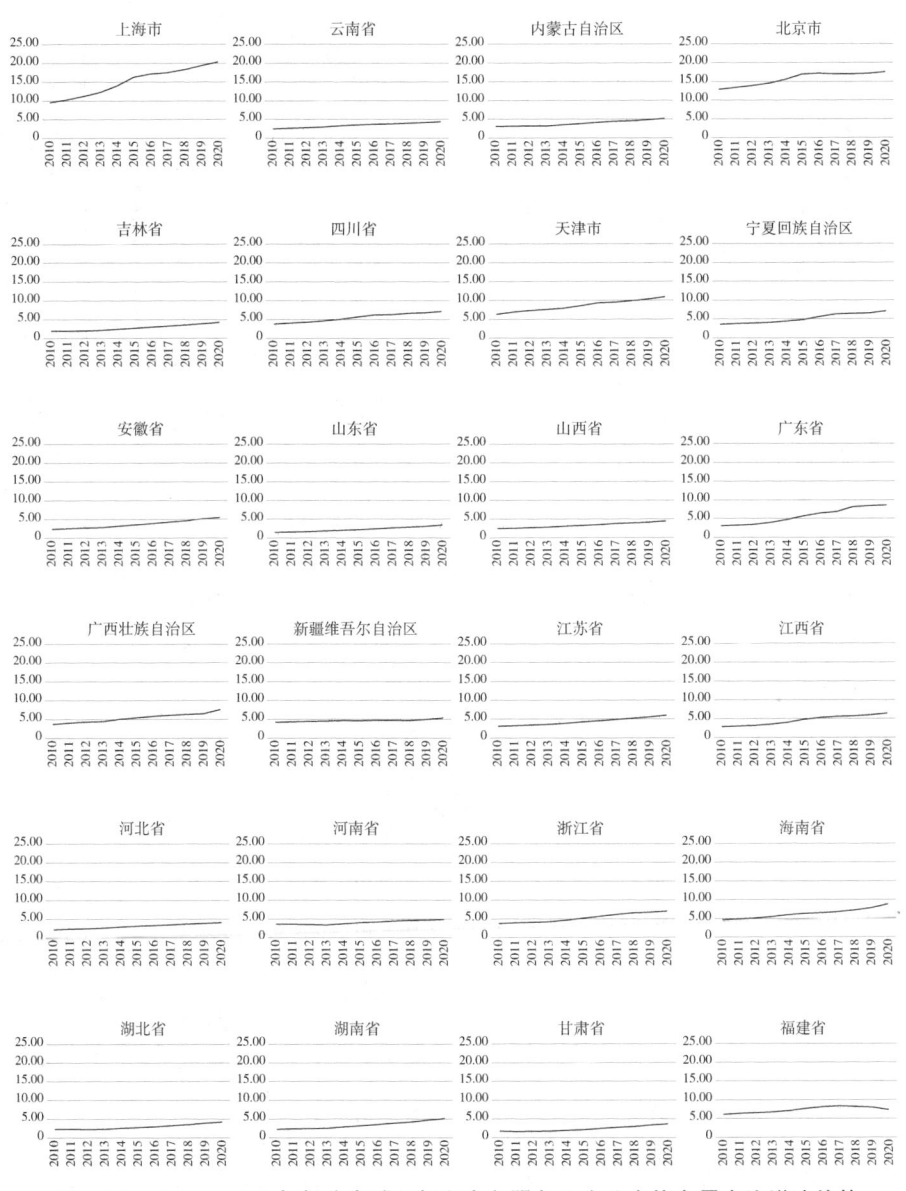

图 5-24　2010—2020 年部分省域租赁和商务服务业企业主体存量占比增速趋势

表 5-22 2020 年城市农、林、牧、渔业企业主体存量占比增速（前 100 名）

单位：%

城市	农、林、牧、渔业增速	排名	城市	农、林、牧、渔业增速	排名
无锡市	72.56	1	普洱市	25.91	51
宿州市	55.94	2	内江市	25.66	52
日照市	54.24	3	钦州市	25.63	53
徐州市	54.06	4	湛江市	25.62	54
东营市	51.16	5	吕梁市	25.22	55
泰州市	49.94	6	乌兰察布市	24.80	56
德州市	44.46	7	中山市	24.46	57
阳江市	44.12	8	巴彦淖尔市	24.44	58
丽江市	42.89	9	临沧市	24.34	59
宜宾市	42.73	10	平凉市	24.34	60
肇庆市	41.94	11	白银市	24.22	61
佛山市	41.24	12	德阳市	24.13	62
潮州市	40.12	13	广安市	23.96	63
哈密市	38.64	14	平顶山市	23.85	64
临沂市	38.01	15	青岛市	23.79	65
嘉兴市	37.76	16	济宁市	23.74	66
聊城市	36.46	17	亳州市	23.67	67
武威市	36.15	18	保定市	23.67	68
攀枝花市	35.24	19	广元市	23.56	69
滨州市	35.11	20	雅安市	23.22	70
保山市	34.12	21	北海市	23.18	71
贵港市	32.73	22	烟台市	22.92	72
台州市	32.37	23	揭阳市	22.79	73
威海市	32.20	24	运城市	22.69	74
江门市	31.96	25	宿迁市	22.13	75
乐山市	31.86	26	儋州市	22.11	76
连云港市	31.68	27	潍坊市	22.06	77

续表

城市	农、林、牧、渔业增速	排名	城市	农、林、牧、渔业增速	排名
茂名市	31.58	28	济南市	21.98	78
湖州市	31.56	29	石家庄市	21.82	79
赤峰市	31.40	30	永州市	21.64	80
自贡市	31.14	31	商丘市	21.53	81
达州市	31.00	32	玉溪市	21.51	82
吉林市	30.66	33	曲靖市	21.49	83
金华市	30.39	34	蚌埠市	21.36	84
韶关市	30.39	35	新乡市	20.99	85
通辽市	30.10	36	邯郸市	20.95	86
昭通市	29.19	37	淮南市	20.88	87
云浮市	28.89	38	株洲市	20.74	88
邢台市	28.83	39	中卫市	20.73	89
昆明市	28.68	40	梅州市	20.66	90
遂宁市	28.55	41	阜阳市	20.42	91
宁波市	28.02	42	镇江市	20.14	92
淮北市	27.86	43	玉林市	20.08	93
泸州市	27.73	44	惠州市	20.02	94
丽水市	27.70	45	南通市	19.95	95
清远市	27.54	46	眉山市	19.74	96
濮阳市	27.54	47	绵阳市	19.56	97
淄博市	27.04	48	常德市	19.55	98
沧州市	26.94	49	盐城市	19.52	99
临汾市	26.88	50	衡阳市	19.47	100

根据表 5-23 可以看出，2020 年，无锡市采矿业企业主体存量占比增速最高，达 42.86%；排在第 34 名的城市为中山市，矿业企业主体存量占比增速达到 10.00%，在此排名及之前的城市采矿业企业主体存量占

比增速均达到或超过 10.00%；采矿业企业主体存量占比增速排在前 100 名的城市均为正向增长，排在第 100 名的城市为九江市，采矿业企业主体存量占比增速为 3.80%。

表 5-23 2020 年城市采矿业企业主体存量占比增速（前 100 名）

单位：%

城市	采矿业增速	排名	城市	采矿业增速	排名
无锡市	42.86	1	深圳市	7.34	51
苏州市	36.84	2	河源市	7.27	52
扬州市	32.65	3	萍乡市	7.26	53
泰州市	32.65	4	惠州市	7.02	54
周口市	25.71	5	宜春市	6.93	55
佛山市	22.22	6	南宁市	6.85	56
德州市	21.05	7	自贡市	6.45	57
钦州市	19.87	8	鄂尔多斯市	6.39	58
贵港市	17.95	9	南通市	6.30	59
廊坊市	17.24	10	包头市	6.25	60
濮阳市	15.66	11	宁波市	6.25	61
东营市	14.29	12	威海市	6.25	62
徐州市	14.08	13	汕尾市	6.25	63
汕头市	13.89	14	上饶市	6.11	64
衢州市	13.33	15	茂名市	6.03	65
东莞市	13.33	16	呼伦贝尔市	5.98	66
衡水市	12.50	17	嘉兴市	5.88	67
常州市	12.50	18	通辽市	5.79	68
漯河市	12.50	19	肇庆市	5.75	69
南京市	12.15	20	吴忠市	5.56	70
盐城市	12.12	21	荆州市	5.45	71
开封市	12.00	22	酒泉市	5.28	72
日照市	11.88	23	银川市	5.22	73

续表

城市	采矿业增速	排名	城市	采矿业增速	排名
南昌市	11.54	24	吉安市	5.17	74
宿迁市	11.32	25	绍兴市	5.10	75
庆阳市	10.92	26	普洱市	5.08	76
滨州市	10.81	27	衡阳市	5.08	77
沧州市	10.66	28	鹰潭市	5.06	78
阜阳市	10.47	29	广元市	4.90	79
潮州市	10.42	30	梅州市	4.76	80
宿州市	10.34	31	蚌埠市	4.55	81
亳州市	10.00	32	江门市	4.55	82
青岛市	10.00	33	云浮市	4.55	83
中山市	10.00	34	呼和浩特市	4.52	84
温州市	9.93	35	四平市	4.38	85
台州市	9.92	36	济宁市	4.38	86
连云港市	9.88	37	永州市	4.36	87
北海市	9.84	38	金华市	4.35	88
松原市	9.42	39	咸宁市	4.26	89
丽水市	9.32	40	南阳市	4.13	90
济南市	9.23	41	景德镇市	4.12	91
商丘市	9.09	42	三亚市	4.08	92
韶关市	9.09	43	玉溪市	4.08	93
新乡市	8.89	44	抚州市	4.05	94
淮安市	8.57	45	马鞍山市	4.04	95
武汉市	8.43	46	南充市	4.00	96
成都市	7.95	47	珠海市	3.97	97
乌兰察布市	7.72	48	杭州市	3.97	98
乌海市	7.59	49	玉林市	3.81	99
遂宁市	7.55	50	九江市	3.80	100

根据表 5-24 可以看出，2020 年，日照市电力、热力、燃气及水生产和供应业企业主体存量占比增速最高，达 60.85%；排在第二名的城市为枣庄市，电力、热力、燃气及水生产和供应业企业主体存量占比增速为 53.71%；排在前 100 名的城市中，只有这两个城市占比增速数值超过 50%。中卫市电力、热力、燃气及水生产和供应业企业主体存量占比增速最低，为 9.14%。

表 5-24　2020 年城市电力、热力、燃气及水生产和供应业企业主体存量占比增速（前 100 名）

单位：%

城市	电力、热力、燃气及水生产和供应业增速	排名	城市	电力、热力、燃气及水生产和供应业增速	排名
日照市	60.85	1	金华市	12.40	51
枣庄市	53.71	2	邢台市	12.37	52
临沂市	48.22	3	忻州市	12.32	53
青岛市	44.21	4	金昌市	12.24	54
济宁市	43.75	5	银川市	12.19	55
三亚市	33.33	6	滁州市	11.99	56
滨州市	28.15	7	嘉兴市	11.89	57
儋州市	25.00	8	苏州市	11.85	58
德州市	24.76	9	信阳市	11.76	59
济南市	22.31	10	北海市	11.76	60
克拉玛依市	21.43	11	芜湖市	11.72	61
海口市	20.60	12	松原市	11.60	62
鄂州市	20.45	13	石家庄市	11.50	63
商丘市	20.05	14	衢州市	11.45	64
烟台市	19.68	15	舟山市	11.43	65
漯河市	19.42	16	新余市	11.31	66
新乡市	18.77	17	东莞市	11.25	67
郑州市	18.68	18	株洲市	11.19	68
驻马店市	18.49	19	聊城市	11.13	69

续表

城市	电力、热力、燃气及水生产和供应业增速	排名	城市	电力、热力、燃气及水生产和供应业增速	排名
泰安市	18.34	20	保定市	11.06	70
南昌市	17.09	21	百色市	11.01	71
宁波市	16.77	22	晋中市	10.99	72
宿州市	16.67	23	秦皇岛市	10.86	73
湘潭市	16.67	24	乌兰察布市	10.85	74
长沙市	16.65	25	平顶山市	10.82	75
呼和浩特市	16.60	26	乌鲁木齐市	10.80	76
湖州市	16.59	27	深圳市	10.75	77
威海市	16.44	28	衡阳市	10.74	78
沧州市	16.43	29	鹤壁市	10.56	79
潍坊市	16.27	30	阜阳市	10.55	80
运城市	15.72	31	焦作市	10.38	81
辽源市	15.63	32	朔州市	10.35	82
贵港市	15.47	33	吴忠市	10.32	83
濮阳市	15.09	34	晋城市	10.22	84
白城市	15.02	35	鄂尔多斯市	10.17	85
开封市	14.87	36	平凉市	10.17	86
淮北市	14.68	37	马鞍山市	10.00	87
泰州市	14.67	38	哈密市	10.00	88
无锡市	14.65	39	常州市	9.95	89
长春市	14.20	40	上饶市	9.94	90
蚌埠市	14.05	41	昆明市	9.93	91
南京市	13.75	42	黄山市	9.76	92
南宁市	13.15	43	南通市	9.74	93
宣城市	13.04	44	呼伦贝尔市	9.58	94
钦州市	12.95	45	四平市	9.55	95
来宾市	12.64	46	衡水市	9.45	96
武汉市	12.62	47	崇左市	9.38	97

续表

城市	电力、热力、燃气及水生产和供应业增速	排名	城市	电力、热力、燃气及水生产和供应业增速	排名
太原市	12.61	48	镇江市	9.37	98
淄博市	12.50	49	台州市	9.34	99
合肥市	12.47	50	中卫市	9.14	100

根据表5-25可以看出，2020年，玉溪市建筑业企业主体存量占比增速最高，达67.43%。排在第六名的城市为保山市，建筑业企业主体存量占比增速为50.29%；排在前100名的城市建筑业企业主体存量占比增速均超过30%，其中梧州市建筑业企业主体存量占比增速排名最低，为32.82%。

表5-25 2020年城市层面建筑业企业主体存量占比增速（前100名）

单位：%

城市	建筑业增速	排名	城市	建筑业增速	排名
玉溪市	67.43	1	肇庆市	37.60	51
昭通市	58.19	2	青岛市	37.58	52
丽江市	57.25	3	眉山市	37.21	53
宜春市	51.71	4	徐州市	37.19	54
运城市	51.18	5	达州市	36.88	55
保山市	50.29	6	滁州市	36.78	56
雅安市	48.28	7	益阳市	36.72	57
普洱市	47.56	8	上饶市	36.72	58
安阳市	47.55	9	绵阳市	36.71	59
濮阳市	47.32	10	咸宁市	36.57	60
临汾市	47.14	11	哈密市	36.44	61
临沧市	46.47	12	大同市	36.42	62
新余市	46.42	13	铜陵市	36.26	63
六安市	46.22	14	黄山市	36.22	64

续表

城市	建筑业增速	排名	城市	建筑业增速	排名
三门峡市	45.94	15	娄底市	36.20	65
日照市	44.81	16	东营市	36.18	66
萍乡市	44.43	17	湖州市	36.01	67
抚州市	44.16	18	威海市	35.90	68
赤峰市	43.95	19	赣州市	35.72	69
曲靖市	43.71	20	平顶山市	35.25	70
鹰潭市	43.43	21	丽水市	35.03	71
长治市	43.28	22	岳阳市	35.00	72
宿州市	43.05	23	淮安市	34.82	73
资阳市	42.49	24	广安市	34.65	74
忻州市	42.29	25	邯郸市	34.64	75
晋城市	42.26	26	怀化市	34.46	76
吉安市	42.12	27	常德市	34.40	77
景德镇市	42.01	28	邢台市	34.38	78
九江市	41.95	29	天水市	34.28	79
吕梁市	41.71	30	南平市	34.07	80
德阳市	41.64	31	信阳市	34.04	81
衡阳市	41.10	32	崇左市	34.02	82
贺州市	40.64	33	宿迁市	34.00	83
周口市	40.38	34	武威市	33.83	84
驻马店市	40.15	35	宜宾市	33.78	85
鹤壁市	40.14	36	钦州市	33.77	86
定西市	39.98	37	邵阳市	33.60	87
亳州市	39.56	38	郴州市	33.50	88
南充市	39.39	39	通化市	33.45	89
南阳市	39.32	40	来宾市	33.35	90
新乡市	39.07	41	承德市	33.34	91
淄博市	39.03	42	巴中市	33.26	92
永州市	39.01	43	蚌埠市	33.03	93

续表

城市	建筑业增速	排名	城市	建筑业增速	排名
三明市	38.56	44	贵港市	33.00	94
自贡市	38.54	45	百色市	32.97	95
朔州市	38.36	46	白城市	32.94	96
松原市	38.32	47	滨州市	32.92	97
石嘴山市	38.23	48	平凉市	32.91	98
池州市	38.03	49	株洲市	32.86	99
商丘市	37.76	50	梧州市	32.82	100

根据表 5-26 可以看出，2020 年，徐州市制造业企业主体存量占比增速最高，达 97.39%；排在第四名的城市为三亚市，达 70.48%，在此排名及之前的城市占比增速均超过 70%；排在第五名及之后的城市数值都低于 40%，其中定西市制造业企业主体存量占比增速排名最低，数值为 14.06%。

表 5-26　2020 年城市制造业企业主体存量占比增速（前 100 名）

单位：%

城市	制造业增速	排名	城市	制造业增速	排名
徐州市	97.39	1	玉溪市	17.12	51
泰州市	85.86	2	商丘市	17.05	52
盐城市	78.87	3	广安市	17.04	53
三亚市	70.48	4	柳州市	16.74	54
海口市	36.46	5	昆明市	16.65	55
连云港市	31.20	6	丽水市	16.57	56
无锡市	30.34	7	清远市	16.52	57
防城港市	28.17	8	佛山市	16.46	58
桂林市	27.42	9	白银市	16.39	59
昭通市	26.04	10	达州市	16.32	60
宿州市	25.66	11	安庆市	15.92	61

续表

城市	制造业增速	排名	城市	制造业增速	排名
鹰潭市	25.34	12	合肥市	15.89	62
来宾市	24.17	13	淮安市	15.81	63
贺州市	23.60	14	沧州市	15.69	64
宜春市	23.39	15	驻马店市	15.59	65
北海市	23.18	16	淮北市	15.59	66
儋州市	22.42	17	湛江市	15.57	67
扬州市	22.18	18	舟山市	15.48	68
崇左市	21.96	19	青岛市	15.45	69
亳州市	21.78	20	滨州市	15.43	70
钦州市	21.77	21	萍乡市	15.42	71
贵港市	21.46	22	新乡市	15.40	72
镇江市	21.44	23	河源市	15.28	73
日照市	21.43	24	蚌埠市	15.27	74
抚州市	21.43	25	普洱市	15.24	75
邢台市	20.75	26	大同市	15.23	76
梧州市	20.47	27	衡阳市	15.18	77
新余市	20.45	28	肇庆市	15.09	78
百色市	20.38	29	郴州市	15.08	79
河池市	19.97	30	赤峰市	15.06	80
玉林市	19.95	31	资阳市	15.04	81
三明市	19.67	32	三门峡市	14.87	82
酒泉市	19.26	33	包头市	14.81	83
南阳市	19.14	34	周口市	14.78	84
邵阳市	19.05	35	湖州市	14.75	85
上饶市	19.03	36	吕梁市	14.71	86
廊坊市	18.99	37	揭阳市	14.65	87
丽江市	18.97	38	九江市	14.63	88
南昌市	18.78	39	临汾市	14.45	89
临沂市	18.75	40	信阳市	14.43	90

续表

城市	制造业增速	排名	城市	制造业增速	排名
景德镇市	18.48	41	乌兰察布市	14.43	91
遂宁市	18.44	42	南充市	14.42	92
漯河市	18.18	43	庆阳市	14.39	93
南宁市	18.16	44	平顶山市	14.37	94
永州市	18.05	45	六安市	14.31	95
吉安市	18.00	46	阜阳市	14.27	96
南通市	17.96	47	金昌市	14.27	97
曲靖市	17.83	48	潮州市	14.16	98
南京市	17.82	49	娄底市	14.14	99
濮阳市	17.24	50	定西市	14.06	100

根据表5-27可以看出，2020年，钦州市交通运输、仓储和邮政业企业主体存量占比增速最高，达583.76%；排在第四名的城市为萍乡市，交通运输、仓储和邮政业企业主体存量占比增速达185.54%，排在前100名的城市中只有四个城市增速数据突破100%。排在第18名的城市为肇庆市，为49.82%，在此排名及之后的城市均低于50%。郑州市交通运输、仓储和邮政业企业主体存量占比增速排名最低，为19.04%。

表5-27 2020年城市交通运输、仓储和邮政业企业主体存量占比增速（前100名）

单位：%

城市	交通运输、仓储和邮政业增速	排名	城市	交通运输、仓储和邮政业增速	排名
钦州市	583.76	1	揭阳市	26.21	51
淮安市	229.97	2	丽江市	26.06	52
无锡市	218.88	3	韶关市	26.04	53
萍乡市	185.54	4	乐山市	26.01	54
苏州市	95.94	5	新乡市	25.78	55
张家口市	88.53	6	中山市	25.64	56

续表

城市	交通运输、仓储和邮政业增速	排名	城市	交通运输、仓储和邮政业增速	排名
邢台市	76.68	7	承德市	25.53	57
景德镇市	76.15	8	鹤壁市	25.40	58
儋州市	75.80	9	威海市	25.28	59
贵港市	72.62	10	滨州市	25.11	60
遂宁市	68.74	11	岳阳市	24.81	61
石嘴山市	66.70	12	常德市	24.79	62
梅州市	65.10	13	邯郸市	24.54	63
中卫市	62.64	14	海口市	24.49	64
清远市	57.36	15	湛江市	24.07	65
阳江市	57.07	16	吴忠市	24.04	66
宿州市	53.86	17	张家界市	23.41	67
肇庆市	49.82	18	武威市	23.17	68
唐山市	47.79	19	芜湖市	23.17	69
河源市	47.18	20	松原市	22.94	70
三亚市	46.79	21	永州市	22.54	71
池州市	44.66	22	合肥市	22.37	72
东营市	43.89	23	昆明市	22.22	73
茂名市	43.22	24	洛阳市	21.90	74
保山市	42.91	25	来宾市	21.77	75
保定市	42.62	26	内江市	21.50	76
玉溪市	41.86	27	佛山市	21.41	77
沧州市	37.42	28	朔州市	21.40	78
广元市	35.46	29	梧州市	21.36	79
酒泉市	34.69	30	惠州市	21.35	80
固原市	34.46	31	连云港市	21.35	81
普洱市	34.44	32	运城市	20.99	82
昭通市	34.38	33	蚌埠市	20.77	83
衡阳市	34.25	34	淮北市	20.41	84

续表

城市	交通运输、仓储和邮政业增速	排名	城市	交通运输、仓储和邮政业增速	排名
汕尾市	33.84	35	深圳市	20.33	85
巴彦淖尔市	33.55	36	青岛市	20.32	86
云浮市	32.04	37	江门市	20.09	87
眉山市	31.63	38	金华市	19.97	88
银川市	31.04	39	娄底市	19.90	89
宣城市	29.48	40	乌兰察布市	19.88	90
曲靖市	29.39	41	石家庄市	19.85	91
湖州市	29.26	42	株洲市	19.74	92
衡水市	29.13	43	济南市	19.69	93
贺州市	27.79	44	信阳市	19.59	94
长春市	27.72	45	大同市	19.58	95
嘉峪关市	27.64	46	常州市	19.51	96
乌海市	27.25	47	郴州市	19.50	97
临沂市	27.21	48	通化市	19.16	98
崇左市	26.98	49	六安市	19.08	99
黄山市	26.95	50	郑州市	19.04	100

根据表5-28可以看出，2020年，批发和零售业企业主体存量占比增速排在前三名的城市分别是泰州市、盐城市、三明市，增速分别是90.53%、74.03%、60.90%，排在前100名的城市批发和零售业企业主体存量占比增速均低于100%；排在第七名的城市为儋州市，批发和零售业企业主体存量占比增速为36.49%，该排名及之后的排名城市企业主体存量占比增速均低于50%；唐山市批发和零售业企业主体存量占比增速排在第100名，为16.94%。

表 5-28　2020 年城市批发和零售业企业主体存量占比增速（前 100 名）

单位：%

城市	批发和零售业	排名	城市	批发和零售业	排名
泰州市	90.53	1	厦门市	21.38	50
盐城市	74.03	2	防城港市	21.33	51
三明市	60.90	3	萍乡市	21.33	52
无锡市	56.93	4	贵港市	21.30	53
南平市	53.38	5	长沙市	21.20	54
徐州市	52.41	6	桂林市	20.84	55
儋州市	36.49	7	北海市	20.46	56
佛山市	36.48	8	周口市	20.10	57
钦州市	34.67	9	濮阳市	20.08	58
海口市	33.59	10	潮州市	19.84	59
扬州市	33.44	11	东营市	19.72	60
三亚市	33.14	12	吕梁市	19.67	61
宿迁市	32.87	13	衡水市	19.66	62
宿州市	32.79	14	沧州市	19.60	63
金华市	30.55	15	常州市	19.47	64
连云港市	29.33	16	临汾市	19.43	65
运城市	28.72	17	资阳市	19.42	66
湖州市	26.97	18	衢州市	19.38	67
鹰潭市	26.90	19	舟山市	19.37	68
鹤壁市	26.31	20	乌鲁木齐市	19.32	69
丽水市	26.01	21	肇庆市	19.31	70
郑州市	25.75	22	绍兴市	19.08	71
宜春市	25.64	23	洛阳市	18.95	72
景德镇市	25.33	24	吉安市	18.78	73
嘉兴市	25.27	25	江门市	18.71	74
台州市	25.24	26	焦作市	18.69	75
济南市	24.98	27	贺州市	18.68	76
长春市	24.92	28	衡阳市	18.62	77

续表

城市	批发和零售业	排名	城市	批发和零售业	排名
成都市	24.77	29	梧州市	18.53	78
温州市	24.75	30	河池市	18.45	79
南昌市	24.68	31	昆明市	18.44	80
丽江市	24.47	32	宁波市	18.37	81
南通市	24.29	33	清远市	18.30	82
廊坊市	24.28	34	保定市	18.28	83
邢台市	24.26	35	云浮市	18.04	84
镇江市	23.82	36	遂宁市	17.95	85
昭通市	23.57	37	太原市	17.88	86
新余市	23.40	38	杭州市	17.76	87
抚州市	23.21	39	来宾市	17.72	88
阳江市	22.92	40	揭阳市	17.65	89
商丘市	22.91	41	上饶市	17.65	90
合肥市	22.89	42	苏州市	17.64	91
临沂市	22.74	43	河源市	17.63	92
南阳市	22.53	44	玉林市	17.55	93
青岛市	22.29	45	漯河市	17.51	94
石家庄市	22.04	46	玉溪市	17.46	95
南京市	21.79	47	蚌埠市	17.35	96
新乡市	21.77	48	保山市	17.33	97
咸宁市	21.63	49	淮北市	17.13	98
厦门市	21.38	50	唐山市	16.94	99

根据表5-29可以看出，2020年，钦州市住宿和餐饮业企业主体存量占比增速最高，达到60.47%；佛山市次之，为41.48%，该排名及之后的排名城市均低于50%。前100名城市的住宿和餐饮业企业主体存量占比增速均高于20%。合肥市住宿和餐饮业企业主体存量占比增速排在第100名，为20.30%。

表5-29 2020年城市住宿和餐饮业企业主体存量占比增速（前100名）

单位：%

城市	住宿和餐饮业增速	排名	城市	住宿和餐饮业增速	排名
钦州市	60.47	1	临汾市	23.57	51
佛山市	41.48	2	徐州市	23.41	52
玉林市	40.98	3	吉安市	23.36	53
昭通市	36.43	4	石家庄市	23.13	54
潮州市	35.96	5	景德镇市	23.12	55
来宾市	34.67	6	保定市	23.09	56
宿州市	34.52	7	丽江市	22.99	57
鹰潭市	33.26	8	惠州市	22.89	58
南宁市	32.36	9	运城市	22.79	59
贵港市	32.18	10	永州市	22.70	60
蚌埠市	31.98	11	南阳市	22.69	61
揭阳市	31.05	12	德阳市	22.55	62
梧州市	30.68	13	曲靖市	22.54	63
湛江市	30.26	14	洛阳市	22.45	64
廊坊市	30.24	15	成都市	22.37	65
邢台市	30.08	16	汕头市	22.37	66
防城港市	29.95	17	太原市	22.32	67
北海市	29.74	18	焦作市	22.23	68
云浮市	29.34	19	三门峡市	22.18	69
河池市	29.32	20	海口市	22.15	70
茂名市	28.47	21	宁波市	22.15	71
贺州市	28.38	22	江门市	22.13	72
崇左市	28.27	23	鹤壁市	22.12	73
东莞市	27.83	24	河源市	21.85	74
萍乡市	27.63	25	滁州市	21.82	75
汕尾市	27.54	26	金华市	21.77	76
百色市	27.25	27	舟山市	21.74	77
抚州市	27.02	28	上饶市	21.62	78

续表

城市	住宿和餐饮业增速	排名	城市	住宿和餐饮业增速	排名
亳州市	26.44	29	包头市	21.57	79
南昌市	26.04	30	唐山市	21.56	80
桂林市	26.01	31	三亚市	21.47	81
中山市	25.98	32	周口市	21.44	82
大同市	25.90	33	赣州市	21.43	83
沧州市	25.89	34	六安市	21.37	84
宜春市	25.73	35	阳泉市	21.29	85
漯河市	25.52	36	温州市	21.11	86
柳州市	25.42	37	达州市	21.05	87
新乡市	25.27	38	吕梁市	21.03	88
淮南市	24.83	39	乌鲁木齐市	21.01	89
新余市	24.82	40	淮北市	20.95	90
衡阳市	24.75	41	台州市	20.92	91
临沂市	24.57	42	厦门市	20.72	92
昆明市	24.53	43	嘉兴市	20.68	93
阜阳市	24.50	44	韶关市	20.57	94
儋州市	24.38	45	保山市	20.49	95
邵阳市	24.13	46	南充市	20.45	96
邯郸市	23.94	47	泰州市	20.37	97
郑州市	23.89	48	日照市	20.33	98
肇庆市	23.79	49	衡水市	20.33	99
清远市	23.58	50	合肥市	20.30	100

根据表 5-30 可以看出，2020 年，租赁和商务服务业企业主体存量占比增速排在前三名的城市分别是钦州市、儋州市、宜宾市，分别为 681.68%、178.24%、169.00%。由此可以看出，钦州市企业主体存量占比增速远超过其他城市。租赁和商务服务业企业主体存量占比增速排在第四名的城市为苏州市，为 100.30%，在此排名及之后的城市租赁和

商务服务业企业主体存量占比增速都低于100%。南充市数值最低，为26.28%。

表 5-30　2020 年城市租赁和商务服务业企业主体存量占比增速（前 100 名）

单位：%

城市	租赁和商务服务业增速	排名	城市	租赁和商务服务业增速	排名
钦州市	681.68	1	三门峡市	30.27	51
儋州市	178.24	2	赤峰市	29.60	52
宜宾市	169.00	3	连云港市	29.52	53
苏州市	100.30	4	雅安市	29.36	54
淮安市	54.61	5	武威市	29.26	55
佛山市	51.91	6	眉山市	29.25	56
聊城市	51.41	7	娄底市	29.12	57
普洱市	47.57	8	鹤壁市	29.08	58
宿迁市	47.23	9	遂宁市	28.81	59
哈密市	47.08	10	驻马店市	28.72	60
白城市	43.93	11	衡阳市	28.64	61
萍乡市	43.81	12	大同市	28.64	62
三亚市	39.04	13	赣州市	28.64	63
丽水市	38.99	14	贺州市	28.54	64
宜春市	38.92	15	黄山市	28.53	65
马鞍山市	38.01	16	郴州市	28.47	66
东营市	37.92	17	德州市	28.45	67
九江市	37.89	18	株洲市	28.45	68
徐州市	37.84	19	临汾市	28.38	69
淮北市	37.58	20	嘉峪关市	28.37	70
金华市	36.49	21	克拉玛依市	28.11	71
湖州市	36.28	22	蚌埠市	27.98	72
泰州市	35.61	23	焦作市	27.93	73
衢州市	34.76	24	运城市	27.70	74

续表

城市	租赁和商务服务业增速	排名	城市	租赁和商务服务业增速	排名
吉安市	34.71	25	阳泉市	27.69	75
海口市	34.47	26	乌兰察布市	27.55	76
盐城市	34.31	27	济南市	27.39	77
景德镇市	34.26	28	上饶市	27.38	78
昭通市	34.25	29	温州市	27.33	79
淄博市	34.15	30	许昌市	27.20	80
酒泉市	34.09	31	晋城市	27.11	81
亳州市	33.23	32	天水市	27.08	82
玉溪市	33.06	33	银川市	27.06	83
永州市	33.06	34	长治市	26.92	84
宿州市	32.81	35	衡水市	26.90	85
临沂市	32.70	36	朔州市	26.88	86
吕梁市	32.59	37	唐山市	26.87	87
抚州市	32.42	38	江门市	26.85	88
廊坊市	32.42	39	长春市	26.78	89
无锡市	32.22	40	滨州市	26.69	90
邵阳市	32.17	41	沧州市	26.67	91
松原市	32.16	42	周口市	26.66	92
乌海市	32.13	43	南平市	26.66	93
忻州市	31.97	44	池州市	26.58	94
六安市	31.94	45	鹰潭市	26.55	95
濮阳市	31.79	46	新乡市	26.54	96
芜湖市	31.47	47	南阳市	26.50	97
安阳市	31.39	48	常州市	26.46	98
日照市	31.37	49	石嘴山市	26.43	99
青岛市	31.16	50	南充市	26.28	100

第六章

经营主体创新活力

本章分析了2010—2020年国家层面、省域层面以及城市层面的经营主体创新活力。依据前文构建的指标体系，经营主体创新活力通过经营主体创新产出与创新潜能两个二级指标反映。因此，本章从经营主体创新产出以及经营主体创新潜能两个方面分析报告经营主体创新活力。由于个体工商户相关数据缺失较多，本章仅分析企业主体的创新活力。

第一节 经营主体创新产出

依据前文构建的指标体系，经营主体创新产出可以通过专利申请量这一三级指标反映。本节从全国、省域以及城市三个层面对上述指标进行分析。

一、全国层面企业主体创新产出分析

本部分分析了2010—2020年全国层面企业主体创新产出情况，结果见表6-1和图6-1。可以发现，在2010—2020年，全国层面企业专利申请量逐年增加，企业主体创新产出呈现显著增长趋势。

表 6-1　2010—2020 年全国层面企业主体专利申请量

单位：万件

年份	专利申请量
2010	72.1166
2011	101.1576
2012	139.2596
2013	159.9104
2014	175.4503
2015	211.2488
2016	255.1780
2017	308.0605
2018	354.8157
2019	389.1556
2020	460.2216

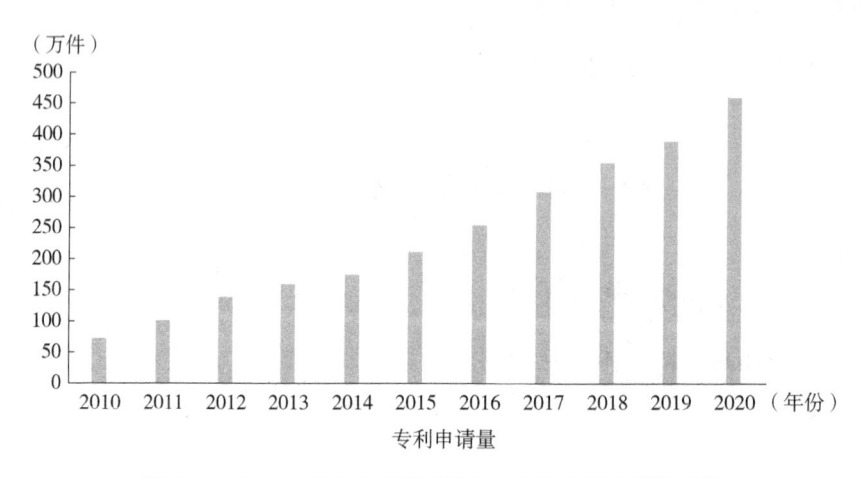

图 6-1　2010—2020 年全国层面企业主体专利申请量趋势

二、省域层面企业主体创新产出分析

本部分从省域层面分析企业主体创新产出。表 6-2 列示了 2020 年省域层面企业主体创新产出相关指标数据。图 6-2 描绘了 2010—2020 年 31 个省域的专利申请量的变化趋势。

根据表 6-2 可以发现，从专利申请量来看，广东省、江苏省和浙江省排在前三名，其专利申请量分别超过 81 万、73 万以及 47 万件。总的来看，省域层面，创新产出排在前列的省域包括广东省、江苏省、浙江省等经济发展势头强劲的省域，表现出积极增长的创新产出态势。

表 6-2　2020 年 31 个省域企业主体专利申请量

单位：万件

省域	专利申请量	排名
广东省	81.6632	1
江苏省	73.1719	2
浙江省	47.0274	3
北京市	31.2844	4
山东省	30.0662	5
上海市	22.1090	6
安徽省	17.9844	7
湖北省	16.4479	8
福建省	15.1750	9
河南省	14.2120	10
四川省	14.0164	11
湖南省	10.9752	12
天津市	10.7224	13
河北省	10.2002	14
陕西省	10.0434	15
重庆市	8.0108	16
辽宁省	7.9831	17
江西省	7.7825	18
广西壮族自治区	3.9381	19

续表

省域	专利申请量	排名
云南省	3.8055	20
黑龙江省	3.7703	21
贵州省	3.4591	22
山西省	3.4230	23
吉林省	2.9586	24
内蒙古自治区	2.2684	25
甘肃省	2.1685	26
新疆维吾尔自治区	1.9944	27
海南省	1.3801	28
宁夏回族自治区	1.2892	29
青海省	0.6918	30
西藏自治区	0.1992	31

根据图 6-2 可以发现，从省域层面来看，2010—2020 年北京市、广东省、江苏省、浙江省等省域的专利申请量呈现明显上升趋势。

三、城市层面企业主体创新产出分析

本部分列出了 2020 年我国城市企业创新产出相关数据，汇报专利申请量（前 100 名），具体结果见表 6-3。

可以发现，从专利角度来看，2020 年企业专利申请量排在前三名的城市分别是深圳市、苏州市和广州市，专利申请量分别超过 30 万、21 万以及 15 万件。总的来看，城市层面，创新产出排在前列的城市包括深圳市、苏州市、广州市、杭州市、南京市等经济发展情况居全国前列的城市，创新势头强劲。

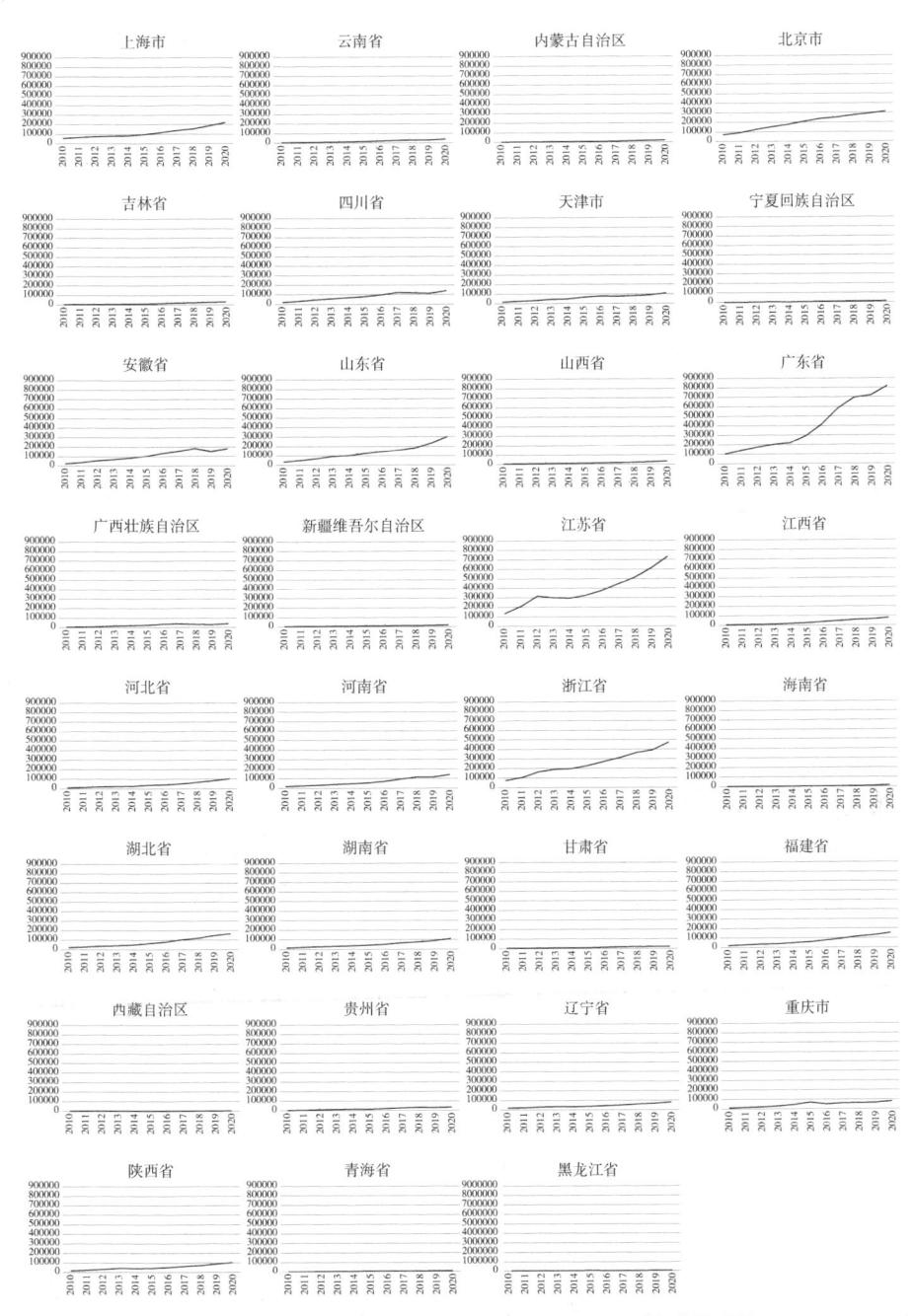

图 6-2 2010—2020 年 31 个省域企业主体专利申请量趋势

表 6-3 2020 年城市企业主体专利申请量（前 100 名）

单位：万件

城市	专利申请量	排名	城市	专利申请量	排名
深圳市	30.2334	1	马鞍山市	1.5714	51
苏州市	21.9056	2	洛阳市	1.4882	52
广州市	15.8658	3	南宁市	1.4509	53
杭州市	14.9193	4	淮安市	1.4483	54
南京市	12.7595	5	临沂市	1.4356	55
武汉市	9.7344	6	保定市	1.4274	56
东莞市	9.3098	7	赣州市	1.4070	57
佛山市	9.1256	8	滁州市	1.3997	58
青岛市	9.0763	9	唐山市	1.3424	59
成都市	9.0753	10	淄博市	1.3299	60
无锡市	8.6732	11	漳州市	1.2747	61
西安市	8.2278	12	济宁市	1.1938	62
宁波市	7.2104	13	威海市	1.1903	63
合肥市	6.4900	14	兰州市	1.1472	64
郑州市	6.4232	15	丽水市	1.1171	65
济南市	5.9785	16	廊坊市	1.0819	66
常州市	5.8204	17	新乡市	1.0046	67
长沙市	4.9849	18	连云港市	0.9979	68
温州市	4.8163	19	襄阳市	0.9979	69
嘉兴市	4.5336	20	株洲市	0.9904	70
珠海市	4.2925	21	宜昌市	0.9393	71
绍兴市	4.2654	22	衢州市	0.9277	72
南通市	4.2054	23	阜阳市	0.9252	73
泉州市	4.0878	24	绵阳市	0.9224	74
厦门市	4.0729	25	沧州市	0.9116	75
金华市	3.5901	26	海口市	0.8960	76
福州市	3.5538	27	东营市	0.8874	77
中山市	3.5377	28	德州市	0.8747	78

续表

城市	专利申请量	排名	城市	专利申请量	排名
徐州市	3.5102	29	衡阳市	0.8495	79
盐城市	3.3491	30	泰安市	0.8181	80
扬州市	3.2968	31	宜春市	0.8030	81
沈阳市	2.9630	32	安庆市	0.8009	82
台州市	2.9017	33	柳州市	0.7960	83
泰州市	2.8065	34	邯郸市	0.7920	84
镇江市	2.6674	35	南阳市	0.7874	85
大连市	2.6502	36	乌鲁木齐市	0.7785	86
昆明市	2.5515	37	常德市	0.7721	87
哈尔滨市	2.5371	38	滨州市	0.7681	88
惠州市	2.5102	39	银川市	0.7652	89
石家庄市	2.4632	40	肇庆市	0.7359	90
湖州市	2.4355	41	汕头市	0.7351	91
潍坊市	2.4249	42	湘潭市	0.7241	92
长春市	2.3927	43	蚌埠市	0.7206	93
贵阳市	2.0579	44	许昌市	0.7171	94
南昌市	2.0345	45	六安市	0.7144	95
烟台市	1.9295	46	吉安市	0.7045	96
芜湖市	1.9283	47	呼和浩特市	0.6863	97
太原市	1.8832	48	德阳市	0.6721	98
江门市	1.8608	49	抚州市	0.6465	99
宿迁市	1.7316	50	清远市	0.6405	100

第二节 经营主体创新潜能

依据前文构建的指标体系，经营主体创新潜能通过经营主体专利申请量增速以及万家经营主体专利申请量两个三级指标反映。本节从全国、省域以及城市三个层面对上述指标进行分析报告。

一、全国层面企业主体创新潜能分析

本部分从全国层面分析企业主体创新潜能。本节分析了2011—2020[①]年全国企业专利申请量增速以及万家企业专利申请量，反映全国层面企业主体创新潜能，结果见表6-4与图6-3。

可以发现，全国层面企业专利申请量增速变化较为平稳，万家企业专利申请量指标变化相对平稳。总体来看，全国层面企业主体创新潜能呈现稳中增长态势。

表 6-4　2011—2020 年全国层面企业主体创新潜能情况

单位：%，件/万家

年份	专利申请量增速	万家企业专利申请量
2011	40.27	1520.922884
2012	37.67	1792.185196
2013	14.83	1717.007100
2014	9.72	1522.640484
2015	20.40	1498.732048
2016	20.80	1478.487085
2017	20.72	1479.780939
2018	15.18	1432.461847
2019	9.68	1329.003266
2020	18.26	1332.525864

---

① 由于2009年相关存量数据缺失，2010年增速数据难以计算。因此，本节分析2011—2020年全国层面的企业主体创新潜能。

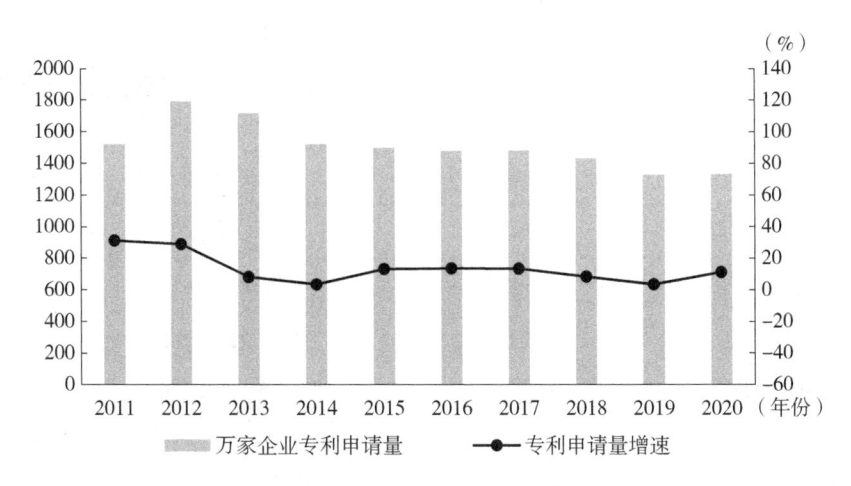

图 6-3　2011—2020 年全国层面企业主体创新潜能趋势

二、省域层面企业主体创新潜能分析

本部分列示了 2020 年省域层面企业专利申请量增速和万家企业专利申请量数据，以及这些指标在 2010—2020 年的变化趋势，具体结果见表 6-5、图 6-4、图 6-5。

表 6-5 列示了 2020 年 31 个省域的企业专利申请量增速和万家企业专利申请量。可以发现，省域层面，企业专利申请量增速排在前三名的省域分别是海南省、新疆维吾尔自治区以及宁夏回族自治区；万家企业专利申请量排在前三名的省域分别是陕西省、山东省和广东省，分别为 4555.6257、3722.1515、2933.3489 件。结合企业整体规模发现，2020 年陕西省、山东省的企业存量分别超过 22 万家和 80 万家，而广东省企业存量超过 278 万家，这可能是广东省、江苏省等创新产出排名靠前的省域万家企业专利申请量不突出的原因。这也反映出，企业规模活力不突出的区域也具有强劲的创新潜能。

表 6-5 2020 年 31 个省域企业主体创新潜能情况

单位：%，件/万家

省域	专利申请量增速	排名	万家企业专利申请量	排名
海南省	67.14	1	356.7929226	30
新疆维吾尔自治区	37.39	2	517.9775398	23
宁夏回族自治区	36.50	3	760.2221934	17
山东省	30.55	4	3722.15152	2
广西壮族自治区	27.96	5	428.1958386	27
湖南省	25.25	6	1012.516225	12
山西省	24.08	7	435.3405462	25
四川省	23.47	8	857.469363	15
重庆市	23.05	9	949.8401677	13
青海省	22.66	10	571.5796518	20
云南省	22.60	11	489.8805647	24
河南省	22.17	12	694.4424085	19
内蒙古自治区	22.03	13	434.5960196	26
江西省	21.95	14	874.5453095	14
河北省	21.85	15	569.9655289	21
天津市	21.62	16	1853.015488	6
浙江省	20.42	17	1742.959489	7
江苏省	19.36	18	2201.724082	4
上海市	18.93	19	1040.469555	10
福建省	18.90	20	1029.459152	11
安徽省	18.16	21	1174.711603	8
辽宁省	18.06	22	772.0487614	16
陕西省	16.56	23	4555.635691	1
黑龙江省	15.58	24	708.214446	18

续表

省域	专利申请量增速	排名	万家企业专利申请量	排名
广东省	13.40	25	2933.348851	3
湖北省	11.53	26	1173.208346	9
贵州省	10.74	27	423.6274146	28
北京市	7.18	28	1861.469724	5
甘肃省	6.40	29	399.1209584	29
吉林省	4.31	30	541.6260865	22
西藏自治区	2.47	31	234.490877	31

图6-4及图6-5分别描绘了2010—2020年31个省域的专利申请量增速和万家企业专利申请量的变化趋势。可以发现，从省域层面来看，2010—2020年上海市、北京市、广东省等省域的专利申请量增速较为平稳；广东省、陕西省等省域的万家企业专利申请量在较高水平上波动。

三、城市层面企业主体创新潜能分析

本部分通过分析2020年城市层面企业专利申请量增速（表6-6）前100名和万家企业专利申请量（表6-7）前100名，反映城市层面企业主体创新潜能。可以发现，城市层面，企业专利申请量增速排在前三名的城市分别是平凉市、三亚市、昌都市。前100名城市中，最低的企业专利申请量增速为34.39%；2020年万家企业专利申请量最高的前三名城市分别是江门市、佛山市、中山市，万家企业专利申请量均超过1万件/万家，反映出大部分城市创新潜能较好。

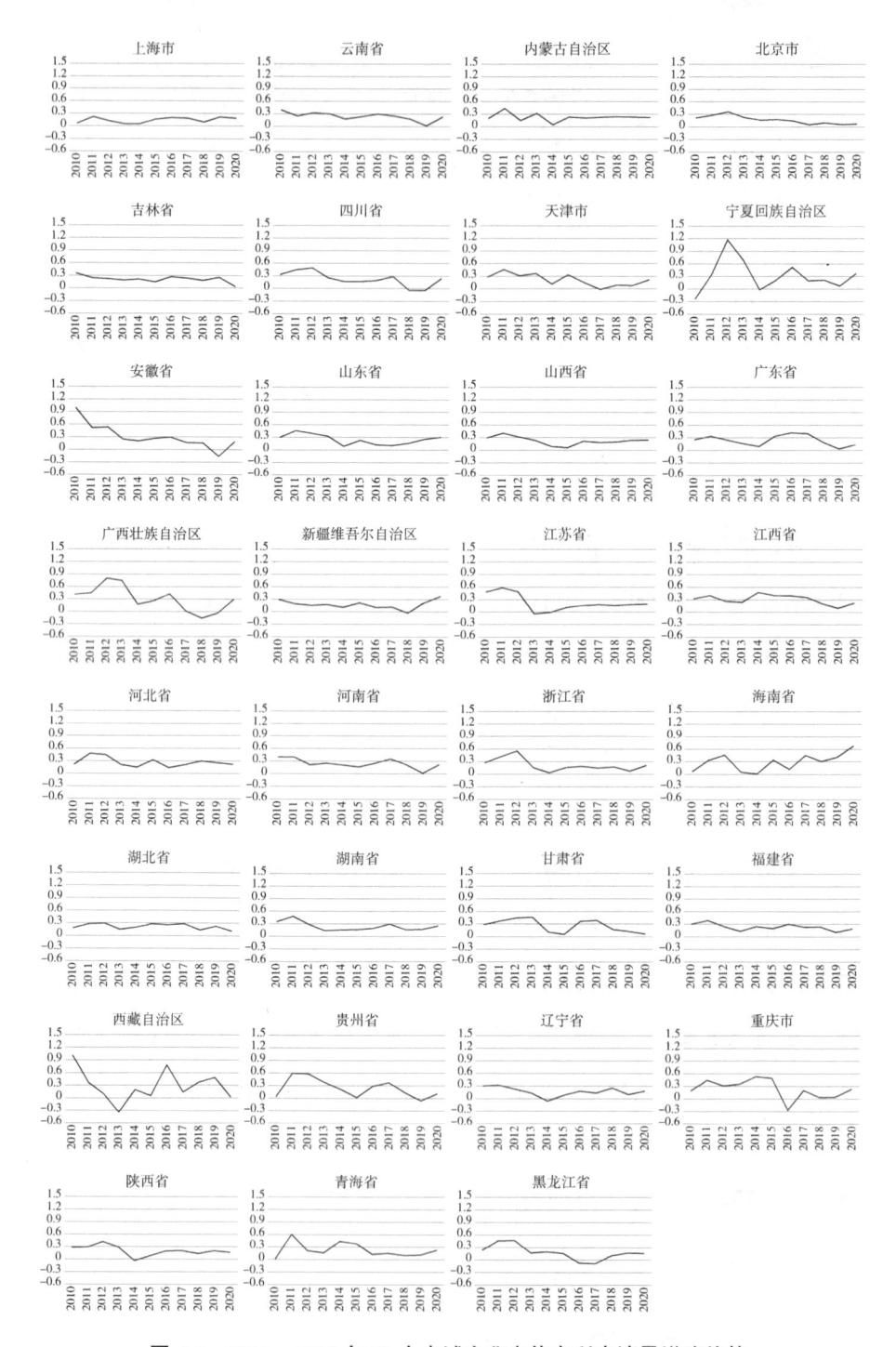

图 6-4　2010—2020 年 31 个省域企业主体专利申请量增速趋势

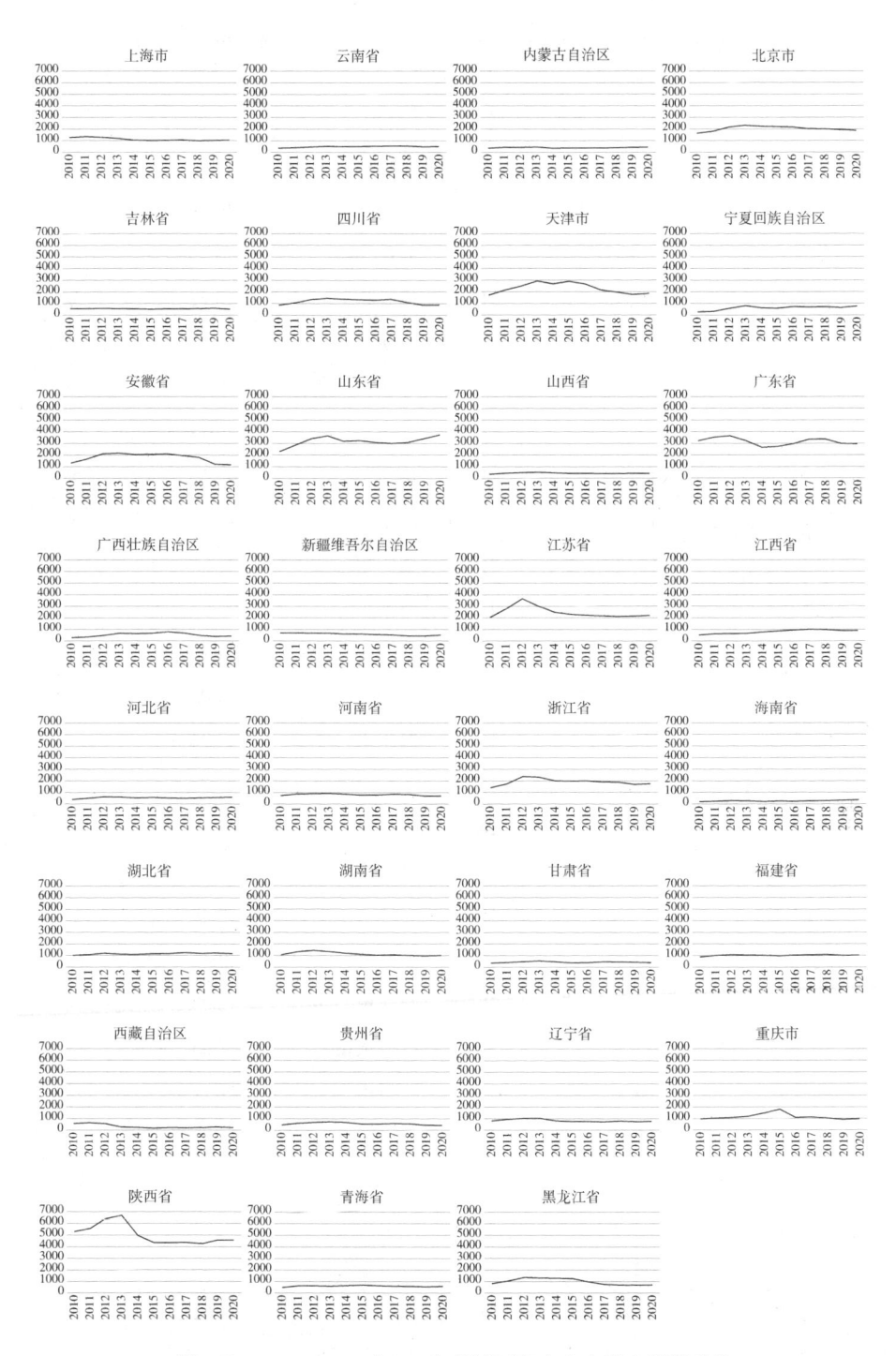

图 6-5　2010—2020 年 31 个省域万家企业专利申请量趋势

表 6-6　2020 年城市企业主体专利申请量增速（前 100 名）

单位：%

城市	专利申请量增速	排名	城市	专利申请量增速	排名
平凉市	175.81	1	盘锦市	46.88	51
三亚市	173.25	2	临汾市	46.75	52
昌都市	158.06	3	韶关市	46.65	53
鹤岗市	153.33	4	榆林市	46.42	54
伊春市	136.36	5	三明市	46.37	55
百色市	133.85	6	来宾市	45.82	56
贵港市	130.04	7	安康市	45.71	57
儋州市	121.31	8	德州市	45.56	58
哈密市	109.07	9	南平市	45.44	59
鸡西市	103.64	10	德阳市	45.35	60
娄底市	103.23	11	渭南市	44.44	61
日喀则市	100.00	12	朝阳市	44.10	62
松原市	91.87	13	衢州市	44.05	63
阳泉市	91.60	14	揭阳市	43.94	64
昭通市	89.81	15	崇左市	43.68	65
朔州市	86.84	16	梅州市	42.85	66
绥化市	85.59	17	周口市	42.67	67
陇南市	78.26	18	赤峰市	42.49	68
吐鲁番市	77.33	19	淄博市	42.48	69
驻马店市	73.84	20	阳江市	42.23	70
宜宾市	71.55	21	克拉玛依市	41.65	71
常德市	64.77	22	池州市	41.12	72
邵阳市	63.99	23	银川市	41.00	73
吉安市	63.53	24	石嘴山市	40.96	74
呼伦贝尔市	63.24	25	资阳市	40.15	75
岳阳市	62.44	26	宿州市	39.86	76
衡阳市	61.01	27	贺州市	39.62	77
威海市	60.50	28	黑河市	39.53	78

续表

城市	专利申请量增速	排名	城市	专利申请量增速	排名
三门峡市	54.90	29	鹤壁市	38.65	79
海口市	54.80	30	营口市	38.57	80
梧州市	54.79	31	泸州市	38.00	81
云浮市	53.82	32	丹东市	37.78	82
淮北市	53.81	33	济南市	37.77	83
白山市	52.90	34	安阳市	37.74	84
聊城市	52.53	35	马鞍山市	37.73	85
齐齐哈尔市	52.48	36	烟台市	37.70	86
临沂市	52.33	37	丽水市	37.68	87
临沧市	52.01	38	沧州市	37.41	88
滨州市	51.62	39	忻州市	37.36	89
辽阳市	50.67	40	达州市	37.28	90
眉山市	50.31	41	保山市	36.97	91
钦州市	49.67	42	柳州市	36.77	92
自贡市	49.41	43	定西市	35.76	93
日照市	48.85	44	宝鸡市	35.63	94
张家口市	48.70	45	延安市	35.38	95
林芝市	47.96	46	开封市	35.28	96
铜川市	47.96	47	南阳市	35.22	97
宿迁市	47.51	48	衡水市	34.81	98
吴忠市	47.02	49	玉溪市	34.53	99
鹰潭市	46.98	50	通辽市	34.39	100

表6-7 2020年城市万家企业专利申请量（前100名）

单位：件/万家

城市	万家企业专利申请量	排名	城市	万家企业专利申请量	排名
江门市	11766.78892	1	衢州市	1723.740686	51
佛山市	11643.50877	2	聊城市	1721.358998	52
中山市	11537.734	3	枣庄市	1695.09931	53

续表

城市	万家企业专利申请量	排名	城市	万家企业专利申请量	排名
东莞市	9682.478601	4	南通市	1658.67973	54
西安市	8510.343401	5	温州市	1632.832259	55
肇庆市	7001.2368	6	茂名市	1602.503543	56
广州市	6397.345226	7	宁波市	1588.823763	57
韶关市	6200.580746	8	盐城市	1567.131005	58
惠州市	6091.387804	9	克拉玛依市	1555.934734	59
东营市	6041.666667	10	合肥市	1534.6091	60
青岛市	6008.049302	11	滁州市	1505.377501	61
珠海市	5958.991587	12	深圳市	1470.122143	62
济南市	5519.345636	13	株洲市	1451.667277	63
淄博市	5218.978102	14	徐州市	1434.567427	64
汕头市	4960.188934	15	台州市	1396.088431	65
清远市	4825.949367	16	宣城市	1370.522148	66
威海市	4454.382157	17	鹰潭市	1365.278412	67
咸阳市	3979.598425	18	德阳市	1309.932174	68
云浮市	3272.391505	19	淮北市	1309.643767	69
日照市	3220.375335	20	石嘴山市	1284.741144	70
苏州市	3130.833975	21	漳州市	1273.502907	71
烟台市	3105.63505	22	常德市	1270.988345	72
泰安市	3074.754764	23	南昌市	1235.673896	73
潮州市	3001.298701	24	汉中市	1229.016331	74
潍坊市	2932.554511	25	长沙市	1225.552985	75
德州市	2921.509686	26	淮安市	1221.627093	76
河源市	2908.706546	27	泉州市	1205.225652	77
阳江市	2869.879246	28	汕尾市	1186.625477	78
常州市	2723.414609	29	宿迁市	1185.56454	79
马鞍山市	2648.977596	30	衡阳市	1172.095975	80
无锡市	2519.755497	31	渭南市	1164.939608	81
南京市	2449.289467	32	池州市	1159.455266	82

续表

城市	万家企业专利申请量	排名	城市	万家企业专利申请量	排名
揭阳市	2407.46701	33	攀枝花市	1129.737609	83
嘉兴市	2383.984771	34	福州市	1124.253803	84
宝鸡市	2337.310545	35	厦门市	1119.374476	85
滨州市	2332.523535	36	绵阳市	1118.128371	86
芜湖市	2312.720382	37	哈尔滨市	1106.261446	87
镇江市	2241.456098	38	郑州市	1098.837557	88
济宁市	2189.655172	39	蚌埠市	1090.843034	89
临沂市	2180.768647	40	十堰市	1072.752196	90
湖州市	2159.935437	41	新乡市	1066.352472	91
湛江市	2141.947804	42	菏泽市	1064.989146	92
梅州市	2133.365941	43	沈阳市	1054.208294	93
杭州市	2093.986804	44	抚州市	1053.411979	94
丽水市	1979.340161	45	洛阳市	1051.426795	95
绍兴市	1979.046806	46	成都市	1038.395923	96
湘潭市	1945.877674	47	赣州市	1036.448818	97
扬州市	1931.737615	48	焦作市	1013.769129	98
泰州市	1883.291617	49	金华市	1006.775212	99
武汉市	1781.470467	50	宜昌市	988.4663145	100

第七章

经营主体资本活力

资本是经营主体依赖的核心要素。经营主体资本活力越高，表明经营主体配置资源的主动性和能力越强。其中，资本结构的多样性反映了经济系统中经营主体的平等地位，也反映了多种所有制经济主体的协同共生。

根据本报告提出的评价方法及数据进行测算，本章分析了2010—2020年国家层面和省域层面的经营主体融资规模和资本异质性。由于个体工商户融资规模和资本导质性在全国、省域和城市层面相关数据缺失较多，本章仅分析企业主体的融资规模和资本异质性。此外，由于企业融资规模在城市层面的相关数据缺失较多，本章在城市层面仅分析企业主体的资本异质性。

第一节 经营主体融资规模

依据前文构建的指标体系，经营主体融资规模通过经营主体融资总规模、发生融资事件的经营主体数量和经营主体平均融资规模三个三级指标反映。本节从全国和省域两个层面对上述指标进行分析。

一、全国层面企业主体融资规模分析

（一）企业融资总规模

本部分分析了 2010—2020 年全国企业融资总规模，具体结果见表 7-1 和图 7-1。

根据表 7-1 可以看出，2010 的全国企业融资总规模为 4812.70 亿元，而 2020 年全国企业融资总规模高达 24511.03 亿元，较 2010 年增加了 19698.33 亿元，说明企业融资总规模涨幅较大。

表 7-1　2010—2020 年全国企业融资总规模

单位：亿元

年份	企业融资总规模
2010	4812.70
2011	4349.80
2012	3214.41
2013	2478.58
2014	7574.11
2015	11947.22
2016	16636.82
2017	17951.88
2018	25593.07
2019	19824.00
2020	24511.03

根据图 7-1 可以看出，2010—2020 年，全国层面企业融资总规模总体上是波动上升趋势，其中 2018 年和 2020 年企业融资总规模较为突出。

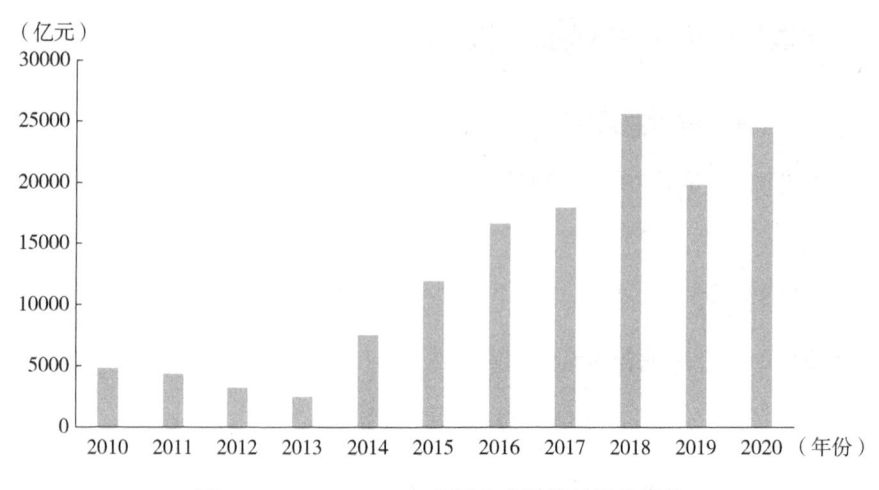

图 7-1　2010—2020 年全国企业融资总规模趋势

（二）发生融资事件的企业数量

本部分分析了 2010—2020 年全国发生融资事件的企业数量，具体结果见表 7-2 和图 7-2。

根据表 7-2 可以看出，2010 年全国发生融资事件的企业数量是 3401 家，而 2020 年全国发生融资事件的企业数量高达 15351 家，较 2010 年增加了 11950 家，增长率高达 351%，说明发生融资事件的企业数量涨幅较大。

根据图 7-2 可以看出，2010—2016 年全国发生融资事件企业数量总体呈上升趋势，2016—2018 年发生融资事件的企业数量较为稳定，且均大于 20000 家，保持了较高的水平。

表 7-2　2010—2020 年全国发生融资事件的企业数量

单位：家

年份	发生融资事件的企业数量
2010	3401
2011	2777
2012	2700
2013	3162
2014	7928
2015	15287
2016	22898
2017	20902
2018	21556
2019	16622
2020	15351

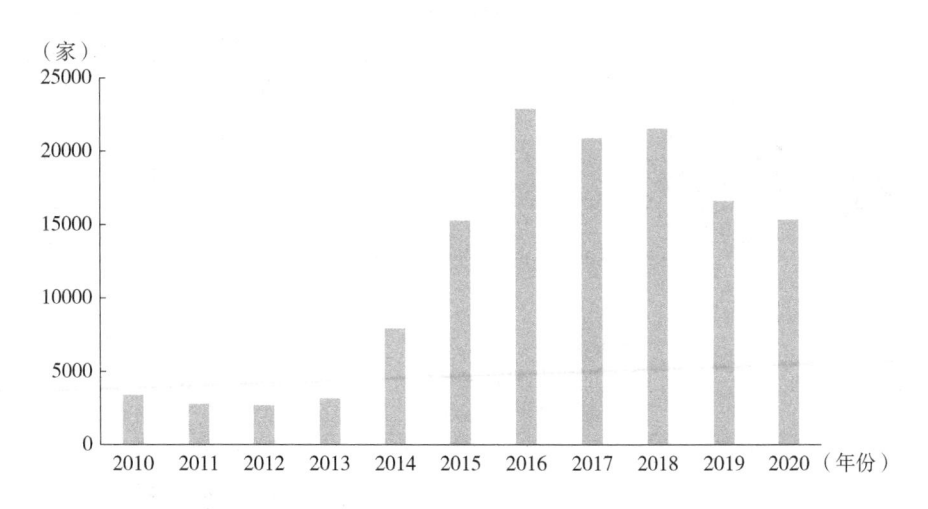

图 7-2　2010—2020 年全国发生融资事件的企业数量趋势

（三）企业平均融资规模

本部分分析了 2010—2020 年全国企业平均融资规模，具体结果见表 7-3 和图 7-3。

由表 7-3 可以看出，2010 年企业平均融资规模为 1.415085 亿元/家，2016 年企业平均融资规模降至最低点 0.726562 亿元/家，2020 年达到最高点 1.596706 亿元/家，整体呈 U 形曲线，平均融资规模下降后又逐步回升。

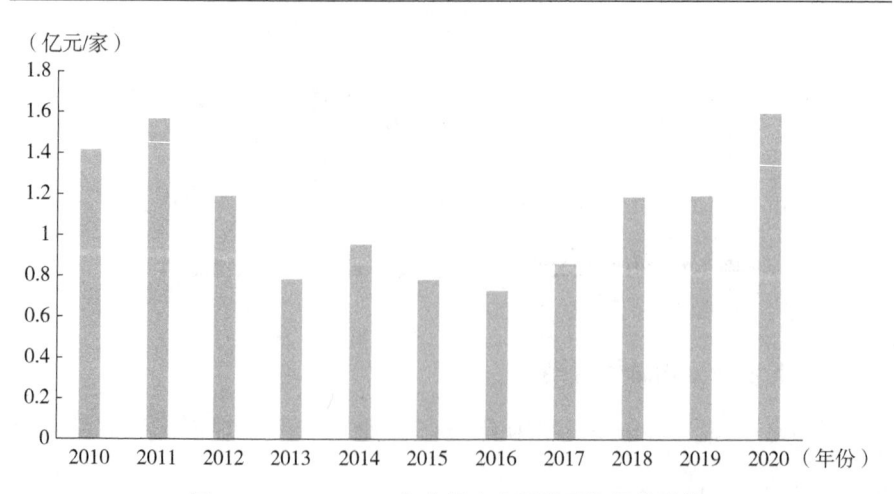

表 7-3　2010—2020 年全国企业平均融资规模

单位：亿元/家

年份	企业平均融资规模
2010	1.415085
2011	1.566368
2012	1.190523
2013	0.783864
2014	0.955362
2015	0.781528
2016	0.726562
2017	0.858860
2018	1.187283
2019	1.192636
2020	1.596706

图 7-3　2010—2020 年全国企业平均融资规模趋势

由图 7-3 可以看出，2010—2016 年企业平均融资规模呈波动减少趋势，2016—2020 年企业平均融资规模呈波动上升趋势。

二、省域层面企业主体融资规模分析

（一）企业融资总规模及趋势分析

本部分列示了 2020 年 31 个省域企业融资总规模数据，以及省域企业融资总规模 2010—2020 年的变化趋势，结果见表 7-4、图 7-4。

根据表 7-4 可以看出，在直辖市中，2020 年省域层面企业融资总规模最高的是北京市，其次分别是上海市、天津市、重庆市，融资总规模分别为 5716.4700 亿、3377.4876 亿、671.47735 亿、191.18641 亿元。在省和自治区中，广东省、浙江省、江苏省、山东省为企业融资总规模排在前四名，分别为 3697.4792 亿、1765.7700 亿、1744.8598 亿、1545.4593 亿元，远超其他省份和自治区。

表 7-4 2020 年 31 个省域企业融资总规模

单位：亿元

省域	企业融资总规模	排名
北京市	5716.4700	1
广东省	3697.4792	2
上海市	3377.4876	3
浙江省	1765.7700	4
江苏省	1744.8598	5
山东省	1545.4593	6
青海省	837.5172	7
天津市	671.4774	8
吉林省	539.0984	9
安徽省	535.8573	10
陕西省	426.6639	11

续表

省域	企业融资总规模	排名
湖南省	395.3293	12
辽宁省	365.7805	13
四川省	362.7189	14
福建省	333.5603	15
江西省	314.5685	16
湖北省	284.4528	17
河北省	244.9747	18
新疆维吾尔自治区	219.9184	19
河南省	219.6195	20
重庆市	191.1864	21
山西省	135.3923	22
海南省	115.7692	23
广西壮族自治区	115.2749	24
云南省	108.9013	25
西藏自治区	51.5824	26
黑龙江省	50.3140	27
贵州省	44.5771	28
甘肃省	39.6064	29
内蒙古自治区	36.4931	30
宁夏回族自治区	22.8676	31

图7-4描绘出了2010—2020年31个省域的企业融资总规模变化趋势。从图7-5可以发现，2010—2020年企业融资总规模波动较小，其中，北京市、广东省、上海市、江苏省的企业融资总规模在2010—2020年呈现明显的逐渐上升的趋势。相比之下，山东省、青海省的企业融资总规模在后期表现出低位增长，其他省域的数据则相对稳定。

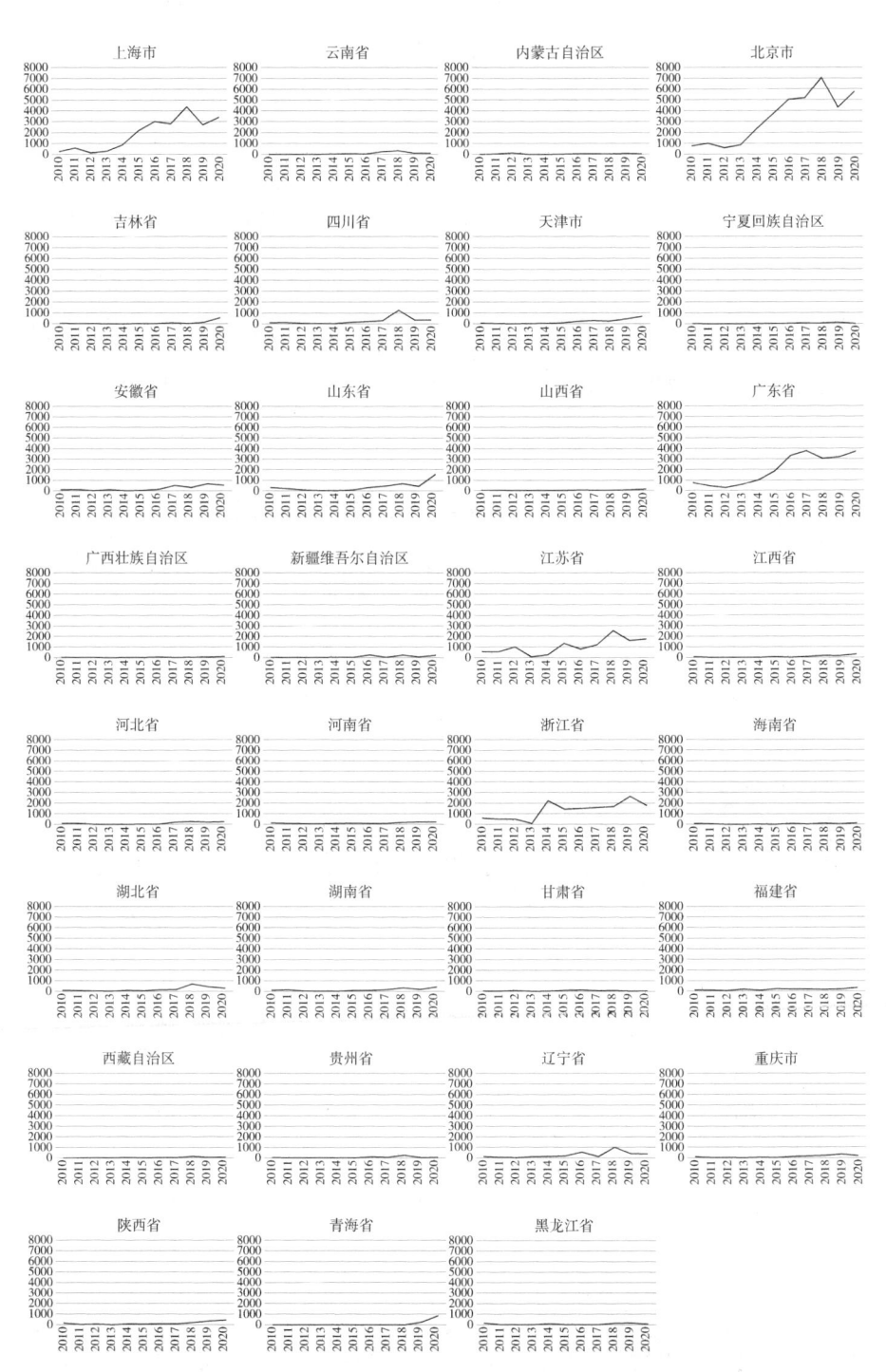

图 7-4　2010—2020 年 31 个省域企业融资总规模趋势

(二)发生融资事件的企业数量及趋势分析

本部分分析了 2020 年 31 个省域发生融资事件的企业数量,具体结果见表 7-5、图 7-5。

根据表 7-5 可以看出,在直辖市中,2020 年省域层面发生融资事件的企业数量最高的是北京市,其次分别是上海市、天津市、重庆市,发生融资事件的企业数量分别为 2479、1819、225、206 家,可以看出北京市和上海市都保持了较高的发生融资事件的企业数量,天津市、重庆市发生融资事件的企业数量较少。

表 7-5　2020 年 31 个省域发生融资事件的企业数量

单位:家

省域	发生融资事件的企业数量	排名
广东省	2598	1
北京市	2479	2
江苏省	1914	3
上海市	1819	4
浙江省	1702	5
山东省	699	6
四川省	512	7
安徽省	392	8
湖北省	391	9
福建省	325	10
陕西省	252	11
湖南省	248	12
天津市	225	13
河南省	217	14
重庆市	206	15
江西省	171	16
河北省	151	17
辽宁省	139	18

续表

省域	发生融资事件的企业数量	排名
黑龙江省	101	19
广西壮族自治区	101	20
贵州省	95	21
吉林省	92	22
海南省	91	23
山西省	86	24
新疆维吾尔自治区	80	25
内蒙古自治区	75	26
云南省	72	27
甘肃省	54	28
宁夏回族自治区	33	29
青海省	18	30
西藏自治区	13	31

图 7-5 描绘出了 2010—2020 年 31 个省域发生融资事件的企业数量变化趋势。从图 7-5 可以发现，2010—2020 年 31 个省域发生融资事件的企业数量波动较小，其中，北京市、广东省、上海市发生融资事件的企业数量在初期呈现逐渐上升的趋势，但很快出现了下滑态势，随后才趋于平稳。相比之下，浙江省、江苏省发生融资事件的企业数量在经过增长后，长期处于一个平衡稳定的状态。

（三）企业平均融资规模及趋势分析

本部分列示了 2020 年 31 个省域的企业平均融资规模数据，以及 31 个省域的企业平均融资规模在 2010—2020 年的变化趋势，具体结果见表 7-6 和图 7-6。

根据表 7-6 可以看出，直辖市中，2020 年省域层面企业平均融资规模最高的是天津市，其次分别是北京市、上海市、重庆市，企业平

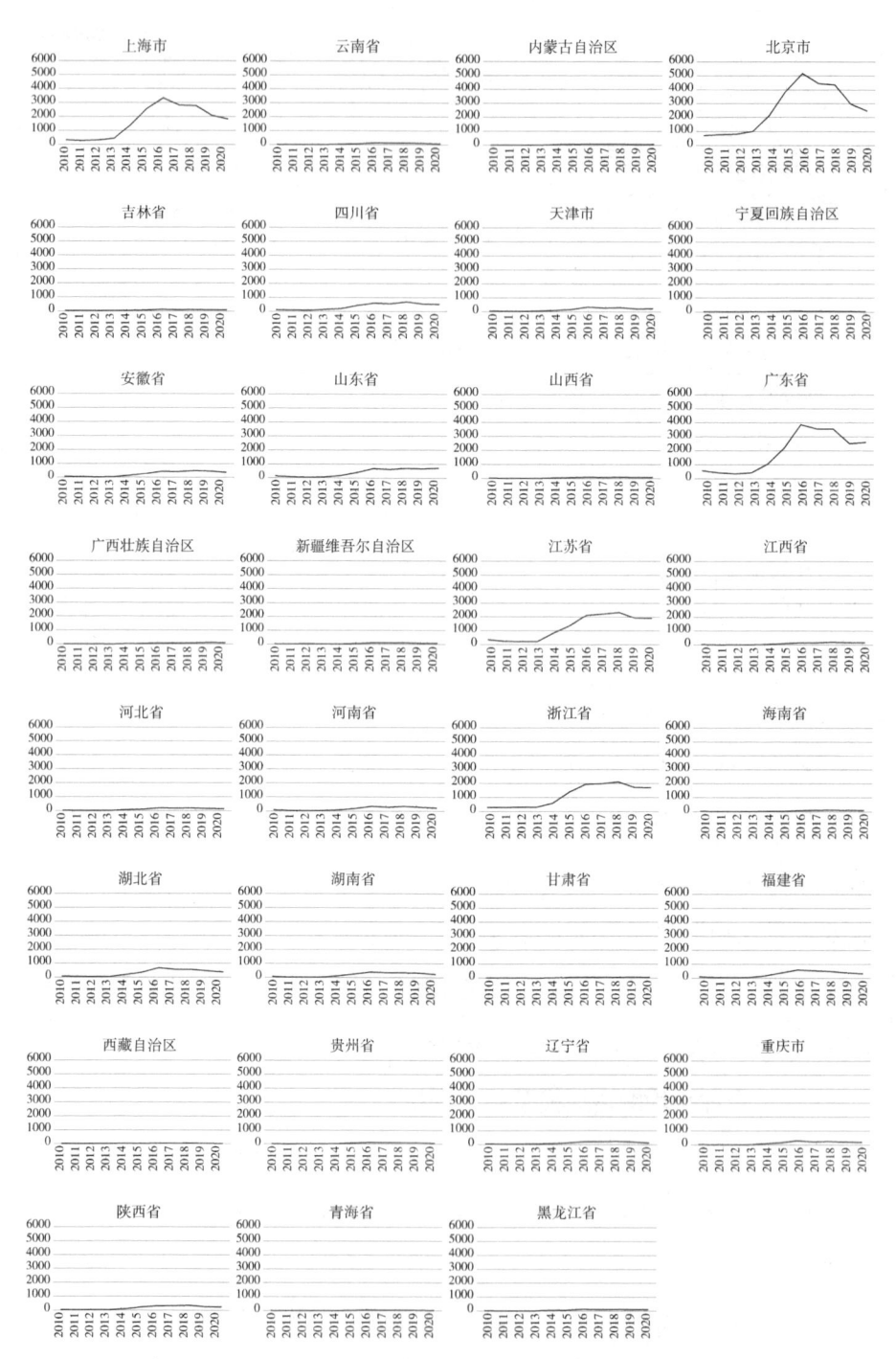

图 7-5 2010—2020 年 31 个省域发生融资事件的企业数量趋势

均融资总规模分别为 2.98434 亿亿、2.30596 亿、1.85678、0.92809 亿元。省份和自治区中，2020 年省域层面企业平均融资规模最高为青海省（46.52873 亿元/家），远超其他省份和自治区。

表 7-6　2020 年 31 个省域企业平均融资规模

单位：亿元/家

省域	企业平均融资规模	排名
青海省	46.52873	1
吉林省	5.85977	2
西藏自治区	3.96788	3
天津市	2.98434	4
新疆维吾尔自治区	2.74898	5
辽宁省	2.63151	6
北京市	2.30596	7
山东省	2.21096	8
上海市	1.85678	9
江西省	1.83958	10
陕西省	1.69311	11
河北省	1.62235	12
湖南省	1.59407	13
山西省	1.57433	14
云南省	1.51252	15
广东省	1.42320	16
安徽省	1.36698	17
海南省	1.27219	18
广西壮族自治区	1.14134	19
浙江省	1.03747	20
福建省	1.02634	21
河南省	1.01207	22
重庆市	0.92809	23
江苏省	0.91163	24

续表

省域	企业平均融资规模	排名
甘肃省	0.73345	25
湖北省	0.72750	26
四川省	0.70844	27
宁夏回族自治区	0.69296	28
黑龙江省	0.49816	29
内蒙古自治区	0.48657	30
贵州省	0.46923	31

图7-6描绘出了2010—2020年31个省域的企业平均融资规模变化趋势。从图7-6可以看出，2010—2020年31个省域的企业平均融资规模波动较小，其中，内蒙古自治区的企业平均融资规模在初期呈现逐渐上升的趋势，但很快出现了下滑态势，随后趋于平稳。相比之下，青海省的企业平均融资规模在后期表现出强势的增长，而其他省域的数据则相对稳定。

第二节 经营主体资本异质性

依据前文构建的指标体系以及测量方法，本文采用Blau指数（Blau，1977）计算2010—2020年全国国有企业、民营企业和外资企业的资本异质性。该指数的范围在0~1之间，值越接近1，表示地区内的资本异质性越大。本节从全国、省域以及城市三个层面对上述指标进行分析。

一、全国层面企业主体资本异质性

本节分析2010—2020年全国层面资本异质性的情况，具体结果见表7-7和图7-7。

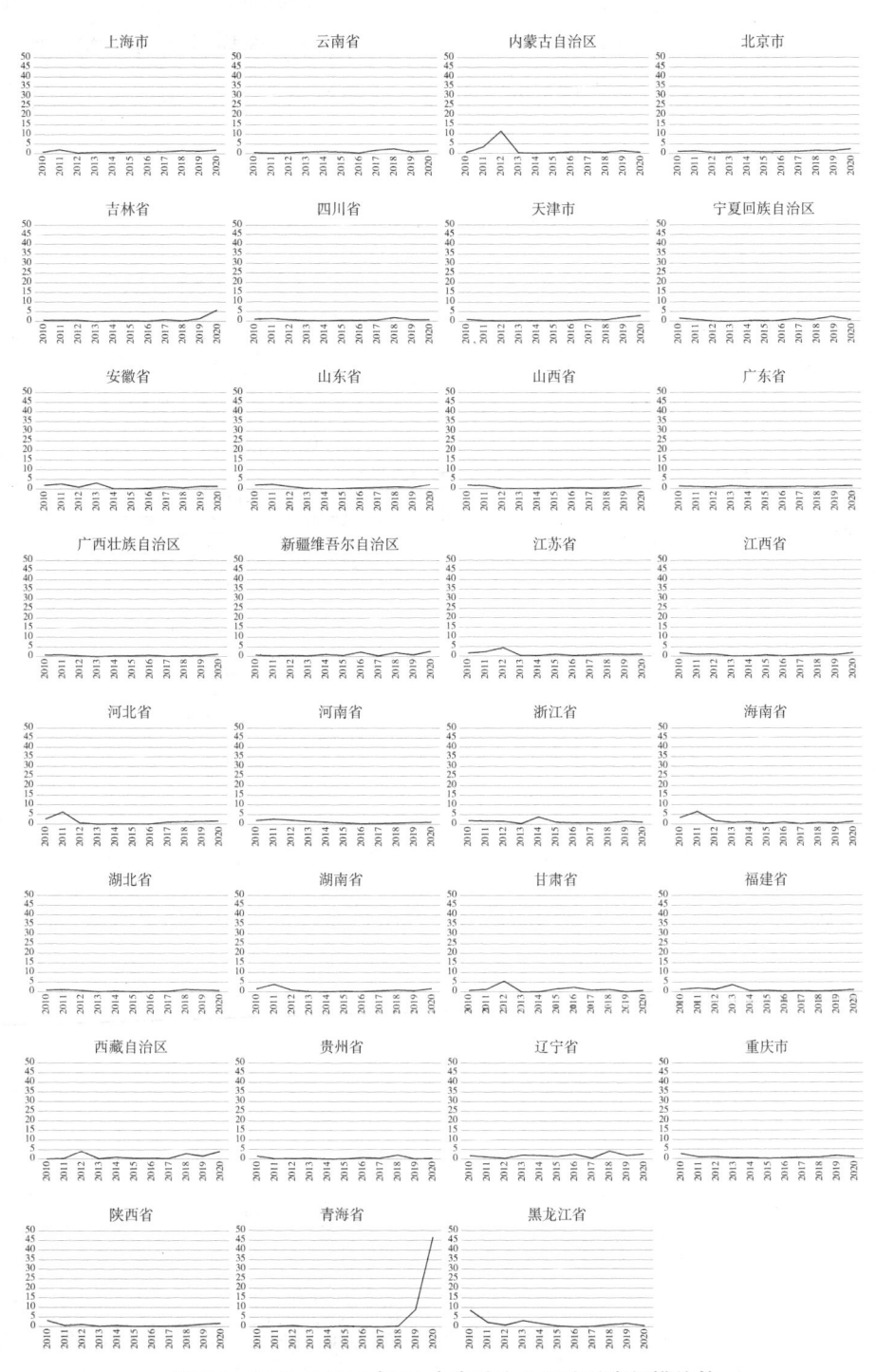

图 7-6　2010—2020 年 31 个省域企业平均融资规模趋势

根据表7-7可以看出，2010年全国层面资本异质性为0.1828，而2020年全国层面资本异质性为0.0504，后者更趋近于0，说明资本异质性明显减小。

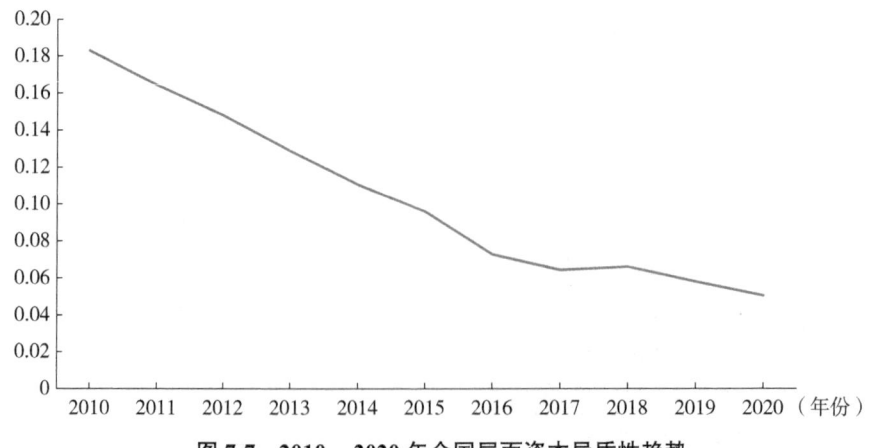

表7-7　2010—2020年全国层面资本异质性

年份	资本异质性
2010	0.1828
2011	0.1642
2012	0.1477
2013	0.1286
2014	0.1104
2015	0.0957
2016	0.0727
2017	0.0643
2018	0.0659
2019	0.0581
2020	0.0504

图7-7描绘出2010—2020年全国层面资本异质性的变化趋势。可以看出，2010—2020年全国层面资本异质性整体趋势呈平稳下降态势。

图7-7　2010—2020年全国层面资本异质性趋势

二、省域层面企业主体资本异质性

本部分列示了 2020 年 31 个省域层面国有企业、民营企业和外资企业的资本异质性结果,以及资本异质性在 2010—2020 年的变化趋势,具体结果见表 7-8 和图 7-8。

由表 7-8 可以看出,2020 年辽宁省、上海市、黑龙江省的资本异质性最大,说明资本类型多元化程度高;甘肃省、重庆市的资本异质性较小,说明资本类型趋同程度高。

表 7-8　2020 年 31 个省域资本异质性

省域	资本异质性	排序
辽宁省	0.0832	1
上海市	0.0828	2
黑龙江省	0.0796	3
福建省	0.0721	4
天津市	0.0663	5
云南省	0.0655	6
新疆维吾尔自治区	0.0647	7
青海省	0.0613	8
西藏自治区	0.0592	9
贵州省	0.0576	10
广东省	0.0563	11
吉林省	0.0552	12
山西省	0.0547	13
四川省	0.0547	14
河南省	0.0497	15
江西省	0.0491	16
广西壮族自治区	0.0490	17
湖北省	0.0472	18
内蒙古自治区	0.0445	19

续表

省域	资本异质性	排序
北京市	0.0441	20
湖南省	0.0433	21
浙江省	0.0426	22
宁夏回族自治区	0.0425	23
安徽省	0.0395	24
河北省	0.0392	25
江苏省	0.0363	26
海南省	0.0362	27
山东省	0.0316	28
陕西省	0.0304	29
甘肃省	0.0287	30
重庆市	0.0172	31

图 7-8 描绘出 2010—2020 年省域层资本异质性变化趋势。从图 7-8 可以发现，2010—2020 年省域的资本异质性均呈现明显的下降趋势，说明我国省域的资本类型趋同程度均提高。

三、城市层面企业主体资本异质性

本部分分析了 2020 年城市层面国有企业、民营企业和外资企业的资本异质性情况，结果如表 7-9 所示。

由表 7-9 可以看出，2020 年城市资本异质性最高的三个城市是本溪市、山南市、资阳市，其中本溪市的资本异质性超过了 0.17，最为突出。除此以外的城市资本异质性均处于一个相对较低的水平，其中克拉玛依市、泉州市和丽江市处于较低的第 98 ~ 100 名。

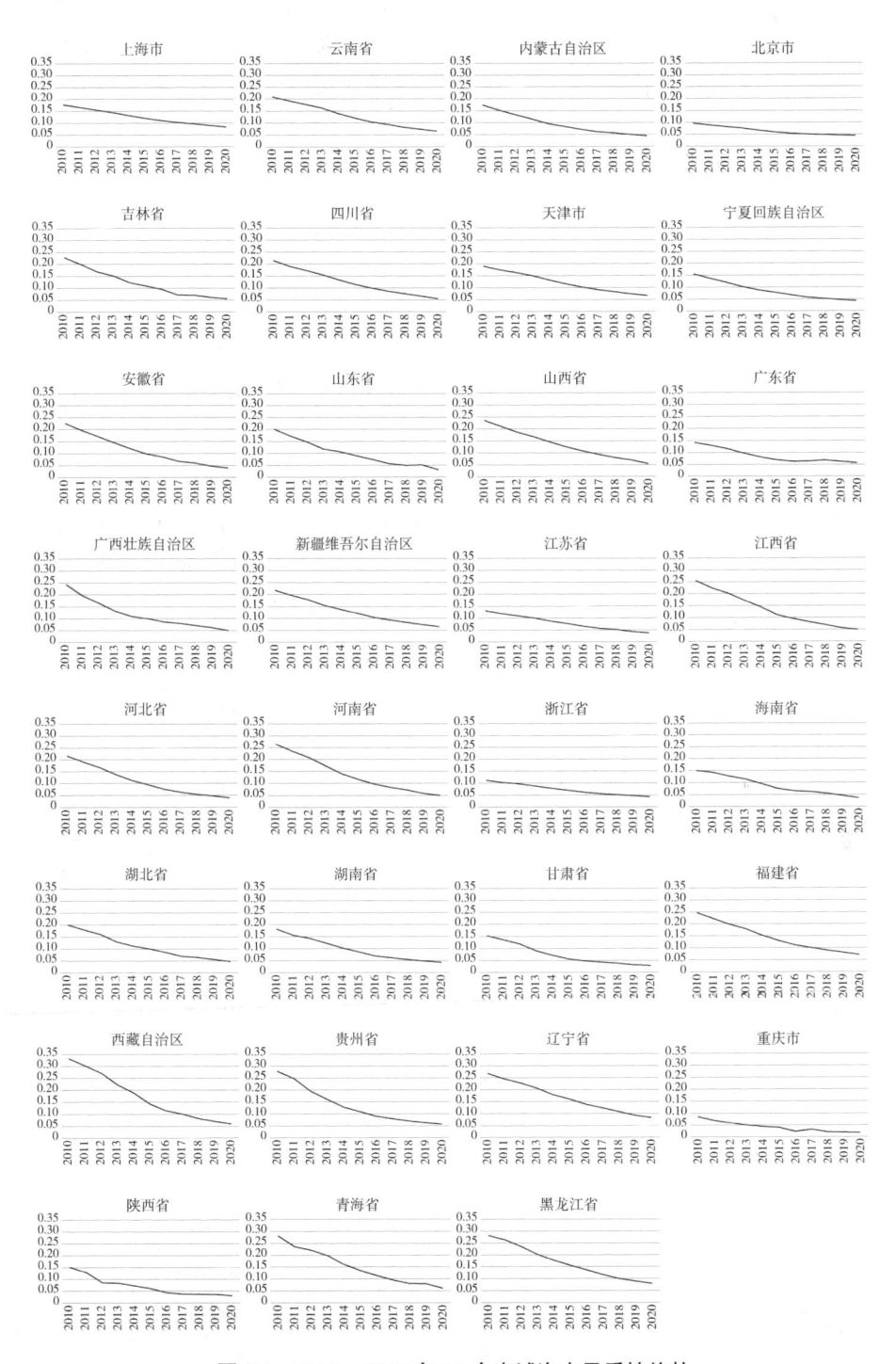

图 7-8 2010—2020 年 31 个省域资本异质性趋势

表 7-9 2020 年城市资本异质性（前 100 名）

城市	资本异质性	排名	城市	资本异质性	排名
本溪市	0.1785	1	巴中市	0.0765	51
山南市	0.1597	2	晋城市	0.0764	52
资阳市	0.1353	3	江门市	0.0754	53
鞍山市	0.1189	4	乌兰察布市	0.0752	54
辽阳市	0.1152	5	新乡市	0.0752	55
保山市	0.1093	6	昌都市	0.0750	56
漳州市	0.1054	7	铜仁市	0.0739	57
阜新市	0.1052	8	抚顺市	0.0737	58
南充市	0.1037	9	张家口市	0.0735	59
河池市	0.1036	10	哈密市	0.0734	60
汕尾市	0.1024	11	随州市	0.0729	61
鸡西市	0.1015	12	呼伦贝尔市	0.0729	62
三明市	0.1005	13	七台河市	0.0728	63
普洱市	0.0977	14	毕节市	0.0727	64
葫芦岛市	0.0965	15	雅安市	0.0727	65
百色市	0.0952	16	林芝市	0.0726	66
忻州市	0.0949	17	佳木斯市	0.0724	67
营口市	0.0943	18	南阳市	0.0714	68
白山市	0.0942	19	曲靖市	0.0711	69
黄冈市	0.0940	20	阳泉市	0.0710	70
吐鲁番市	0.0940	21	昭通市	0.0709	71
龙岩市	0.0924	22	安阳市	0.0705	72
广元市	0.0917	23	钦州市	0.0704	73
伊春市	0.0896	24	达州市	0.0703	74
三门峡市	0.08916	25	鄂州市	0.06966	75
通化市	0.08821	26	乐山市	0.06895	76
辽源市	0.08805	27	烟台市	0.06865	77
丹东市	0.08705	28	大连市	0.06854	78
珠海市	0.08645	29	厦门市	0.06816	79

续表

城市	资本异质性	排名	城市	资本异质性	排名
自贡市	0.08619	30	黄山市	0.06811	80
齐齐哈尔市	0.08525	31	荆门市	0.06751	81
商丘市	0.08399	32	许昌市	0.06723	82
鹤岗市	0.08345	33	广州市	0.06708	83
黑河市	0.08319	34	泸州市	0.06694	84
牡丹江市	0.08310	35	池州市	0.06660	85
锦州市	0.08305	36	梧州市	0.06552	86
绥化市	0.08289	37	眉山市	0.06457	87
肇庆市	0.08216	38	吉安市	0.06443	88
铁岭市	0.08187	39	广安市	0.06410	89
南平市	0.08162	40	吉林市	0.06394	90
吕梁市	0.08131	41	大庆市	0.06333	91
玉溪市	0.08120	42	六盘水市	0.06311	92
沈阳市	0.08105	43	焦作市	0.06151	93
长治市	0.07990	44	石嘴山市	0.06128	94
双鸭山市	0.07980	45	永州市	0.06076	95
福州市	0.07880	46	固原市	0.06068	96
哈尔滨市	0.07798	47	九江市	0.06030	97
贵港市	0.07712	48	克拉玛依市	0.06005	98
大同市	0.07691	49	泉州市	0.06004	99
湛江市	0.07681	50	丽江市	0.05929	100

第八章

经营主体制度活力

根据本报告提出的评价方法及数据进行测算，本章分别列示了2010—2020年国家层面、省域层面，以及城市层面经营主体制度活力。依据前文构建的指标体系，经营主体制度活力通过经营主体所有制结构、标准引领以及制度开放性三个二级指标反映。其中，企业所有制结构通过各种所有制企业的存量占比反映，标准引领通过经营主体主导或参与制定的标准数量及其增速反映，制度开放性通过注册资本为0元的新增注册经营主体数量及其占比反映。其中，由于省域和城市层面的数据缺失，只对全国层面的制度开放性数据进行分析。

第一节 经营主体所有制结构

一、全国层面企业主体所有制结构分析

本部分分析了2010—2020年全国国有企业、民营企业与外资企业存量占比情况，具体结果见表8-1、图8-1、图8-2和图8-3所示。

由表8-1可以看出，2010—2020年的民营企业存量占比明显比另外两类企业要高，国有企业与外资企业存量占比较为接近。其中民

营企业存量占比基本呈现上升态势，在 2015 年达到 95.02%，首次超过 95%，峰值出现在 2020 年，数值为 97.43%。国有企业存量占比在 2010—2020 年主要呈现下降态势，在 2010 年为峰值，为 6.88%。外资企业存量占比在 2010—2020 年也大体呈现下降态势，但数值都大于 1%，在 2010 年为峰值，为 3.03%。

表 8-1　2010—2020 年全国国有企业、民营企业与外资企业存量各自占比

单位：%

年份	国有企业	民营企业	外资企业
2010	6.88	90.09	3.03
2011	5.98	91.18	2.84
2012	5.22	92.13	2.65
2013	4.42	93.22	2.37
2014	3.66	94.23	2.12
2015	3.07	95.02	1.90
2016	2.22	96.26	1.52
2017	1.88	96.71	1.42
2018	1.85	96.62	1.53
2019	1.55	97.03	1.42
2020	1.29	97.43	1.28

注：个别年份三种所有制企业占比总和不为 1 是由于四舍五入保留两位小数导致的。

从图 8-1、图 8-2 和图 8-3 中可以看出，2010—2020 年的国有企业存量与外资企业存量占比基本呈现下降趋势，民营企业存量占比大致呈现上升趋势，并在 2020 年达到峰值。说明民营企业存量规模在不断扩大，经营主体数量上仍以民营企业为主。

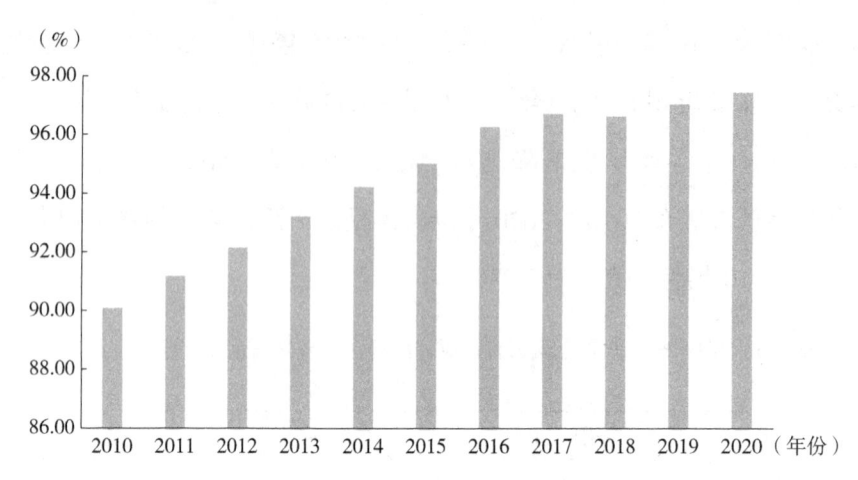

图 8-1 2010—2020 年全国民营企业存量占比趋势

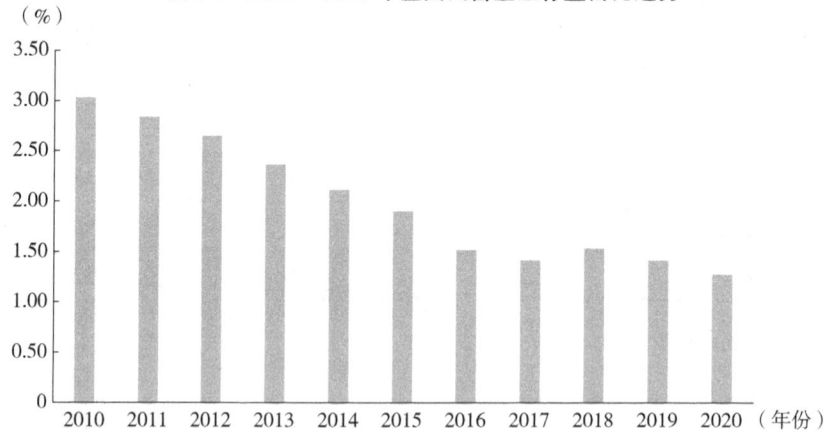

图 8-2 2010—2020 年全国外资企业存量占比趋势

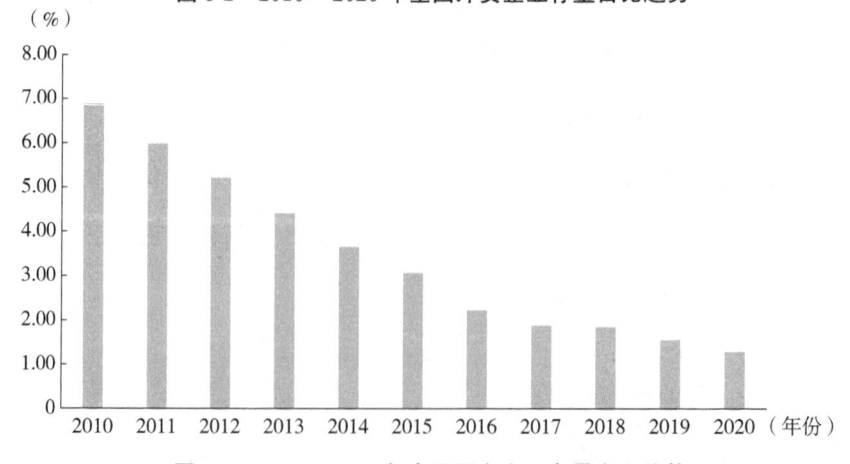

图 8-3 2010—2020 年全国国有企业存量占比趋势

二、省域层面企业主体所有制结构分析

本部分主要分析了省域层面国有企业、民营企业与外资企业存量占比情况,由于2010—2020年数据过多,本报告只具体展示了31个省域在2020年国有企业、民营企业与外资企业存量占比情况结果以及国有企业、民营企业与外资企业存量占比情况在2010—2020年的变化趋势。具体结果如表8-2、图8-4、图8-5、图8-6所示。

由表8-2可以看出,2020年黑龙江省国有企业存量占比最高,达3.53%;上海市外资企业存量占比最高,达3.57%;重庆市民营企业存量占比最高,达99.13%。同样也可以发现,除了重庆市之外的所有省域的民营企业占比均低于99%,辽宁省占比最低,为95.69%。

表8-2 2020年31个省域国有企业、民营企业与外资企业存量各自占比

单位:%

省域	国有企业	排名	外资企业	排名	民营企业	排名
黑龙江省	3.53	1	0.60	19	95.87	29
辽宁省	3.27	2	1.04	9	95.69	31
新疆维吾尔自治区	3.06	3	0.28	28	96.66	25
贵州省	2.73	4	0.24	29	97.04	22
西藏自治区	2.70	5	0.35	25	96.96	23
青海省	2.57	6	0.58	20	96.85	24
山西省	2.49	7	0.32	26	97.19	19
云南省	2.47	8	0.89	11	96.63	26
内蒙古自治区	2.09	9	0.18	30	97.73	13
河南省	2.06	10	0.48	23	97.46	17
吉林省	2.05	11	0.78	13	97.17	20
湖北省	1.87	12	0.54	22	97.59	14
宁夏回族自治区	1.86	13	0.30	27	97.83	10
四川省	1.85	14	0.94	10	97.21	18

续表

省域	国有企业	排名	外资企业	排名	民营企业	排名
广西壮族自治区	1.83	15	0.67	17	97.50	15
江西省	1.73	16	0.77	14	97.50	16
福建省	1.55	17	2.16	4	96.29	28
安徽省	1.45	18	0.56	21	97.99	8
甘肃省	1.37	19	0.09	31	98.54	2
河北省	1.36	20	0.63	18	98.01	7
陕西省	1.12	21	0.42	24	98.46	3
海南省	1.07	22	0.77	15	98.16	5
湖南省	1.06	23	1.14	8	97.80	11
北京市	0.85	24	1.39	6	97.76	12
浙江省	0.76	25	1.40	5	97.83	9
山东省	0.75	26	0.85	12	98.40	4
上海市	0.73	27	3.57	1	95.70	30
天津市	0.68	28	2.74	2	96.58	27
江苏省	0.53	29	1.31	7	98.16	6
广东省	0.17	30	2.73	3	97.11	21
重庆市	0.12	31	0.75	16	99.13	1

从图 8-4 中可以看出，2010—2020 年贵州省、广西壮族自治区等省域国有企业存量占比下降较为明显。全国大多数省域的国有企业存量占比呈现下降趋势，一些省域变动较缓。在部分年度的部分省域出现偏离其余年度水平的小幅波动，如陕西省、青海省等。

从图 8-5 中可以看出，2010—2020 年民营企业存量占比大致呈现上升趋势，其中西藏自治区、青海省等省域变动幅度最为明显，大多数省域变动幅度较小，如江苏省、浙江省等省域变动不明显。部分省域民营企业存量占比一直维持在较高水平。

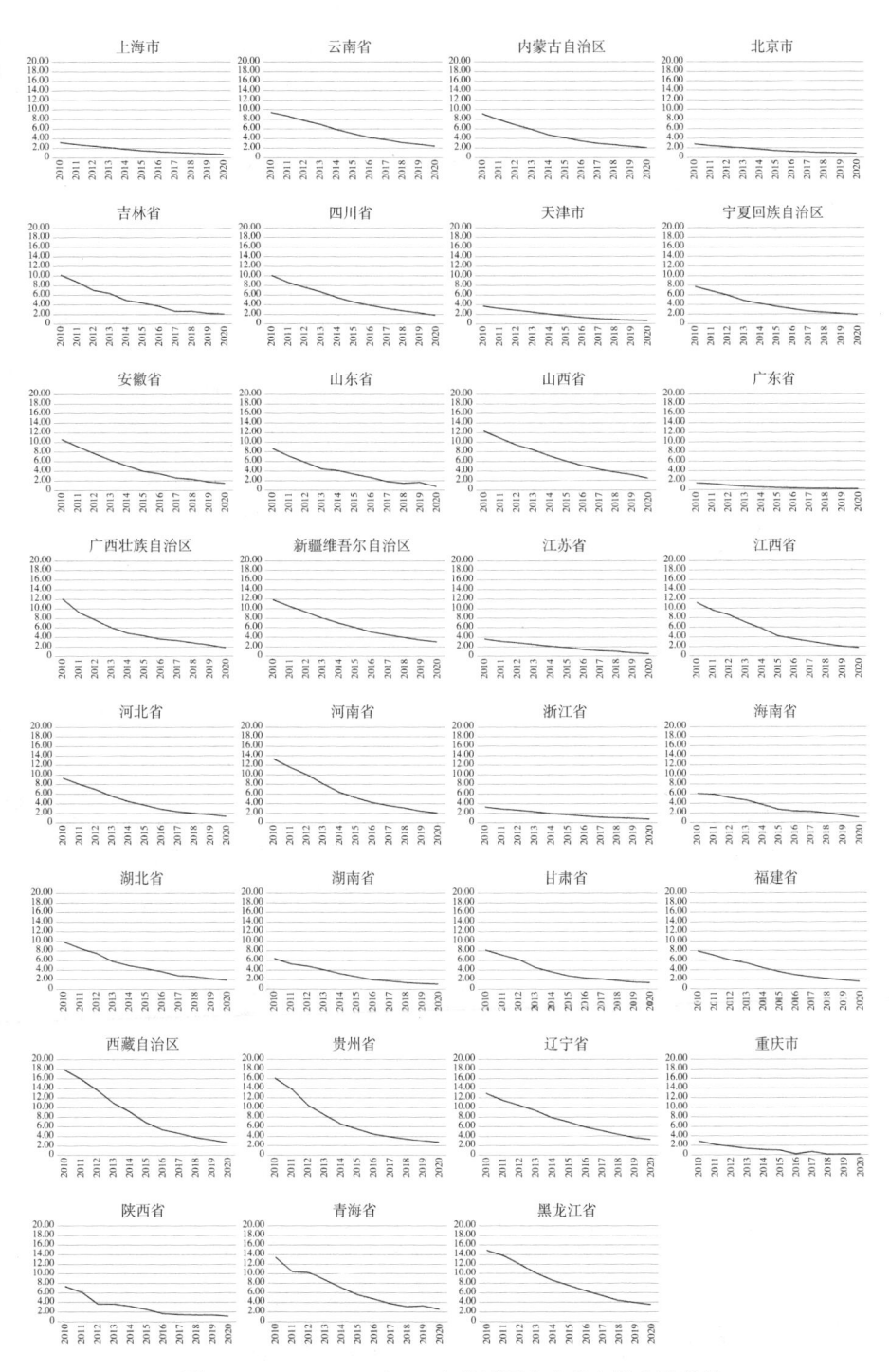

图 8-4　2010—2020 年 31 个省域国有企业存量占比趋势

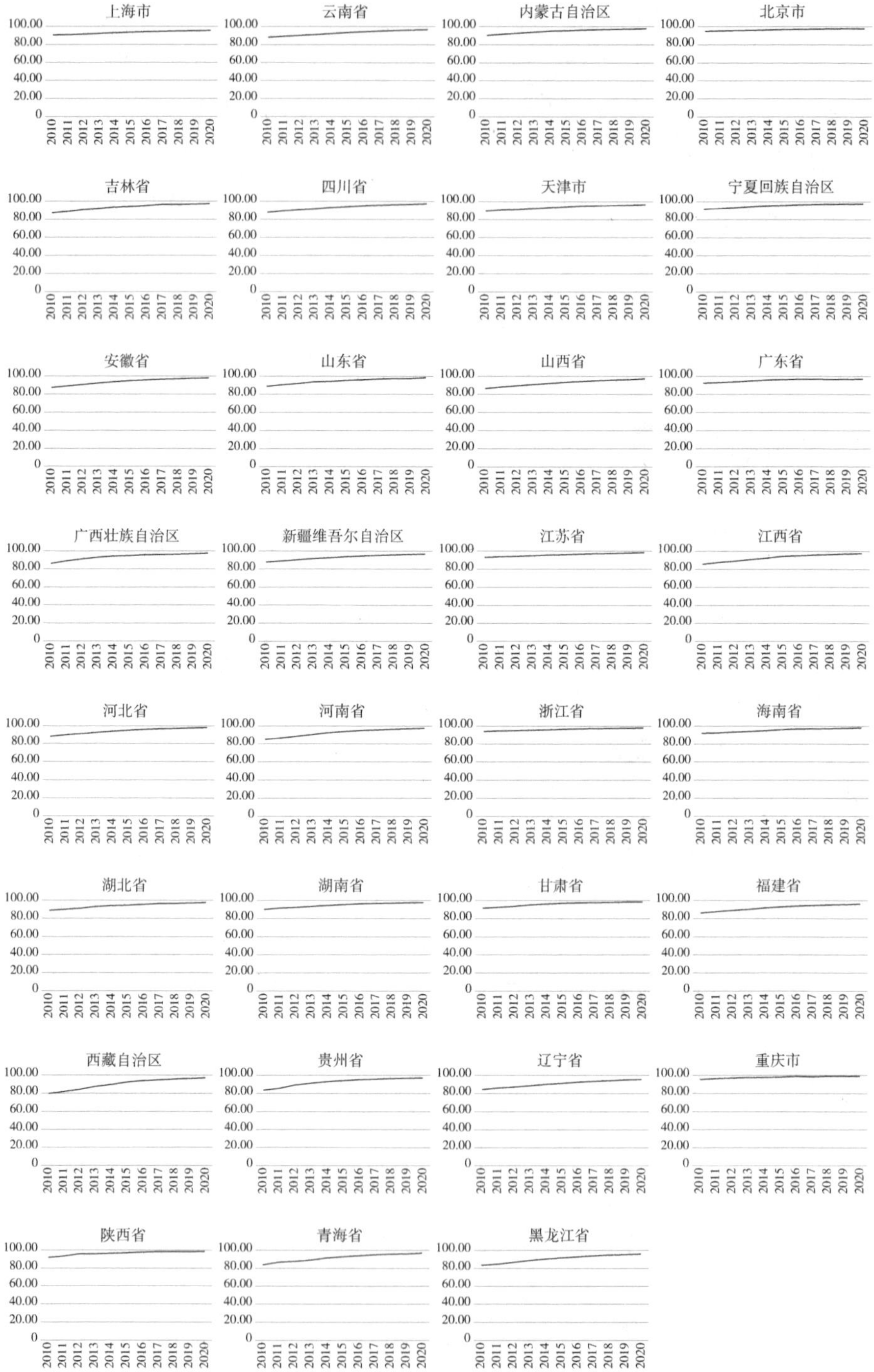

图 8-5 2010—2020 年 31 个省域民营企业存量占比趋势

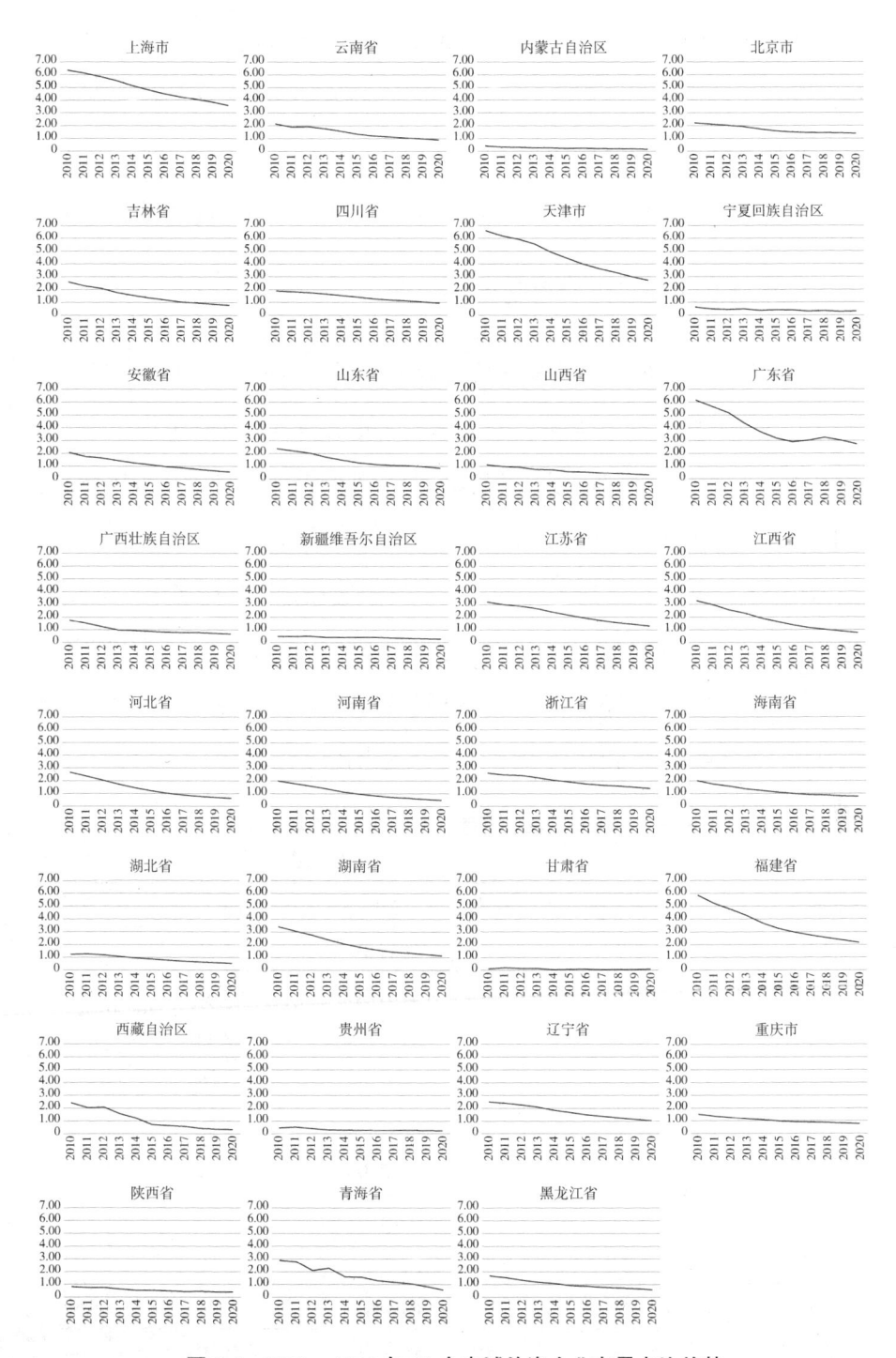

图 8-6 2010—2020 年 31 个省域外资企业存量占比趋势

从图 8-6 中可以看出，2010—2020 年大多数省域外资企业存量占比大致呈现下降趋势，上海市、天津市外资企业存量占比变动幅度最为明显，数值从高到低有一个明显的降低幅度。相比之下，重庆市、陕西省等省域的外资企业存量占比变动较为稳定，数值一直维持在较低水平。

三、城市层面企业主体所有制结构分析

本部分主要分析了城市层面国有企业、民营企业与外资企业存量占比情况。由于 2010—2020 年数据过多，本报告只具体展示了排在前 100 名的城市在 2020 年国有企业、民营企业与外资企业存量各自占比情况。具体结果如表 8-3、表 8-4、表 8-5 所示。

由表 8-3 可以看出 2020 年的城市国有企业存量占比排名中，本溪市最高，达 8.95%；国有企业存量占比排在第 6 名的城市阜新市，为 5.05%，前 6 名均超 5.00%；渭南市国有企业存量占比排在 100 名，达 2.40%。总体来看，排在前 100 名的城市国有企业存量占比均超 2%。

表 8-3 2020 年城市国有企业存量占比（前 100 名）

单位：%

城市	国有企业	排名	城市	国有企业	排名
本溪市	8.95	1	龙岩市	3.45	51
山南市	8.18	2	齐齐哈尔市	3.43	52
资阳市	6.55	3	七台河市	3.42	53
鞍山市	5.64	4	贵港市	3.42	54
辽阳市	5.28	5	佳木斯市	3.38	55
阜新市	5.05	6	安阳市	3.34	56
吐鲁番市	4.95	7	黑河市	3.30	57
南充市	4.89	8	南平市	3.25	58
河池市	4.88	9	南阳市	3.24	59
保山市	4.78	10	雅安市	3.19	60

续表

城市	国有企业	排名	城市	国有企业	排名
葫芦岛市	4.73	11	沈阳市	3.17	61
伊春市	4.71	12	新乡市	3.17	62
忻州市	4.62	13	抚顺市	3.13	63
鸡西市	4.60	14	昭通市	3.13	64
白山市	4.59	15	达州市	3.09	65
黄冈市	4.57	16	曲靖市	3.07	66
辽源市	4.54	17	六盘水市	3.06	67
普洱市	4.35	18	许昌市	3.02	68
百色市	4.33	19	鄂州市	3.01	69
广元市	4.28	20	固原市	2.99	70
商丘市	4.09	21	张家口市	2.99	71
营口市	4.06	22	漳州市	2.91	72
三明市	4.04	23	荆门市	2.90	73
铁岭市	4.01	24	泸州市	2.88	74
绥化市	3.94	25	巴彦淖尔市	2.85	75
昌都市	3.90	26	乐山市	2.85	76
吕梁市	3.83	27	克拉玛依市	2.84	77
自贡市	3.81	28	石嘴山市	2.82	78
锦州市	3.80	29	钦州市	2.82	79
三门峡市	3.78	30	汕尾市	2.81	80
丹东市	3.77	31	遵义市	2.78	81
鹤岗市	3.76	32	大庆市	2.74	82
林芝市	3.76	33	日喀则市	2.72	83
通化市	3.75	34	广安市	2.69	84
铜仁市	3.73	35	黄山市	2.67	85
湛江市	3.72	36	信阳市	2.64	86
长治市	3.71	37	眉山市	2.63	87
大同市	3.69	38	晋中市	2.62	88
双鸭山市	3.68	39	安顺市	2.60	89

续表

城市	国有企业	排名	城市	国有企业	排名
乌兰察布市	3.63	40	梧州市	2.58	90
阳泉市	3.62	41	周口市	2.57	91
毕节市	3.61	42	宿州市	2.55	92
牡丹江市	3.60	43	焦作市	2.54	93
随州市	3.58	44	驻马店市	2.52	94
巴中市	3.58	45	鹤壁市	2.50	95
晋城市	3.57	46	宜宾市	2.50	96
哈密市	3.55	47	吉安市	2.49	97
呼伦贝尔市	3.50	48	吉林市	2.46	98
玉溪市	3.48	49	池州市	2.41	99
哈尔滨市	3.45	50	渭南市	2.40	100

由表 8-4 可以看出，2020 年的城市民营企业存量占比排名中，揭阳市最高，达 99.80%；保定市民营企业存量占比最低，为 97.91%。但总体看民营企业存量占比前 100 名的各城市差距不大。在前 100 名所有城市中，民营企业存量占比始终要高于另外两种类型的企业，存量占比均超过 97%。

表 8-4　2020 年城市民营企业存量占比（前 100 名）

单位：%

城市	民营企业	排名	城市	民营企业	排名
揭阳市	99.80	1	海口市	98.49	51
潮州市	99.76	2	乌鲁木齐市	98.45	52
德州市	99.50	3	南京市	98.44	53
枣庄市	99.50	4	石家庄市	98.42	54
济宁市	99.32	5	徐州市	98.41	55
白银市	99.29	6	济南市	98.40	56
铜川市	99.28	7	呼和浩特市	98.39	57

续表

城市	民营企业	排名	城市	民营企业	排名
日照市	99.26	8	太原市	98.34	58
潍坊市	99.25	9	长沙市	98.34	59
泰安市	99.22	10	鄂尔多斯市	98.34	60
临沂市	99.20	11	常州市	98.34	61
金昌市	99.15	12	漯河市	98.34	62
嘉峪关市	99.10	13	宜春市	98.33	63
咸阳市	99.09	14	武汉市	98.32	64
宿迁市	99.08	15	商洛市	98.29	65
郑州市	99.07	16	贵阳市	98.29	66
酒泉市	99.07	17	儋州市	98.29	67
茂名市	99.06	18	拉萨市	98.28	68
重庆市	99.05	19	定西市	98.27	69
榆林市	99.03	20	阜阳市	98.26	70
亳州市	99.01	21	温州市	98.26	71
东营市	98.89	22	廊坊市	98.25	72
汕头市	98.87	23	菏泽市	98.25	73
安康市	98.85	24	新余市	98.24	74
平凉市	98.84	25	南宁市	98.24	75
衡水市	98.84	26	银川市	98.23	76
扬州市	98.80	27	西安市	98.20	77
延安市	98.75	28	聊城市	98.19	78
兰州市	98.74	29	杭州市	98.17	79
盐城市	98.72	30	中卫市	98.16	80
沧州市	98.70	31	蚌埠市	98.13	81
汉中市	98.69	32	朔州市	98.13	82
连云港市	98.68	33	赤峰市	98.12	83
宝鸡市	98.66	34	天水市	98.12	84
清远市	98.65	35	长春市	98.12	85
三亚市	98.62	36	芜湖市	98.11	86

续表

城市	民营企业	排名	城市	民营企业	排名
襄阳市	98.62	37	南通市	98.10	87
运城市	98.62	38	海东市	98.07	88
承德市	98.58	39	十堰市	98.07	89
衢州市	98.58	40	来宾市	98.06	90
包头市	98.57	41	六安市	98.02	91
合肥市	98.55	42	湖州市	98.00	92
邢台市	98.54	43	丽水市	97.97	93
淄博市	98.54	44	陇南市	97.97	94
庆阳市	98.53	45	娄底市	97.96	95
玉林市	98.52	46	武威市	97.94	96
台州市	98.52	47	东莞市	97.93	97
北海市	98.52	48	防城港市	97.92	98
无锡市	98.51	49	佛山市	97.91	99
张掖市	98.49	50	保定市	97.91	100

由表 8-5 可以看出 2020 年城市外资企业存量占比排名中，珠海市最高，达 4.33%；西安市外资企业存量占比排在第 100 名，达 0.78%，低于 1%，可以看出前 100 城市的外资企业存量占比存在一定差距。排在前五名的城市为珠海市、肇庆市、江门市、厦门市、惠州市，数值均超过 3%。齐齐哈尔市外资企业存量占比排在第 58 名，为 1.00%，在此排名及之前的城市均超过 1.00%。

表 8-5 2020 年城市外资企业存量占比（前 100 名）

单位：%

城市	外资企业	排名	城市	外资企业	排名
珠海市	4.33	1	昆明市	1.04	51
肇庆市	4.29	2	南京市	1.04	52
江门市	3.93	3	衡阳市	1.03	53

续表

城市	外资企业	排名	城市	外资企业	排名
厦门市	3.12	4	唐山市	1.03	54
惠州市	3.02	5	沈阳市	1.03	55
深圳市	2.85	6	池州市	1.01	56
广州市	2.60	7	黑河市	1.01	57
漳州市	2.59	8	齐齐哈尔市	1.00	58
汕尾市	2.53	9	南平市	0.97	59
苏州市	2.39	10	保山市	0.97	60
福州市	2.33	11	淄博市	0.97	61
河源市	2.26	12	芜湖市	0.97	62
嘉兴市	2.25	13	茂名市	0.94	63
中山市	2.14	14	鹰潭市	0.94	64
青岛市	2.11	15	儋州市	0.93	65
东莞市	2.07	16	马鞍山市	0.90	66
威海市	2.03	17	娄底市	0.89	67
泉州市	1.98	18	东营市	0.89	68
宁波市	1.90	19	西宁市	0.89	69
金华市	1.89	20	盐城市	0.89	70
佛山市	1.82	21	扬州市	0.89	71
大连市	1.81	22	攀枝花市	0.88	72
湘潭市	1.76	23	丽江市	0.88	73
绍兴市	1.55	24	赣州市	0.87	74
舟山市	1.53	25	德阳市	0.87	75
南通市	1.52	26	营口市	0.87	76
湖州市	1.51	27	三门峡市	0.86	77
常德市	1.48	28	本溪市	0.86	78
常州市	1.45	29	九江市	0.85	79
郴州市	1.42	30	岳阳市	0.85	80
烟台市	1.38	31	南昌市	0.84	81
淮安市	1.38	32	重庆市	0.84	82

续表

城市	外资企业	排名	城市	外资企业	排名
龙岩市	1.36	33	通化市	0.84	83
清远市	1.35	34	景德镇市	0.84	84
云浮市	1.31	35	海口市	0.84	85
杭州市	1.29	36	黄山市	0.84	86
无锡市	1.28	37	秦皇岛市	0.83	87
邵阳市	1.25	38	吉林市	0.82	88
成都市	1.24	39	吉安市	0.82	89
镇江市	1.23	40	防城港市	0.82	90
三明市	1.21	41	钦州市	0.81	91
韶关市	1.20	42	辽阳市	0.81	92
遂宁市	1.18	43	张家口市	0.81	93
株洲市	1.18	44	抚州市	0.80	94
长沙市	1.16	45	廊坊市	0.80	95
莆田市	1.14	46	北海市	0.80	96
张家界市	1.14	47	梧州市	0.79	97
汕头市	1.13	48	泰州市	0.79	98
益阳市	1.10	49	四平市	0.78	99
永州市	1.09	50	西安市	0.78	100

第二节 经营主体标准引领

一、全国层面企业主体标准引领分析

（一）经营主体主导或参与制定的标准数量

本部分汇报了2010—2020年全国企业主导或参与制定的标准数量情况[①]，结果见表8-6。

---

① 因为全国层面个体工商户主导或参与制定的标准数量严重缺失，故本报告只汇报企业主导或参与制定的标准数量及其增速。

由表 8-6 可以看出，2010 年企业主导或参与制定的标准数量为 7816 个，截至 2020 年，此数值达到了 526640 个，这段时间内企业主导或参与制定的标准数量增幅较大。在 2016 年，企业主导或参与制定的标准数量首次突破十万。此外，图 8-7 描绘了 2010—2020 年企业主导或参与制定的标准数量变化情况。

表 8-6　2010—2020 年全国企业主导或参与制定的标准数量

单位：个

年份	企业主导或参与制定的标准数量
2010	7816
2011	13285
2012	11828
2013	15747
2014	16434
2015	61458
2016	155135
2017	293815
2018	356422
2019	438164
2020	526640

从图 8-7 中可以看出，2010—2020 年企业主导或参与制定的标准数量大致呈现上升态势。2020 年企业主导或参与制定的标准数量达到 526640 个，在一定程度上说明企业在标准引领上发展势头良好。相较于其他年份，2015—2016 年企业主导或参与制定的标准数量有一个较为明显的增幅。

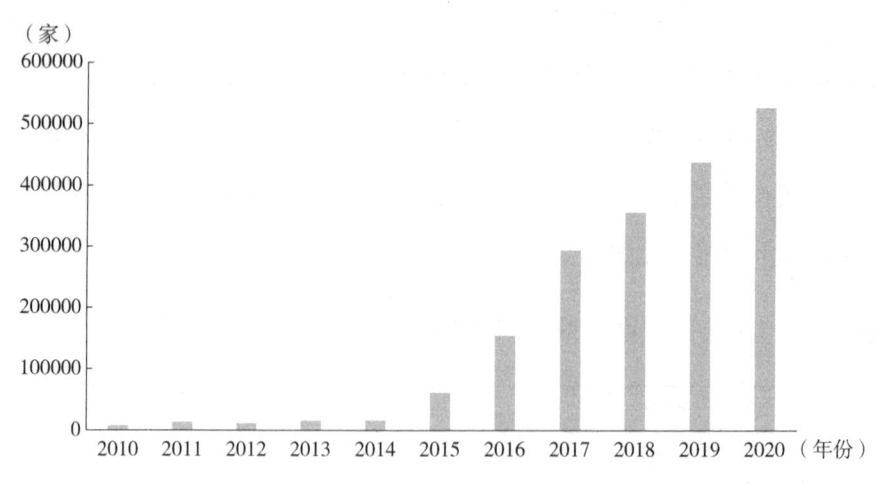

图 8-7　2010—2020 年企业主导或参与制定的标准数量趋势

（二）企业主导或参与制定的标准增速

本部分汇报了 2010—2020 年全国企业主导或参与制定的标准数量增速情况，具体结果见表 8-7。

根据表 8-7 可以看出，2010—2020 年全国企业主导或参与制定的标准数量增速有正有负，如在 2010 年、2012 年，企业主导或参与制定的标准数量增速分别为 -10.36%、-10.97%。图 8-7 描绘了 2010—2020 年企业主导或参与制定的标准数量增速变化情况。

表 8-7　2010—2020 年全国企业主导或参与制定的标准数量增速

单位：%

年份	企业主导或参与制定的标准数量增速
2010	-10.36%
2011	69.97%
2012	-10.97%
2013	33.13%
2014	4.36%
2015	273.97%

续表

年份	企业主导或参与制定的标准数量增速
2016	152.42%
2017	89.39%
2018	21.31%
2019	22.93%
2020	20.19%

从图 8-8 中我们可以看出，2012 年全国企业标准数量增速跌至谷底，数值低至 -10.97%。企业主导或参与制定的标准数量增速变动幅度较大，超过 100% 的年份有两年，分别为 2015 年和 2016 年，数值分别为 273.97%、152.42%。2018—2020 年企业主导或参与制定的标准数量增速变动幅度逐渐稳定，维持在 20% 左右，数值分别为 21.31%、22.93%、20.19%。

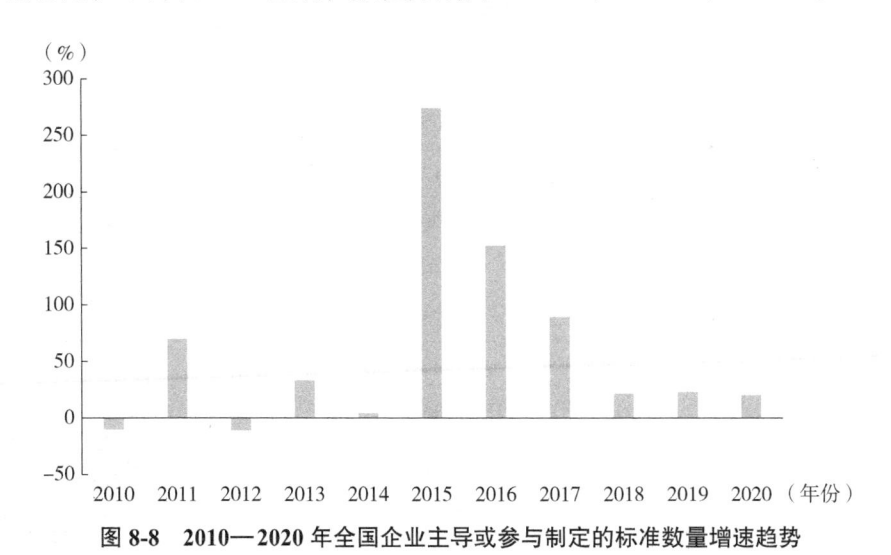

图 8-8　2010—2020 年全国企业主导或参与制定的标准数量增速趋势

二、省域层面企业主体标准引领分析

（一）经营主体主导或参与制定的标准数量

本部分汇报了 2020 年 31 个省域企业主导或参与制定的标准数量情

况以及 2010—2020 年省域企业主导或参与制定的标准数量变化趋势，具体结果见表 8-8 及图 8-9。

由表 8-8 可以看出，2020 年山东省企业主导或参与制定的标准数量最多，达到 68197 个；企业主导或参与制定的标准数量排在第 18 名的城市为天津市，数值为 8819 个；西藏自治区数值是全国最低。

表 8-8　2020 年 31 个省域企业主导或参与制定的标准数量

单位：个

省域	企业主导或参与制定的标准数量	排名
山东省	68197	1
广东省	66306	2
江苏省	56005	3
浙江省	47895	4
河南省	38013	5
北京市	29098	6
河北省	23621	7
安徽省	19292	8
四川省	16417	9
福建省	15799	10
辽宁省	14016	11
上海市	13823	12
湖北省	13395	13
山西省	11994	14
陕西省	11936	15
江西省	11300	16
湖南省	11238	17
天津市	8819	18
黑龙江省	7621	19
重庆市	6892	20
广西壮族自治区	6544	21

续表

省域	企业主导或参与制定的标准数量	排名
云南省	5573	22
吉林省	4702	23
内蒙古自治区	4105	24
贵州省	3967	25
新疆维吾尔自治区	3401	26
甘肃省	2551	27
海南省	1792	28
宁夏回族自治区	1433	29
青海省	537	30
西藏自治区	358	31

图 8-9 描绘了 2010—2020 年 31 个省域企业主导或参与制定的标准数量情况。2010—2020 年山东、广东、江苏、河北、河南、浙江的企业主导或参与制定的标准数量增长明显。相比之下，新疆、宁夏、西藏等自治区主导或参与制定的标准数量保持不变或者变动幅度较小，数值较为稳定。

（二）经营主体主导或参与制定的标准数量增速

本部分汇报了 2020 年 31 个省域企业主导或参与制定的标准数量增速情况以及 2010—2020 年省域企业参与制定的标准数量增速变化趋势，具体结果见表 8-9 及图 8-10。

由表 8-9 可以看出，2020 年西藏自治区企业主导或参与制定的标准数量增速最高，达到 87.43%，而新疆维吾尔自治区增速最低，为 −29.03%。而排在第二名的青海省企业主导或参与制定的标准增速为 51.27%，其余省域企业主导或参与制定的标准增速都低于 50%。

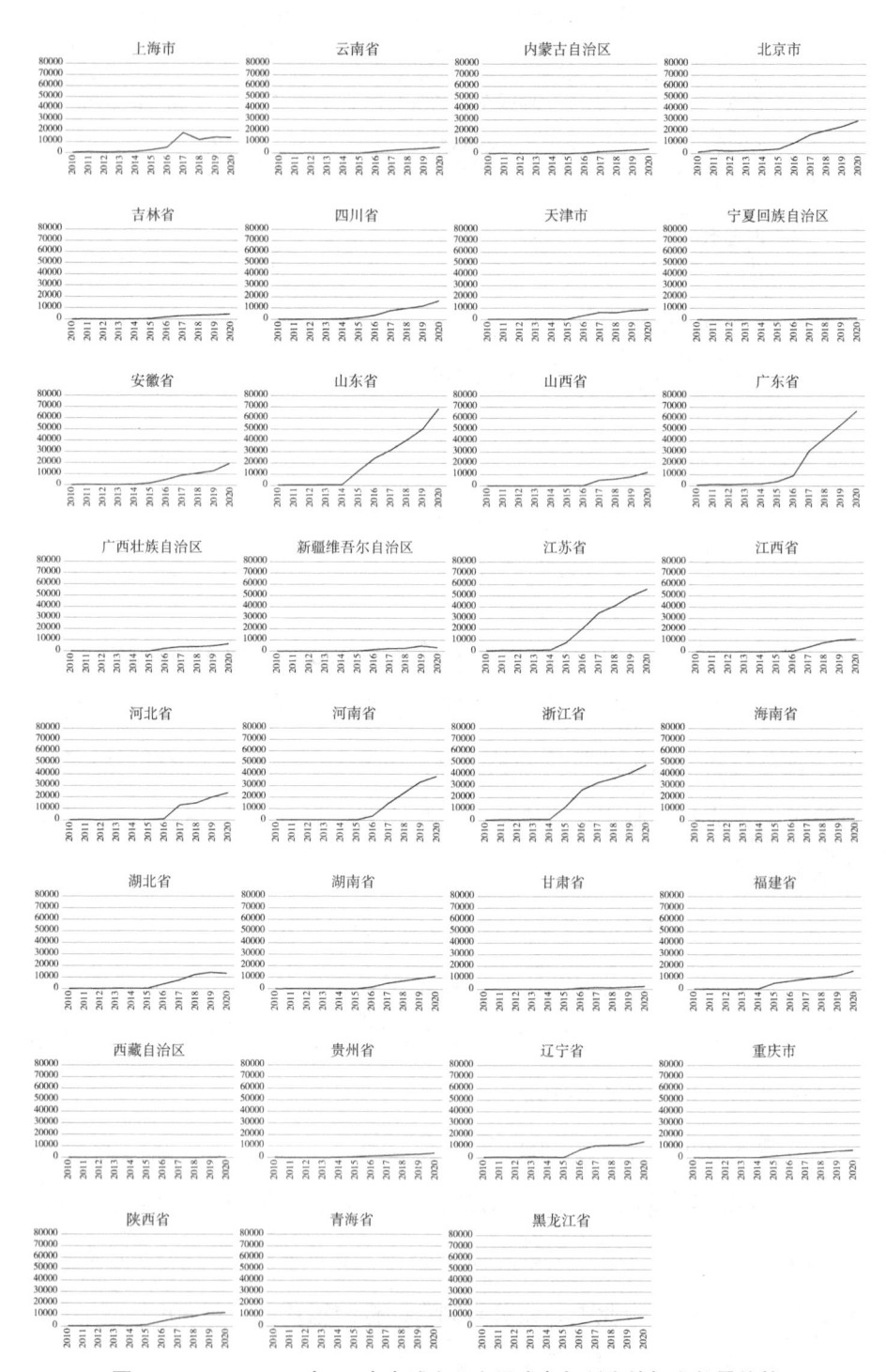

图 8-9　2010—2020 年 31 个省域企业主导或参与制定的标准数量趋势

表 8-9　2020 年 31 个省域企业主导或参与制定的标准数量增速

单位：%

省域	企业主导或参与制定的标准数量增速	排名
西藏自治区	87.43	1
青海省	51.27	2
安徽省	49.78	3
山西省	48.7	4
广西壮族自治区	36.16	5
四川省	36.12	6
山东省	35.74	7
福建省	31.67	8
贵州省	30.88	9
内蒙古自治区	29.05	10
甘肃省	29.03	11
云南省	28.06	12
宁夏回族自治区	26.59	13
广东省	23.1	14
辽宁省	22.79	15
湖南省	21.7	16
北京市	21.26	17
吉林省	19.92	18
河北省	18.47	19
黑龙江省	18.23	20
浙江省	16.75	21
重庆市	15.29	22
海南省	14.21	23
河南省	14.05	24
江苏省	12.36	25
天津市	11.42	26
江西省	6.45	27
陕西省	3.99	28

续表

省域	企业主导或参与制定的标准数量增速	排名
上海市	−3.08	29
湖北省	−6.13	30
新疆维吾尔自治区	−29.03	31

根据图 8-10 可以发现，2010—2020 年山东省、山西省、广西壮族自治区、甘肃省以及辽宁省等企业主导或参与制定的标准数量增速波动明显。在 2015 年后，这些省域都超过了 10%。而相比之下，剩下的省域的企业主导或参与制定的标准数量变动幅度较小，增速不超过 5%。

三、城市层面企业主体标准引领分析

本部分汇报了 2020 年城市（前 100 名）企业主导或参与制定的标准数量情况，具体结果见表 8-10。

根据表 8-10 可以看出，2020 年的城市企业主导或参与制定的标准数量排名中广州市数值最高，达到 20625 个。排在前八名的城市的企业主导或制定的标准数量均超过 10000 个。在前 100 名的城市中，衡水市主导或制定的标准数量最少，为 1157 个，说明前 100 名的城市数值差别较大，其中 45 个城市的企业主导或参与制定的标准数量均超过 3000 个。

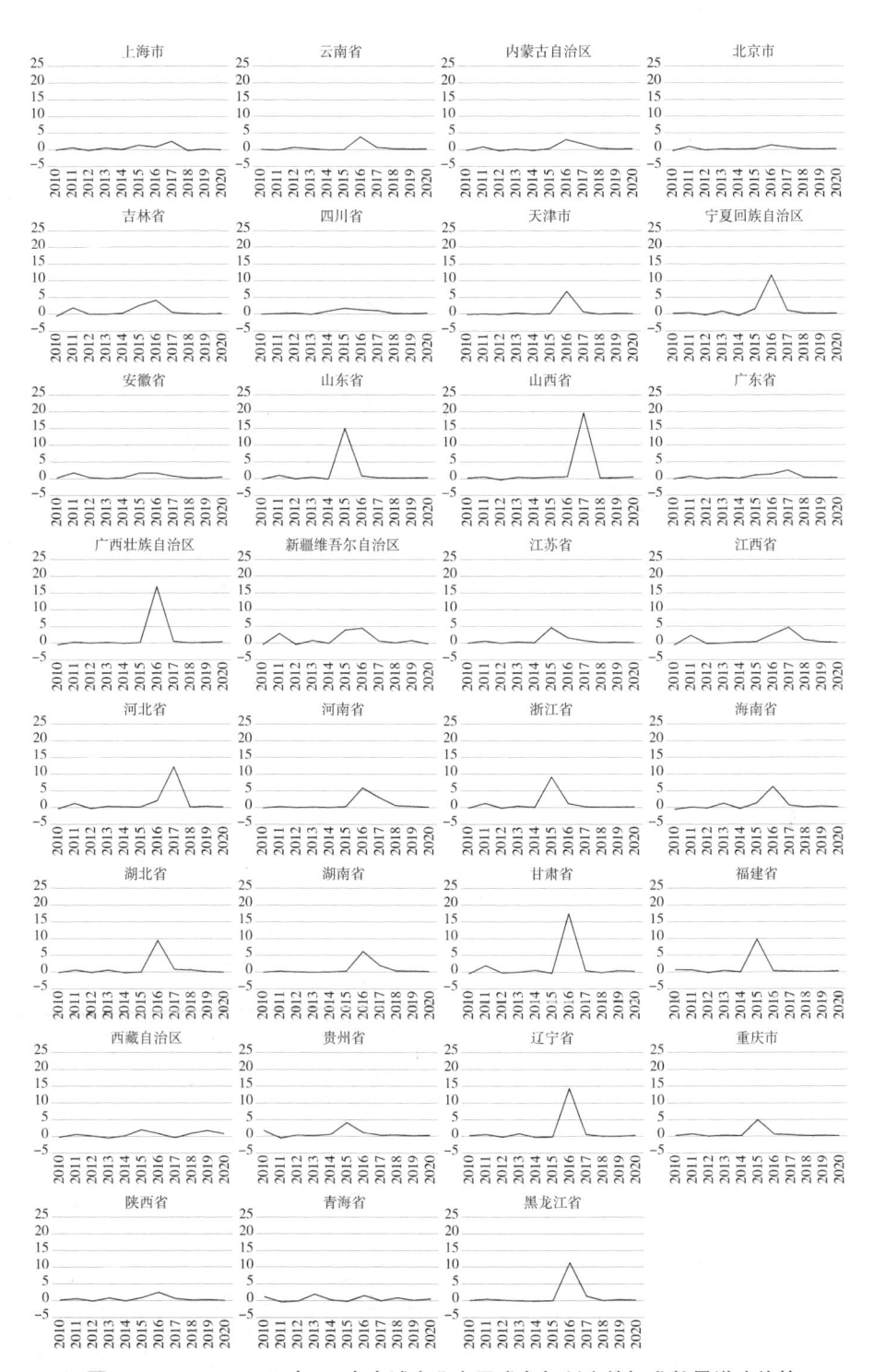

图 8-10 2010—2020 年 31 个省域企业主导或参与制定的标准数量增速趋势

表 8-10　2020 年城市企业主导或参与制定的标准数量（前 100 名）

单位：个

城市	企业主导或参与制定的标准数量	排名	城市	企业主导或参与制定的标准数量	排名
广州市	20625	1	保定市	2785	51
杭州市	12889	2	滨州市	2750	52
深圳市	12270	3	福州市	2744	53
郑州市	11495	4	江门市	2696	54
苏州市	10743	5	东营市	2675	55
青岛市	10652	6	南宁市	2632	56
潍坊市	9294	7	洛阳市	2499	57
济南市	8884	8	咸阳市	2492	58
南京市	8505	9	焦作市	2399	59
成都市	8464	10	泰安市	2384	60
无锡市	7851	11	南昌市	2375	61
佛山市	7445	12	长春市	2335	62
石家庄市	7359	13	大连市	2316	63
西安市	6617	14	淮安市	2311	64
运城市	6205	15	唐山市	2252	65
宁波市	6027	16	许昌市	2160	66
东莞市	5617	17	大庆市	2153	67
武汉市	5607	18	安庆市	2128	68
常州市	5441	19	镇江市	2106	69
金华市	5303	20	廊坊市	1998	70
合肥市	5186	21	徐州市	1971	71
烟台市	4946	22	阜阳市	1967	72
嘉兴市	4860	23	漳州市	1959	73
南通市	4757	24	商丘市	1869	74
厦门市	4732	25	贵阳市	1810	75
台州市	4729	26	太原市	1768	76

续表

绍兴市	4534	27	惠州市	1727	77
长沙市	4474	28	邢台市	1724	78
德州市	4402	29	黄冈市	1696	79
临沂市	4395	30	汕头市	1620	80
沈阳市	4284	31	盘锦市	1614	81
新乡市	4014	32	德阳市	1581	82
南阳市	3953	33	开封市	1540	83
温州市	3758	34	吉安市	1484	84
中山市	3725	35	滁州市	1475	85
昆明市	3583	36	日照市	1414	86
扬州市	3563	37	安阳市	1414	87
济宁市	3431	38	亳州市	1344	88
聊城市	3430	39	绵阳市	1302	89
湖州市	3421	40	驻马店市	1301	90
宜春市	3393	41	清远市	1255	91
沧州市	3380	42	九江市	1237	92
哈尔滨市	3295	43	宿迁市	1236	93
盐城市	3225	44	兰州市	1197	94
泰州市	3108	45	渭南市	1191	95
泉州市	2977	46	邯郸市	1189	96
淄博市	2957	47	岳阳市	1189	97
菏泽市	2939	48	连云港市	1188	98
威海市	2920	49	芜湖市	1162	99
珠海市	2870	50	衡水市	1157	100

第三节 经营主体制度开放性

由于省域和城市层面的数据缺失，本部分仅对全国层面经营主体制度开放性进行分析。

一、注册资本为 0 元的新增注册经营主体数量

本部分汇报了 2010—2020 年全国注册资本为 0 元的新增注册企业和个体工商户数量,具体结果见表 8-11。

由表 8-11 可以看出,2010 年全国注册资本为 0 元的新增注册个体工商户数量为 36.0577 万个,2020 年则达到了 1065.2451 万个,说明注册资本为 0 元的新增注册个体工商户数量涨幅巨大,而注册资本为 0 元的新增注册企业的数量涨幅也较大。此外,图 8-11 描绘了 2010—2020 年全国注册资本为 0 元的新增注册经营主体数量变化情况。

表 8-11　2010—2020 年全国注册资本为 0 元的新增注册企业和个体工商户数量

单位:万个

年份	新增注册企业数量	新增注册个体工商户数量
2010	7.8587	36.0577
2011	8.3178	43.1276
2012	8.8437	53.3339
2013	10.0987	84.5736
2014	12.1022	61.2552
2015	16.5032	71.1013
2016	19.0813	48.4869
2017	23.5194	59.2466
2018	28.1668	694.8040
2019	30.1393	938.1420
2020	38.5945	1065.2451

由图 8-11 可以看出,2010—2020 年,注册资本为 0 元的新增注册企业的数量呈现稳步增长的趋势,从 7.8587 万家增加到 38.5945 万家。2010—2017 年注册资本为 0 元的新增注册个体工商户的数量变化幅度较

小，2017—2020年注册资本为0元的新增注册个体工商户的数量有着跳跃式增长。

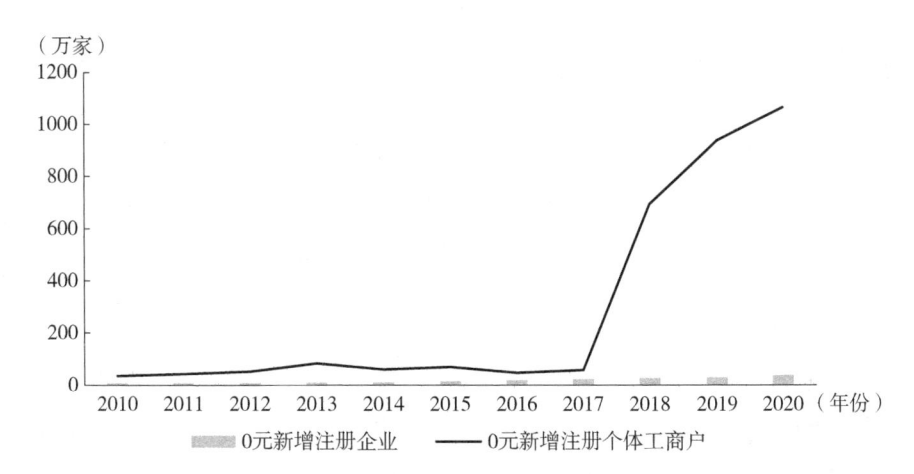

图8-11　2010—2020年全国注册资本为0元的新增注册企业及个体工商户数量趋势

二、注册资本为0元的新增注册经营主体占比

本部分汇报了2010—2020年全国经营主体注册资本为0元的新增注册企业和个体工商户数量占比，具体结果见表8-12。

由表8-12可以看出，注册资本为0元的新增注册企业占比变动较小。2010的全国注册资本为0元的新增注册个体工商户占比为5.05%，2017年以后的涨幅较为明显，2020年此数值达到了57.27%。图8-12描绘了2010—2020年全国注册资本为0元的新增注册经营主体占比趋势。

表8-12　2010—2020年全国注册资本为0元的新增注册企业和个体工商户数量占比

单位：%

年份	新增注册企业占比	新增个体工商户占比
2010	3.52	5.05
2011	3.34	5.71
2012	3.49	6.78

续表

年份	新增注册企业占比	新增个体工商户占比
2013	3.06	9.10
2014	2.72	6.56
2015	3.11	6.77
2016	2.95	4.45
2017	3.39	4.51
2018	3.72	47.24
2019	3.64	56.73
2020	4.41	57.27

由图 8-12 可以看出，在 2010—2020 年全国注册资本为 0 元的新增注册企业占比虽然有所起伏但波动性较小，不超过 10%。2010—2017 年全国注册资本为 0 元的新增注册个体工商户占比变化幅度较小，并与企业新增占比的起伏趋势相近。但在 2018—2020 年，注册资本为 0 元的新增个体工商户占比有大幅增加，从 2017 年的 4.51% 上升到 2020 年的 57.27%。

图 8-12 2010—2020 年全国注册资本为 0 元的新增注册经营主体占比趋势

第九章

经营主体空间活力

不同地区营商环境、文化历史、资源禀赋、地理区位等发展环境的差异，使经营主体具有差异化的地域特征，在空间格局上具有不平衡的分布特征。依据前文构建的指标体系，本章从区域经营主体行业集聚度与经营主体空间均衡度两个方面分析经营主体空间活力。

第一节　经营主体行业集聚度

本报告用区位商来同时衡量行业的专业化程度和集聚相对水平，其值越大，可以认为此行业在该城市的专业化和集聚程度越高（白万平等，2019；韩峰和柯善咨，2013）。如果某行业的区位商小于或等于1，说明此行业在该城市相对全国集聚度较低。

一、经营主体存量行业集聚度分析

本部分列示了城市金融业，科学研究和技术服务业，信息传输、软件和信息技术服务业，制造业企业存量区位商[①]（区域行业集聚度）排在

[①]　由于56个城市行业数据的缺失，本部分只计算了239个研究样本的存量区位商数据，从中取前100名进行汇报。

前 100 名的城市。

（一）城市金融业企业存量区位商

本部分计算了城市金融业企业存量区位商，列出了 2020 年前 100 名城市的金融业企业存量区位商数值，具体结果见表 9-1。

根据表 9-1 列示的 2020 年城市金融业存量区位商排名可以看出，资阳市、肇庆市和江门市的数值分别是 4.9857、4.3048 和 4.2062，说明这三个城市的存量企业中金融业专业化程度和集聚程度较高。排在第 100 名的曲靖市的金融业存量区位商为 1.7545。由此可见，排在前 100 名城市的金融业存量区位商数值均高于 1，说明其他城市的金融业集聚情况较好。

表 9-1 2020 年城市金融业企业存量区位商数值（前 100 名）

城市	城市金融业企业存量区位商	排名	城市	城市金融业企业存量区位商	排名
资阳市	4.9857	1	固原市	2.2064	51
肇庆市	4.3048	2	永州市	2.2039	52
江门市	4.2062	3	常德市	2.1850	53
广安市	3.7012	4	松原市	2.1840	54
梅州市	3.6395	5	日照市	2.1787	55
广元市	3.2529	6	通辽市	2.1459	56
茂名市	3.2048	7	泸州市	2.1448	57
清远市	3.1447	8	绵阳市	2.1441	58
辽源市	3.1413	9	邵阳市	2.1323	59
南充市	3.0620	10	衡阳市	2.1304	60
遂宁市	3.0231	11	淄博市	2.1143	61
巴中市	3.0170	12	张家口市	2.0977	62
揭阳市	3.0138	13	丽水市	2.0976	63
韶关市	3.0029	14	吕梁市	2.0737	64
内江市	2.9802	15	宜宾市	2.0368	65
自贡市	2.9800	16	郴州市	2.0358	66
达州市	2.9377	17	石嘴山市	2.0230	67

续表

城市	城市金融业企业存量区位商	排名	城市	城市金融业企业存量区位商	排名
白山市	2.9210	18	长治市	2.0082	68
呼伦贝尔市	2.9202	19	承德市	1.9912	69
巴彦淖尔市	2.9141	20	临汾市	1.9867	70
阳泉市	2.8953	21	酒泉市	1.9761	71
乌兰察布市	2.8739	22	黄山市	1.9682	72
平凉市	2.8453	23	焦作市	1.9678	73
云浮市	2.8162	24	岳阳市	1.9603	74
湛江市	2.8153	25	晋城市	1.9495	75
通化市	2.7728	26	呼和浩特市	1.9398	76
乐山市	2.7359	27	金昌市	1.9343	77
玉溪市	2.7137	28	陇南市	1.9302	78
忻州市	2.6246	29	昭通市	1.9295	79
保山市	2.6190	30	崇左市	1.9190	80
眉山市	2.6094	31	攀枝花市	1.9110	81
四平市	2.6021	32	河池市	1.9106	82
乌海市	2.5455	33	衢州市	1.9089	83
德阳市	2.4755	34	十堰市	1.8931	84
吉林市	2.4649	35	普洱市	1.8886	85
晋中市	2.4436	36	安阳市	1.8668	86
白城市	2.4351	37	舟山市	1.8659	87
东营市	2.3702	38	淮北市	1.8613	88
吐鲁番市	2.3683	39	濮阳市	1.8516	89
怀化市	2.3566	40	鹰潭市	1.8372	90
湘潭市	2.3537	41	武威市	1.8304	91
河源市	2.2702	42	荆门市	1.8263	92
雅安市	2.2586	43	定西市	1.8149	93
克拉玛依市	2.2576	44	中卫市	1.8089	94
大同市	2.2576	45	阳江市	1.7889	95
哈密市	2.2575	46	运城市	1.7872	96

续表

城市	城市金融业企业存量区位商	排名	城市	城市金融业企业存量区位商	排名
赤峰市	2.2471	47	吴忠市	1.7871	97
包头市	2.2431	48	株洲市	1.7691	98
三门峡市	2.2359	49	泰安市	1.7572	99
唐山市	2.2128	50	曲靖市	1.7545	100

（二）城市科学研究和技术服务业企业存量区位商

本部分列出了2020年城市科学研究和技术服务业企业存量区位商数值（前100名），具体结果见表9-2。

根据表9-2可以看出，2020年科学研究和技术服务业企业存量区位商排名最高的是北京市，数值是3.7794。排在第2名的天津市的科学研究和技术服务业企业存量区位商为2.5467。对比北京市和天津市的科学研究和技术服务业企业存量区位商的数值可以看出，两者存在一定的差距，说明北京市的存量企业中科学研究和技术服务业的集中程度更高。此外，排在第100名的聊城市只有0.6654，说明其科学研究和技术服务业集聚度在前100名城市中较弱。全国各城市的科学研究和技术服务业集聚度和专业化水平仍有提升空间。

表9-2　2020年城市科学研究和技术服务业企业存量区位商数值（前100名）

城市	城市科学研究和技术服务业企业存量区位商	排名	城市	城市科学研究和技术服务业企业存量区位商	排名
北京市	3.7794	1	柳州市	0.9271	51
天津市	2.5467	2	济南市	0.9256	52
儋州市	2.2205	3	镇江市	0.9256	53
广州市	2.1221	4	昆明市	0.9148	54
上海市	1.9801	5	汕尾市	0.9132	55

续表

城市	城市科学研究和技术服务业企业存量区位商	排名	城市	城市科学研究和技术服务业企业存量区位商	排名
无锡市	1.9419	6	淮安市	0.9097	56
长沙市	1.8494	7	汕头市	0.9048	57
南京市	1.8089	8	洛阳市	0.9045	58
云浮市	1.5656	9	宁波市	0.9029	59
绵阳市	1.4317	10	湖州市	0.8945	60
石家庄市	1.4292	11	湘潭市	0.8804	61
武汉市	1.3872	12	淄博市	0.8663	62
厦门市	1.3755	13	河源市	0.8513	63
克拉玛依市	1.3737	14	秦皇岛市	0.8336	64
常州市	1.3417	15	吉林市	0.8301	65
合肥市	1.3412	16	桂林市	0.8111	66
韶关市	1.3336	17	威海市	0.8054	67
江门市	1.3127	18	银川市	0.8003	68
苏州市	1.2715	19	温州市	0.7982	69
衢州市	1.2586	20	保定市	0.7938	70
呼和浩特市	1.2573	21	芜湖市	0.7830	71
肇庆市	1.2199	22	连云港市	0.7829	72
郑州市	1.2194	23	蚌埠市	0.7828	73
佛山市	1.2125	24	唐山市	0.7800	74
杭州市	1.2086	25	三亚市	0.7794	75
乌鲁木齐市	1.1890	26	包头市	0.7778	76
南宁市	1.1834	27	潍坊市	0.7745	77
太原市	1.1614	28	北海市	0.7733	78
珠海市	1.1531	29	舟山市	0.7730	79
中山市	1.1488	30	嘉兴市	0.7691	80
东营市	1.1408	31	鹤壁市	0.7679	81
马鞍山市	1.1302	32	泰安市	0.7679	82

续表

城市	城市科学研究和技术服务业企业存量区位商	排名	城市	城市科学研究和技术服务业企业存量区位商	排名
徐州市	1.1179	33	铜陵市	0.7622	83
梅州市	1.1151	34	邯郸市	0.7615	84
长春市	1.1097	35	宜昌市	0.7570	85
湛江市	1.0993	36	鄂尔多斯市	0.7405	86
成都市	1.0980	37	青岛市	0.7339	87
茂名市	1.0864	38	宿迁市	0.7329	88
清远市	1.0678	39	巴彦淖尔市	0.7257	89
泰州市	1.0160	40	淮北市	0.7252	90
揭阳市	1.0065	41	攀枝花市	0.7229	91
东莞市	0.9915	42	潮州市	0.7228	92
惠州市	0.9816	43	郴州市	0.7193	93
德阳市	0.9813	44	三明市	0.7192	94
廊坊市	0.9769	45	张家口市	0.7104	95
扬州市	0.9706	46	丽水市	0.7007	96
南通市	0.9625	47	深圳市	0.6934	97
盐城市	0.9490	48	南昌市	0.6908	98
海口市	0.9378	49	衡水市	0.6717	99
阳江市	0.9302	50	聊城市	0.6654	100

（三）城市信息传输、软件和信息技术服务业企业存量区位商

本部分列出了 2020 年城市信息传输、软件和信息技术服务业企业存量区位商数值（前 100 名），具体结果见表 9-3。

根据表 9-3 中展示的 2020 年城市信息传输、软件和信息技术服务业企业存量区位商排名可以看出，前 100 名的城市数值均高于 1，说明所有城市中信息传输、软件和信息技术服务业专业程度普遍较好。排在首位的儋州市的信息传输、软件和信息技术服务业企业存量区位商数值为

3.8030，排在第 8 名的娄底市的信息传输、软件和信息技术服务业企业存量高，数值为 2.0220。前八名城市的信息传输、软件和信息技术服务业集聚度和专业化水平较高。

表 9-3　2020 年城市信息传输、软件和信息技术服务业企业存量区位商数值（前 100 名）

城市	城市信息传输、软件和信息技术服务业企业存量区位商	排名	城市	城市信息传输、软件和信息技术服务业企业存量区位商	排名
儋州市	3.8030	1	枣庄市	1.4551	51
杭州市	2.6306	2	定西市	1.3830	52
成都市	2.5580	3	阜阳市	1.3753	53
芜湖市	2.2872	4	十堰市	1.3521	54
昆明市	2.1577	5	呼和浩特市	1.3459	55
淮北市	2.1095	6	河源市	1.3391	56
聊城市	2.0650	7	潍坊市	1.3357	57
娄底市	2.0220	8	铜陵市	1.3293	58
济南市	1.9994	9	遂宁市	1.3246	59
普洱市	1.9734	10	郴州市	1.3179	60
武汉市	1.9288	11	丽水市	1.2984	61
衡阳市	1.9008	12	唐山市	1.2968	62
淄博市	1.9005	13	荆门市	1.2841	63
湘潭市	1.8882	14	洛阳市	1.2824	64
梅州市	1.8702	15	江门市	1.2810	65
永州市	1.7933	16	长春市	1.2780	66
南京市	1.7797	17	平凉市	1.2654	67
随州市	1.7701	18	惠州市	1.2598	68
海口市	1.7532	19	襄阳市	1.2513	69
秦皇岛市	1.7299	20	上饶市	1.2430	70
岳阳市	1.7217	21	自贡市	1.2411	71
韶关市	1.7091	22	揭阳市	1.2410	72
荆州市	1.6800	23	三明市	1.2369	73

续表

城市	城市信息传输、软件和信息技术服务业企业存量区位商	排名	城市	城市信息传输、软件和信息技术服务业企业存量区位商	排名
郑州市	1.6792	24	宜宾市	1.2348	74
常德市	1.6764	25	呼伦贝尔市	1.2341	75
黄冈市	1.6645	26	济宁市	1.2335	76
邵阳市	1.6250	27	宣城市	1.2296	77
保山市	1.6138	28	泰安市	1.2232	78
太原市	1.6098	29	赣州市	1.2172	79
怀化市	1.6059	30	湛江市	1.2169	80
三亚市	1.5961	31	广元市	1.2138	81
张家界市	1.5900	32	汕尾市	1.2069	82
南昌市	1.5857	33	六安市	1.1998	83
东营市	1.5770	34	鄂州市	1.1967	84
绵阳市	1.5589	35	临沧市	1.1921	85
南充市	1.5578	36	咸宁市	1.1881	86
日照市	1.5536	37	烟台市	1.1880	87
株洲市	1.5511	38	曲靖市	1.1762	88
池州市	1.5199	39	新余市	1.1756	89
蚌埠市	1.5169	40	宜昌市	1.1739	90
青岛市	1.5126	41	安庆市	1.1735	91
孝感市	1.5075	42	淮南市	1.1696	92
长沙市	1.5074	43	广安市	1.1682	93
合肥市	1.5050	44	陇南市	1.1663	94
益阳市	1.5032	45	肇庆市	1.1637	95
汕头市	1.4901	46	银川市	1.1629	96
清远市	1.4867	47	菏泽市	1.1610	97
雅安市	1.4820	48	深圳市	1.1579	98
玉溪市	1.4819	49	威海市	1.1527	99
石家庄市	1.4808	50	黄石市	1.1460	100

（四）城市制造业存量区位商

我们列出了 2020 年城市制造业存量区位商数值（前 100 名），具体结果见表 9-4。

根据表 9-4 可以看出，2020 年的城市制造业存量区位商排名中，汕头市最高，数值为 17.8910；其次是潮州市、揭阳市、汕尾市和江门市，数值分别为 14.4697、14.0285、10.4441 和 10.1373。前五名城市制造业存量区位商数值都超过了 10，说明这五个城市制造业集聚度非常高。此外，排在第 54 名的常州市的制造业存量区位商为 2.0039，这说明了排在前 54 名之内的城市，制造业存量区位商数值都高于 2，表明这 54 个城市中制造业企业的表现较为活跃。排在第 100 名的呼伦贝尔市的制造业存量区位商为 1.3314，依然高于 1，说明前 100 名城市制造业的集聚度较高。

表 9-4　2020 年城市制造业存量区位商数值（前 100 名）

城市	制造业存量区位商	排名	城市	制造业存量区位商	排名
汕头市	17.8910	1	安庆市	2.0954	51
潮州市	14.4697	2	徐州市	2.0890	52
揭阳市	14.0285	3	扬州市	2.0277	53
汕尾市	10.4441	4	常州市	2.0039	54
江门市	10.1373	5	宣城市	1.9816	55
肇庆市	8.9961	6	雅安市	1.9710	56
阳江市	6.7369	7	贵港市	1.9467	57
枣庄市	6.5140	8	池州市	1.9386	58
云浮市	6.4556	9	保定市	1.9136	59
梅州市	6.3945	10	荆州市	1.8734	60
中山市	5.7383	11	荆门市	1.8694	61
泰安市	5.5850	12	临沧市	1.8570	62
惠州市	5.3847	13	丽水市	1.8432	63
茂名市	4.9048	14	保山市	1.8341	64
东莞市	4.8186	15	咸宁市	1.8309	65

续表

城市	制造业存量区位商	排名	城市	制造业存量区位商	排名
韶关市	4.5355	16	辽源市	1.8230	66
日照市	4.5323	17	东营市	1.7511	67
菏泽市	4.5215	18	黄石市	1.7491	68
潍坊市	4.4875	19	赣州市	1.7389	69
淄博市	4.4457	20	益阳市	1.7145	70
聊城市	4.4160	21	宜昌市	1.7099	71
清远市	4.2866	22	襄阳市	1.6647	72
德州市	4.1712	23	常德市	1.6550	73
泰州市	3.9960	24	无锡市	1.6476	74
临沂市	3.9510	25	株洲市	1.6464	75
湛江市	3.4826	26	岳阳市	1.6028	76
河源市	3.3944	27	平凉市	1.5965	77
温州市	3.3047	28	十堰市	1.5877	78
烟台市	3.1828	29	玉溪市	1.5774	79
威海市	3.1599	30	南平市	1.5609	80
沧州市	3.1497	31	永州市	1.5590	81
佛山市	3.0082	32	资阳市	1.5309	82
衡水市	2.9632	33	滁州市	1.5238	83
滨州市	2.9488	34	焦作市	1.4932	84
台州市	2.9427	35	许昌市	1.4830	85
济宁市	2.8532	36	昭通市	1.4651	86
南通市	2.7351	37	苏州市	1.4605	87
绍兴市	2.5485	38	四平市	1.4486	88
青岛市	2.5295	39	定西市	1.4444	89
邢台市	2.4012	40	景德镇市	1.4203	90
金华市	2.2928	41	安阳市	1.4182	91
湖州市	2.2712	42	广州市	1.4171	92
宁波市	2.2235	43	通化市	1.4122	93
孝感市	2.2112	44	湘潭市	1.4115	94

续表

城市	制造业存量区位商	排名	城市	制造业存量区位商	排名
廊坊市	2.2054	45	怀化市	1.3913	95
镇江市	2.1898	46	石嘴山市	1.3442	96
嘉兴市	2.1704	47	六安市	1.3363	97
黄冈市	2.1521	48	通辽市	1.3355	98
盐城市	2.1438	49	吐鲁番市	1.3344	99
随州市	2.1096	50	呼伦贝尔市	1.3314	100

二、城市新增注册经营主体行业集聚度分析

（一）城市新增注册金融业企业区位商

本部分列出了2020年城市新增注册金融业企业区位商数值（前100名），具体结果见表9-5。

根据表9-5可以看出，2020的城市新增注册金融业区位商排名中，鹰潭市和山南市排在前两名，数值为8.6210和8.3155，说明鹰潭市和山南市的新增注册企业中金融业的集聚度很高。排在第100名的衡水市的新增注册金融业区位商为1.4480，可以看出衡水市新增注册企业中金融业的专业化程度较好。同时也可以看出，前100位城市的新增注册金融业企业区位商数值都大于1，说明这些城市的新增注册企业中的金融产业的发展活跃度较好，集聚程度较高。

表9-5 2020年城市新增注册金融业企业区位商数值（前100名）

城市	城市新增注册金融业企业区位商	排名	城市	城市新增注册金融业企业区位商	排名
鹰潭市	8.6210	1	太原市	2.1707	51
山南市	8.3155	2	蚌埠市	2.1141	52
吐鲁番市	6.4010	3	伊春市	2.0768	53
德阳市	5.6355	4	鸡西市	2.0721	54

续表

城市	城市新增注册金融业企业区位商	排名	城市	城市新增注册金融业企业区位商	排名
绵阳市	5.4275	5	四平市	2.0661	55
池州市	5.3195	6	陇南市	2.0104	56
荆门市	5.1406	7	吉林市	1.9877	57
包头市	4.9214	8	石嘴山市	1.9849	58
巴彦淖尔市	4.7534	9	徐州市	1.9818	59
攀枝花市	4.7370	10	通化市	1.9729	60
岳阳市	4.5374	11	昌都市	1.9710	61
绥化市	4.3207	12	唐山市	1.9421	62
南充市	4.2584	13	阜新市	1.9176	63
海口市	4.2252	14	南阳市	1.8782	64
白山市	4.2035	15	松原市	1.8632	65
乌海市	4.1971	16	咸阳市	1.8309	66
阳江市	3.7190	17	乌鲁木齐市	1.8251	67
榆林市	3.4026	18	临汾市	1.8167	68
安阳市	3.3845	19	牡丹江市	1.8132	69
韶关市	3.3240	20	黄冈市	1.7921	70
盘锦市	3.2732	21	张家口市	1.7912	71
林芝市	3.2082	22	营口市	1.7601	72
渭南市	3.1489	23	朝阳市	1.7587	73
呼伦贝尔市	3.1130	24	宣城市	1.7569	74
通辽市	3.0962	25	抚顺市	1.7462	75
赤峰市	2.9425	26	锦州市	1.7101	76
乌兰察布市	2.9407	27	自贡市	1.7056	77
昭通市	2.8704	28	吴忠市	1.6891	78
延安市	2.8480	29	鹤岗市	1.6641	79
克拉玛依市	2.8220	30	肇庆市	1.6479	80
天水市	2.7418	31	玉溪市	1.6367	81
铁岭市	2.6698	32	常德市	1.6326	82

续表

城市	城市新增注册金融业企业区位商	排名	城市	城市新增注册金融业企业区位商	排名
哈密市	2.6595	33	大连市	1.6237	83
佳木斯市	2.6574	34	鞍山市	1.6226	84
辽阳市	2.6456	35	雅安市	1.5942	85
双鸭山市	2.6352	36	三亚市	1.5775	86
固原市	2.5082	37	湘潭市	1.5577	87
呼和浩特市	2.4923	38	吕梁市	1.5385	88
大庆市	2.4896	39	濮阳市	1.5077	89
七台河市	2.4660	40	定西市	1.5012	90
临沧市	2.3979	41	平凉市	1.4997	91
云浮市	2.3934	42	本溪市	1.4938	92
商洛市	2.3889	43	百色市	1.4717	93
宿州市	2.3711	44	曲靖市	1.4712	94
铜陵市	2.3355	45	驻马店市	1.4689	95
辽源市	2.2986	46	忻州市	1.4589	96
鄂尔多斯市	2.2714	47	张家界市	1.4568	97
葫芦岛市	2.2356	48	桂林市	1.4547	98
长治市	2.2079	49	来宾市	1.4493	99
中卫市	2.1712	50	衡水市	1.4480	100

（二）城市新增注册科学研究和技术服务业企业区位商

本部分列出了 2020 年城市新增注册科学研究和技术服务业企业区位商数值（前 100 名），具体结果见表 9-6。

根据表 9-6 可以看出，2020 年城市新增注册科学研究和技术服务业企业区位商排名中，北京市、南京市和天津市的区位商都高于 2，说明这三个城市的新增注册企业中科学研究和技术服务业集中程度较高，反映出这些城市科技创新企业较活跃。排在第 56 名的温州市的新增注册科学研究和技术服务业企业区位商为 1.0033，可以看出前 56 名城市的新增注册科学研究和技术服务业企业区位商数值都大于 1，说明这些城市的新增注册企业中的科学研究和技术服务业产业的发展活力较高，集中程度较高。虽然玉溪市的排在第 100 名，但是新增注册科学研究和技术服务业企业区位商数值也达到了 0.8210，说明前 100 名的城市的新增注册企业中的科学研究和技术服务业的活力状况良好。

表 9-6　2020 年城市新增注册科学研究和技术服务业企业区位商数值（前 100 名）

城市	城市新增注册科学研究和技术服务业企业区位商	排名	城市	城市新增注册科学研究和技术服务业企业区位商	排名
北京市	3.3954	1	福州市	1.0557	51
南京市	2.1013	2	广州市	1.0439	52
天津市	2.1004	3	鄂尔多斯市	1.0416	53
克拉玛依市	1.8389	4	武汉市	1.0336	54
苏州市	1.6532	5	芜湖市	1.0308	55
常州市	1.6064	6	温州市	1.0033	56
杭州市	1.5943	7	柳州市	0.9932	57
石家庄市	1.5380	8	北海市	0.9889	58
长沙市	1.5353	9	镇江市	0.9801	59
上海市	1.5217	10	银川市	0.9765	60
太原市	1.4324	11	湛江市	0.9737	61
哈尔滨市	1.4073	12	唐山市	0.9612	62
衢州市	1.4066	13	盐城市	0.9512	63
廊坊市	1.3961	14	重庆市	0.9467	64
合肥市	1.3695	15	赤峰市	0.9442	65
无锡市	1.3178	16	攀枝花市	0.9395	66
儋州市	1.2876	17	成都市	0.9377	67
湖州市	1.2849	18	茂名市	0.9307	68
绵阳市	1.2615	19	大连市	0.9277	69

续表

城市	城市新增注册科学研究和技术服务业企业区位商	排名	城市	城市新增注册科学研究和技术服务业企业区位商	排名
南宁市	1.2490	20	金昌市	0.9237	70
东营市	1.2474	21	青岛市	0.9224	71
呼和浩特市	1.2344	22	威海市	0.9222	72
咸阳市	1.2311	23	江门市	0.9205	73
乌鲁木齐市	1.2127	24	泰安市	0.9120	74
郑州市	1.2094	25	桂林市	0.9091	75
南通市	1.2061	26	巴彦淖尔市	0.9047	76
大庆市	1.1972	27	绍兴市	0.9038	77
淮安市	1.1846	28	西宁市	0.9022	78
沈阳市	1.1799	29	牡丹江市	0.8979	79
舟山市	1.1694	30	海口市	0.8933	80
徐州市	1.1605	31	肇庆市	0.8894	81
佛山市	1.1562	32	盘锦市	0.8761	82
厦门市	1.1482	33	襄阳市	0.8747	83
宁波市	1.1316	34	漳州市	0.8725	84
西安市	1.1259	35	包头市	0.8711	85
中山市	1.1251	36	潮州市	0.8677	86
嘉兴市	1.1167	37	洛阳市	0.8592	87
泰州市	1.1048	38	张家口市	0.8577	88
亳州市	1.1035	39	昆明市	0.8544	89
马鞍山市	1.1028	40	南昌市	0.8423	90
宿迁市	1.1014	41	湘潭市	0.8385	91
德阳市	1.1008	42	七台河市	0.8384	92
丽水市	1.0900	43	鹤壁市	0.8382	93
淮北市	1.0869	44	东莞市	0.8366	94
潍坊市	1.0753	45	龙岩市	0.8326	95
扬州市	1.0746	46	蚌埠市	0.8298	96

续表

城市	城市新增注册科学研究和技术服务业企业区位商	排名	城市	城市新增注册科学研究和技术服务业企业区位商	排名
长春市	1.0729	47	株洲市	0.8294	97
珠海市	1.0690	48	烟台市	0.8287	98
济南市	1.0621	49	惠州市	0.8234	99
淄博市	1.0602	50	玉溪市	0.8210	100

（三）城市新增注册信息传输、软件和信息技术服务业企业区位商

本部分列出了2020年城市新增注册信息传输、软件和信息技术服务业企业区位商数值（前100名），具体结果见表9-7。

根据表9-7列示的2020年的城市新增注册信息传输、软件和信息技术服务业企业区位商排名可以看出，咸阳市的区位商为12.4841，远高于其他城市，说明咸阳市新增注册企业中信息传输、软件和信息技术服务业企业表现活跃。此外，排在第49名的七台河市的新增注册信息传输、软件和信息技术服务业企业区位商为1.0106，排名在七台河市之后的城市的新增注册信息传输、软件和信息技术服务业企业区位商数值都小于1。

表9-7　2020年城市新增注册信息传输、软件和信息技术服务业企业区位商数值（前100名）

城市	城市新增信息传输、软件和信息技术服务业企业区位商	排名	城市	城市新增信息传输、软件和信息技术服务业企业区位商	排名
咸阳市	12.4841	1	乌鲁木齐市	0.9789	51
淮北市	6.5697	2	衢州市	0.9665	52
芜湖市	5.5618	3	绵阳市	0.9566	53
泰州市	2.9707	4	齐齐哈尔市	0.9566	54
儋州市	2.8470	5	南平市	0.9521	55
南京市	2.5171	6	佳木斯市	0.9517	56
新余市	2.2760	7	合肥市	0.9461	57

续表

城市	城市新增信息传输、软件和信息技术服务业企业区位商	排名	城市	城市新增信息传输、软件和信息技术服务业企业区位商	排名
龙岩市	2.0251	8	珠海市	0.9415	58
杭州市	1.9426	9	大连市	0.9400	59
雅安市	1.9317	10	牡丹江市	0.9388	60
秦皇岛市	1.9243	11	赣州市	0.9283	61
三亚市	1.8898	12	金昌市	0.9258	62
海口市	1.7956	13	双鸭山市	0.9256	63
成都市	1.7146	14	银川市	0.9182	64
黑河市	1.6963	15	青岛市	0.8997	65
哈尔滨市	1.6486	16	朝阳市	0.8987	66
三明市	1.6339	17	包头市	0.8971	67
昆明市	1.5674	18	淄博市	0.8852	68
太原市	1.5621	19	无锡市	0.8780	69
武汉市	1.5537	20	庆阳市	0.8698	70
郑州市	1.4854	21	玉溪市	0.8680	71
大庆市	1.4760	22	南宁市	0.8625	72
天津市	1.4549	23	常州市	0.8604	73
湖州市	1.4337	24	平顶山市	0.8587	74
台州市	1.4000	25	嘉兴市	0.8438	75
鹤壁市	1.3969	26	焦作市	0.8426	76
营口市	1.3577	27	永州市	0.8411	77
西安市	1.3437	28	宁波市	0.8383	78
苏州市	1.2618	29	咸宁市	0.8371	79
鹤岗市	1.2493	30	池州市	0.8344	80
绍兴市	1.2335	31	赤峰市	0.8280	81
沈阳市	1.2292	32	温州市	0.8255	82
上海市	1.2227	33	邵阳市	0.8216	83
重庆市	1.2135	34	鸡西市	0.8158	84

续表

城市	城市新增信息传输、软件和信息技术服务业企业区位商	排名	城市	城市新增信息传输、软件和信息技术服务业企业区位商	排名
南昌市	1.2114	35	上饶市	0.8076	85
石家庄市	1.2089	36	保山市	0.8057	86
济南市	1.1926	37	襄阳市	0.8021	87
宿迁市	1.1690	38	新乡市	0.7997	88
呼和浩特市	1.1159	39	漳州市	0.7972	89
福州市	1.0938	40	宣城市	0.7843	90
丽水市	1.0900	41	北京市	0.7835	91
衡阳市	1.0793	42	商丘市	0.7784	92
通辽市	1.0703	43	广州市	0.7756	93
长春市	1.0660	44	唐山市	0.7707	94
深圳市	1.0599	45	烟台市	0.7705	95
洛阳市	1.0454	46	漯河市	0.7658	96
长沙市	1.0263	47	张家口市	0.7636	97
娄底市	1.0149	48	吉安市	0.7634	98
七台河市	1.0106	49	蚌埠市	0.7629	99
厦门市	0.9903	50	拉萨市	0.7547	100

（四）城市新增注册制造业企业区位商

本部分列出了 2020 年城市新增注册制造业企业区位商数值（前 100 名），具体结果见表 9-8。

根据表 9-8 列出的 2020 年城市新增注册制造业企业区位商排名可以看出，前 100 名城市的新增注册制造业企业区位商都高于 1，表明这些城市的新增注册企业中制造业集聚度水平较高，区域新增制造业活力水平强。排名首位的泰州市的新增注册制造业企业区位商为 13.2787，远高于其他城市，说明泰州市的新增注册企业中的制造业集中程度很高，非常活跃。排在第 30 名的伊春市新增注册制造业企业区位商为 2.0084，排在第 31 ~ 100 名的城市的新增注册制造业企业区位商数值高于 1，说明这些城市的新增注册企业中的制造业的集聚程度较高，区域新增制造业较活跃。

表 9-8　2020 年城市新增注册制造业企业区位商数值（前 100 名）

城市	城市新增注册制造业企业区位商	排名	城市	城市新增注册制造业企业区位商	排名
泰州市	13.2787	1	连云港市	1.5715	51
盐城市	6.1539	2	佛山市	1.5693	52
徐州市	5.5975	3	德州市	1.5532	53
三明市	4.9286	4	河池市	1.5452	54
潮州市	4.7432	5	双鸭山市	1.5243	55
汕头市	4.3364	6	铜仁市	1.5102	56
台州市	4.2578	7	防城港市	1.5007	57
揭阳市	3.9512	8	延安市	1.4990	58
绍兴市	3.7660	9	漳州市	1.4836	59
南通市	3.7446	10	玉林市	1.4744	60
镇江市	3.6293	11	茂名市	1.4686	61
扬州市	3.1726	12	丹东市	1.4592	62
沧州市	2.9730	13	保定市	1.4385	63
常州市	2.8210	14	来宾市	1.4236	64
衡水市	2.7956	15	泉州市	1.4180	65
无锡市	2.7955	16	绥化市	1.4110	66
邢台市	2.6804	17	临沂市	1.4066	67
中山市	2.5881	18	葫芦岛市	1.4063	68
贵港市	2.2888	19	保山市	1.3932	69
江门市	2.2555	20	铁岭市	1.3784	70
湖州市	2.2068	21	贺州市	1.3736	71
肇庆市	2.1811	22	曲靖市	1.3673	72

续表

城市	城市新增注册制造业企业区位商	排名	城市	城市新增注册制造业企业区位商	排名
鹤岗市	2.1315	23	牡丹江市	1.3606	73
桂林市	2.1009	24	随州市	1.3575	74
丽水市	2.0635	25	宁德市	1.3543	75
安庆市	2.0561	26	山南市	1.3521	76
嘉兴市	2.0514	27	定西市	1.3510	77
玉溪市	2.0274	28	株洲市	1.3430	78
鞍山市	2.0262	29	淮安市	1.3411	79
伊春市	2.0084	30	六盘水市	1.3289	80
遵义市	1.9803	31	巴彦淖尔市	1.3229	81
阳江市	1.9655	32	资阳市	1.3150	82
宝鸡市	1.9560	33	阜新市	1.3130	83
鸡西市	1.9427	34	安康市	1.3116	84
崇左市	1.9352	35	乌兰察布市	1.3052	85
宣城市	1.9160	36	廊坊市	1.3038	86
温州市	1.8780	37	湛江市	1.2605	87
昭通市	1.8360	38	滁州市	1.2580	88
汕尾市	1.7795	39	黄冈市	1.2570	89
宁波市	1.7712	40	平凉市	1.2505	90
东莞市	1.7644	41	宿州市	1.2475	91
毕节市	1.7297	42	固原市	1.2454	92
临沧市	1.7240	43	呼伦贝尔市	1.2427	93
莆田市	1.7029	44	日照市	1.2367	94
梧州市	1.6785	45	通辽市	1.2218	95
朝阳市	1.6705	46	常德市	1.2207	96
辽阳市	1.6702	47	抚顺市	1.2206	97
吐鲁番市	1.6036	48	永州市	1.2188	98
金华市	1.5961	49	景德镇市	1.2165	99
齐齐哈尔市	1.5730	50	南平市	1.2085	100

第二节 经营主体空间均衡度

本部分使用泰尔指数（Theil index）衡量企业存量和个体工商户存量在不同区域间的差异。泰尔指数数值越大则差异程度越大。

一、城市群之间企业存量差异分析

本部分分析了2010—2020年五大城市群[①]之间企业存量的泰尔指数及其分解，具体结果见表9-9。

根据表9-9可以看出，2010年城市群之间企业存量的泰尔指数最高，为0.1737。2010—2019年城市群之间企业存量的泰尔指数逐渐减小，2020年的泰尔指数有所上升，所以整体来看这十一年间城市群之间的差异逐渐变小。分析2010—2020年五大城市群区域间差异，发现也呈现逐年减少的趋势，说明中国不同城市群间企业空间分布趋于平衡。进一步分析发现，2010—2020年五大城市群区域内差异总体上呈现先增加后减少，再增加又减少的趋势，说明中国城市群内企业空间分布平衡度在波动中提升。

表9-9 2010—2020年五大城市群之间企业存量的泰尔指数

年份	泰尔指数	五大城市群区域间差异	五大城市群区域内差异
2010	0.1737	0.0470	0.1268
2011	0.1729	0.0430	0.1299
2012	0.1658	0.0379	0.1279
2013	0.1663	0.0308	0.1355
2014	0.1606	0.0239	0.1367
2015	0.1580	0.0190	0.1389
2016	0.1519	0.0143	0.1376

[①] 五大城市群包括：京津冀城市群、成渝城市群、珠三角城市群、长三角城市群、长江中游城市群。

续表

年份	泰尔指数	五大城市群区域间差异	五大城市群区域内差异
2017	0.1527	0.0102	0.1425
2018	0.1263	0.0100	0.1163
2019	0.1263	0.0086	0.1177
2020	0.1445	0.0120	0.1326

二、城市群之间个体工商户存量差异

本部分分析了2010—2020年五大城市群之间个体工商户存量的泰尔指数及其分解，具体结果见表9-10。

根据表9-10可以看出，2010—2018年城市群之间个体工商户存量的泰尔指数逐渐增加，2020年的泰尔指数有所下降，所以整体来看这十一年间城市群之间的个体工商户空间分布差异有先增加后减少的趋势。分析2010—2020年五大城市群区域间差异，发现呈现先增加再减少的趋势，说明中国不同城市群间个体工商户空间分布平衡度先下降后回升。进一步分析发现2010—2020年五大城市群区域内差异呈现增加趋势，说明中国城市群内个体工商户空间分布平衡度在下降。

表9-10 2010—2020年城市群之间个体工商户存量的泰尔指数

年份	泰尔指数	五大城市群区域间差异	五大城市群区域内差异
2010	0.1582	0.0224	0.1358
2011	0.2079	0.0460	0.1619
2012	0.2107	0.0478	0.1628
2013	0.2144	0.0505	0.1639
2014	0.2320	0.0611	0.1708
2015	0.2287	0.0572	0.1716
2016	0.2344	0.0557	0.1787
2017	0.2313	0.0471	0.1842
2018	0.2395	0.0485	0.1910

续表

年份	泰尔指数	五大城市群区域间差异	五大城市群区域内差异
2019	0.2269	0.0349	0.1920
2020	0.2135	0.0288	0.1846

三、城市群内部企业存量差异

本部分分析了2010—2020年城市群内部企业存量的泰尔指数，具体结果见表9-11。

根据表9-11可以看出，2010—2020年，珠三角城市群内部企业存量的泰尔指数都高于0.4，但是成渝城市群、长三角城市群和长江中游城市群内部企业存量的泰尔指数都低于0.1。说明珠三角城市群内部企业存量差异较大，但是成渝城市群、长三角城市群和长江中游城市群内部企业存量的差异较小。此外，2010—2020年京津冀城市群内部企业存量的泰尔指数呈现逐渐减小的趋势，说明京津冀城市群内部企业存量差异逐年降低。

表9-11　2010—2020年城市群内部企业存量的泰尔指数

年份	京津冀城市群	成渝城市群	珠三角城市群	长三角城市群	长江中游城市群
2010	0.1549	0.0261	0.4545	0.0235	0.0647
2011	0.1640	0.0242	0.4548	0.0274	0.0664
2012	0.1680	0.0244	0.4440	0.0303	0.0603
2013	0.1645	0.0286	0.4907	0.0319	0.0552
2014	0.1578	0.0309	0.5127	0.0319	0.0516
2015	0.1521	0.0324	0.5338	0.0325	0.0481
2016	0.1356	0.0337	0.5538	0.0317	0.0458
2017	0.1863	0.0247	0.5155	0.0376	0.0427
2018	0.0989	0.0244	0.4858	0.0313	0.0404
2019	0.0889	0.0328	0.5015	0.0340	0.0395
2020	0.0832	0.0666	0.5585	0.0362	0.0404

四、城市群内部个体工商户存量差异

本部分分析了 2010—2020 年城市群内部个体工商户存量的泰尔指数,具体结果见表 9-12。

根据表 9-12 可以看出,2010—2020 年珠三角城市群个体工商户存量的泰尔指数呈现逐年降低的趋势,但是京津冀城市群和长三角城市群内部个体工商户存量的泰尔指数呈现上升趋势,说明了珠三角城市群内部城市差异逐年减少,但是京津冀城市群和长三角城市群内部的城市差异逐年增大。长江中游城市群 2010—2020 年个体工商户存量的泰尔指数呈现先上升后下降的趋势。成渝城市群 2010—2020 年泰尔指数始终低于 0.1,相对其他城市群,成渝城市群内部的城市差距较小。

表 9-12 2010—2020 年城市群内部个体工商户存量的泰尔指数

年份	京津冀城市群	成渝城市群	珠三角城市群	长三角城市群	长江中游城市群
2010	0.1450	0.0521	0.1453	0.1754	0.2417
2011	0.1549	0.0461	0.1434	0.1763	0.2398
2012	0.1680	0.0433	0.1267	0.1748	0.2553
2013	0.1845	0.0431	0.1117	0.1776	0.2914
2014	0.2047	0.0457	0.1038	0.1764	0.2807
2015	0.2264	0.0466	0.1037	0.1823	0.2857
2016	0.2618	0.0477	0.0986	0.1921	0.2595
2017	0.3133	0.0499	0.0814	0.1915	0.2395
2018	0.3154	0.0591	0.0820	0.2118	0.2038
2019	0.3289	0.0488	0.0763	0.2076	0.1662
2020	0.3752	0.0372	0.0691	0.2281	0.1384

第十章

经营主体生命活力

本章根据本报告提出的评价方法及数据来源对全国和五大城市群的生命活力进行测算,从两种主要经营主体类型(企业和个体工商户)出发,通过分析全国和各城市群内成立时间在1年以内、1~5年、5~10年、10~15年、15年以上的经营主体存量及其占比分别反映全国和各城市群内的经营主体存续能力。

在企业领域中,企业的存续状态指的是企业正常运营并持续存在的状态。在这种状态下,企业在市场中继续经营,提供产品或服务,并与供应商、客户和其他利益相关者进行业务往来。企业的运营活动和财务状况都在正常范围内,并且没有面临严重的经营困境。存续状态下的企业通常具有稳定的收入来源和持续的盈利能力。

第一节 全国层面经营主体存续能力

本部分分析了2020年全国成立时间在1年以内、1~5年、5~10年、10~15年、15年以上的经营主体存量及其占比,具体结果见表10-1和表10-2、图10-1和图10-2。

表10-1和图10-1展示了2020年全国成立时间在1年以内、1~5年、

5～10年、10～15年、15年以上的经营主体存量数据及分布情况。可以看出，在全国层面，成立时间在1～5年内的企业数量最多，为7246余万家；其次是5～10年，数量为3911余万家；成立时间在15年以上的企业数量最少，为849余万家。此外，当企业成立时间超过5年后，企业数量呈现单调递减的趋势。在全国层面，成立时间在1～5年内的个体工商户最多，为4700余万家；其次是5～10年、1年内、10～15年；存续时间15年以上的最少，为470余万家。根据图10-1可以看出，在各个成立时间段内的企业和个体工商户数量变化趋势基本相同。企业的数量要高于个体工商户，其中成立时间为1～5年时，企业和个体工商户数量差距最大；成立时间为15年以上时，二者数量差距最小。

表10-1　2020年全国各成立时间段内企业和个体工商户存量

单位：万家

成立时间	企业	个体工商户
1年内	2518.0274	1670.629
1～5年	7246.9071	4753.4968
5～10年	3911.2653	2515.5608
10～15年	1499.3031	1057.5135
15年以上	849.5409	470.4238

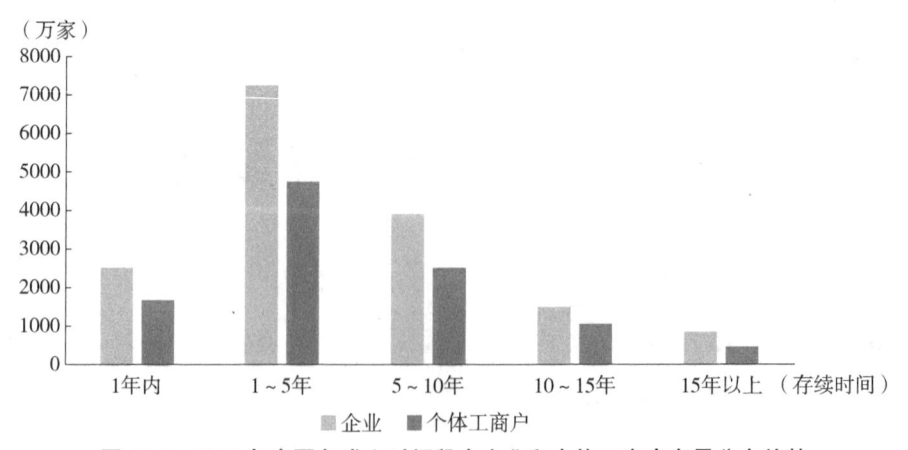

图10-1　2020年全国各成立时间段内企业和个体工商户存量分布趋势

表 10-2 和图 10-2 展示了 2020 年全国成立时间在 1 年以内、1~5 年、5~10 年、10~15 年、15 年以上的经营主体存量占比数据及分布情况。根据表 10-2 可以发现，在全国层面，成立时间在 1 年以内、1~5 年、5~10 年、10~15 年、15 年以上的企业和个体工商户存量占比相似，具体来说，成立时间在 1 年内的企业和个体工商户数量占比约在 15%~16%，成立时间在 1~5 年的企业和个体工商户数量占比约在 45%，成立时间在 5~10 年的企业和个体工商户数量占比约在 24%，成立时间在 10~15 年的企业和个体工商户数量占比约在 9%~10%，成立时间在 15 年以上的企业和个体工商户数量占比约在 4%~5%。根据图 10-2 可以看出，成立时间为 1 年内、1~5 年和 5~10 年的企业和个体工商户数量占比差距较小，成立时间在 10~15 年的企业数量占比要略低于个体工商户数量占比，成立时间在 15 年以上的企业数量占比要略高于个体工商户数量占比。结合图 10-1 和图 10-2 可以发现，在全国层面，在不同的存续时间中，企业和个体工商户的数量和占比趋势相同。

表 10-2　2020 年全国各成立时间段内企业和个体工商户存量占比

单位：%

存续时间	企业	个体工商户
1 年内	15.71	15.96
1~5 年	45.22	45.41
5~10 年	24.41	24.03
10~15 年	9.36	10.10
15 年以上	5.30	4.49

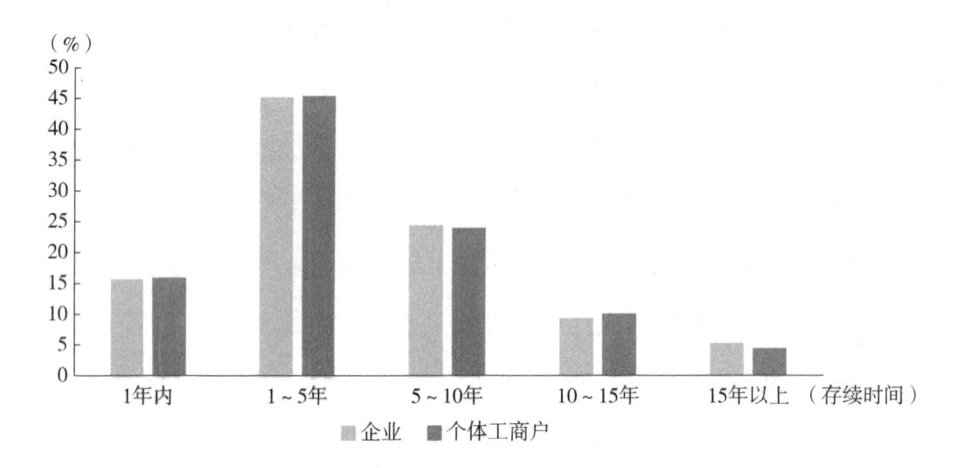

图 10-2　2020 年全国各成立时间段内企业和个体工商户存量占比分布趋势

第二节　城市群层面经营主体存续能力

本部分分析了 2020 年五大城市群成立时间在 1 年以内、1～5 年、5～10 年、10～15 年、15 年以上的经营主体存量及其占比，结果见表 10-3、表 10-4、表 10-5、表 10-6、图 10-3、图 10-4、图 10-5 和图 10-6。

表 10-3 和表 10-4 分别列出了 2020 年五大城市群成立时间在 1 年以内、1～5 年、5～10 年、10～15 年、15 年以上的企业和个体工商户存量。可以看出，五大城市群中，成立时间处于 1～5 年的企业和个体工商户存量最多，其次是 5～10 年、1 年内、10～15 年和 15 年以上，其中长三角城市群的个体工商户存量和企业存量在 1～5 年期间表现突出，约为其他城市群的 2～3 倍。在各个成立时间段中，城市群企业存量都高于个体工商户的存量。

表 10-3　2020 年各城市群不同成立时间段内企业存量

单位：万家

城市群	1 年内	1～5 年	5～10 年	10～15 年	15 年以上
京津冀	153.2303	478.7414	303.4831	122.1730	74.5421
长三角	455.8043	1502.3699	744.7516	296.1750	215.2989
珠三角	183.1795	575.2564	323.0845	116.9306	77.9675
长江中游城市群	265.4215	535.5556	370.5126	165.3795	61.8444
成渝城市群	141.7054	434.9199	237.4536	88.2356	50.1321

表 10-4　2020 年各城市群不同成立时间段内个体工商户存量

单位：万家

城市群	1 年内	1～5 年	5～10 年	10～15 年	15 年以上
京津冀	84.1607	270.1465	160.8755	72.8707	29.8142
长三角	278.0634	943.7142	430.9937	185.1190	104.6522
珠三角	92.5802	258.5982	148.9040	73.1983	43.2869
长江中游城市群	178.8010	348.9092	271.4833	136.7531	39.2935
成渝城市群	85.3943	274.2462	157.6422	59.6073	30.3848

根据图 10-3 可以看出，五大城市群在不同成立时间段，长三角的企业存量均最多，成渝城市群的企业存量均最少。并且在不同成立时间段内，长三角的企业存量显著高于其他城市群。由此可以看出，长三角区域企业生命活力较好，成立时间为 1～5 年的企业数量约是成立时间为 5～10 年的两倍，约是成立时间为 1 年内的 3.5 倍。由图 10-4 可以发现，有些城市群在不同成立时间段内的个体工商户存量占比差距较大。长三角城市群的个体工商户存续时间结构与全国层面的存续结构相近，在各个阶段上规模都优于其他城市群，尤其在 1～5 年规模中表现突出，甚至达到部分城市群的 3 倍，京津冀、珠三角和成渝城市群的个体工商户存量在不同成立时间段的差距较小。

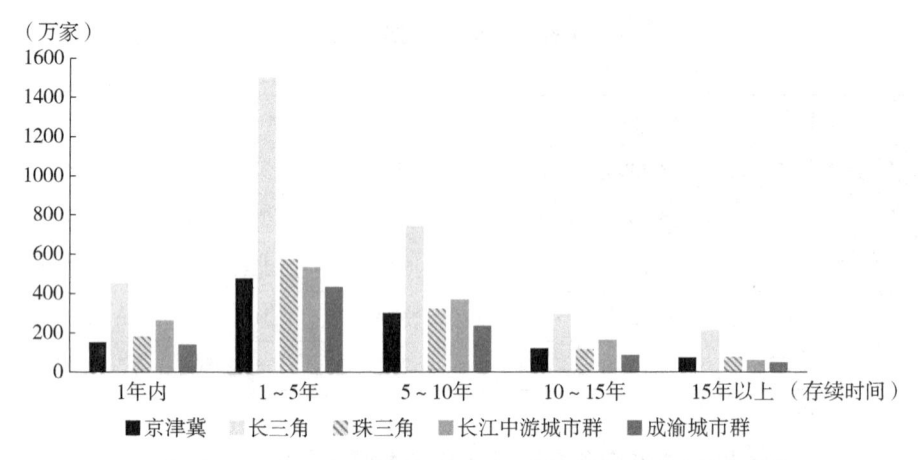

图 10-3　2020 年五大城市群不同成立时间段内企业存量分布趋势

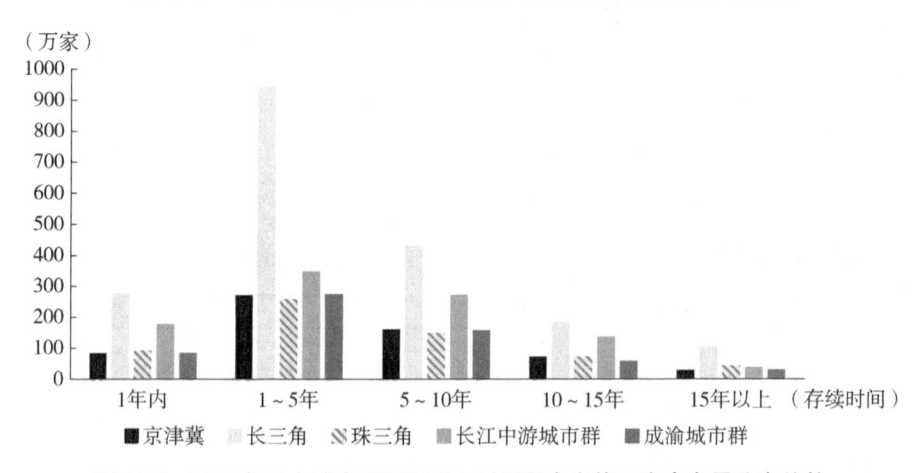

图 10-4　2020 年五大城市群不同成立时间段内个体工商户存量分布趋势

表 10-5 和图 10-6 展示了 2020 年五大城市群成立时间在 1 年以内、1～5 年、5～10 年、10～15 年、15 年以上的企业和个体工商户存量占比数据。可以看出，除了长江中游城市群以外，其他四个城市群在不同成立时间段内的存量占比情况相似，成立时间在 1 年内的企业和个体工商户数量占比在 13%～15%，1～5 年占比约在 45%，5～10 年占比约在 25%，10～15 年占比在 9%～11%，15 年以上占比在 5%～7%。长江中游城市群成立时间在 1 年以内、5～10 年、10～15 年的企业和个体工商户存量占比相比于其他四个城市群更为突出。

表 10-5　五大城市群不同成立时间段内企业存量占比

单位：%

城市群	1年内	1～5年	5～10年	10～15年	15年以上
京津冀	13.53	42.29	26.81	10.79	6.58
长三角	14.18	46.74	23.17	9.21	6.70
珠三角	14.35	45.07	25.31	9.16	6.11
长江中游城市群	18.98	38.29	26.49	11.82	4.42
成渝城市群	14.88	45.66	24.93	9.26	5.26

表 10-6　五大城市群不同成立时间段内个体工商户存量占比

单位：%

城市群	1年内	1～5年	5～10年	10～15年	15年以上
京津冀	13.62	43.72	26.04	11.79	4.83
长三角	14.31	48.58	22.19	9.53	5.39
珠三角	15.02	41.94	24.15	11.87	7.02
长江中游城市群	18.33	35.78	27.84	14.02	4.03
成渝城市群	14.06	45.16	25.96	9.82	5.00

根据图 10-5 可以看出，五大城市群成立时间在 5～10 年、10～15 年以及 15 年以上的企业存量占比差距不大。成立时间在 1 年内的企业存量占比最多的是长江中游城市群，成立时间在 1～5 年的企业存量占比则是长三角城市群最大，反映出这两个城市群的创业活力较强。根据图 10-6 可以看出，在城市群层面，成立时间为 1～5 年的个体工商户的存量占比约是成立时间为 5～10 年的 2 倍，约是成立时间为 10～15 年的 4 倍。五大城市群的个体工商户存量占比在 1～5 年这一成立时间段内的差距较大，在其他存续时间内，个体工商户数量占比差距并不明显。由此可以看出，个体工商户在五大城市群的发展较为平衡。

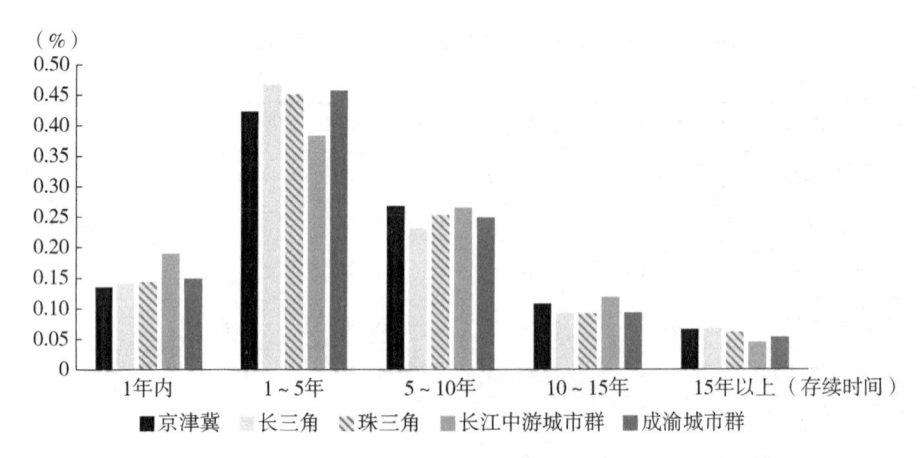

图 10-5　五大城市群不同成立时间段内企业存量占比分布趋势

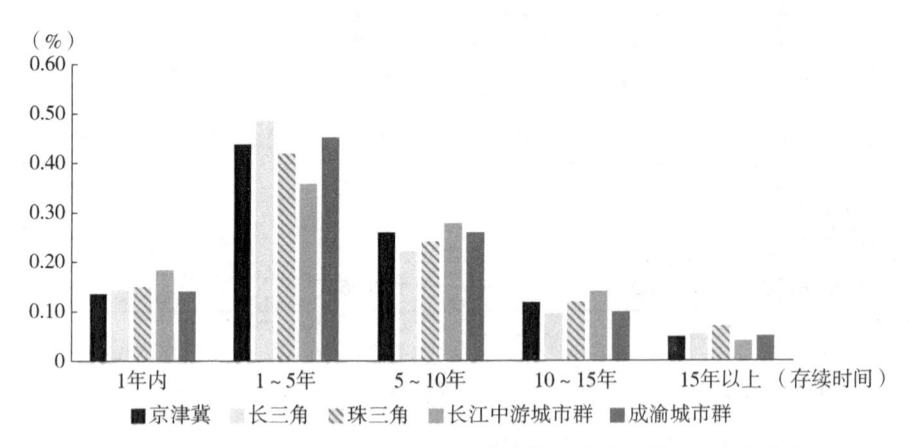

图 10-6　五大城市群不同成立时间段内个体工商户存量占比分布趋势

第十一章

政策建议

优化营商环境是激发经营主体活力的重要抓手,而营商环境既包括人才、公共设施、金融等环境要素,也包括法律、政府效率、市场环境、创新环境和文化环境等外部支撑环境。只有恰当地优化相应的营商环境,才能有针对性地激发经营主体特定的活力。

一、优化市场环境和政务环境,建立统一大市场,提升经营主体规模活力

加强对市场的监管,建立健全的监管机制,促进公平竞争,建立统一大市场,提升规模活力。具体而言,需要加强对市场参与者的监督和管理,打击不正当竞争和垄断行为,降低进入和退出门槛,维护公平竞争的市场环境,鼓励经营主体通过公平竞争,在区域内集聚,根据市场需求变化,自由退出,扩大区域的经营主体规模活力。具体而言,第一,出台相关政策和法规,防范地方保护、操纵市场、垄断以及不正当竞争等行为的发生,鼓励企业家精神,为区域提升规模活力提供良好的法律法规环境。第二,通过贷款利息减免、税收优惠等优惠政策积极引导企业聚集,从而提高区域规模活力和范围经济。第三,加强数字政府建设,简化注册和审批程序,提升行政效率和透明度。通过数字政府建

设,取消一些不必要的流程,进一步简化注册系统和优化一站式审批中心,加大审批人员的培训力度,引入更先进的审批技术和设备,加快发展数字化和自动化处理,提升政府效率,促进经营主体进入活力和退出便利性,提升区域的经营主体规模活力。第四,鼓励中间机构设立培训机构和技术支持中心,为经营主体提供法律服务、管理培训、技术培训等支持,提高其遵守市场规则和法律法规的意识,以及管理能力和竞争力,推动经营主体的合法经营和有序集聚。

二、优化产业结构,促进经营主体发展活力

不同产业的效益存在差别,但产业之间又是相互依赖的,需要根据市场需求和产业发展趋势,调整产业布局,促进不同产业之间的协同发展和互补性,实现资源的优化配置,促进经济高质量发展。第一,通过合理的产业布局,促进产业链的完善和延伸,可以提升整个产业链的竞争力和可持续发展能力,提高整体产业效益。第二,鼓励优势产业发展,重点支持和培育具有竞争优势和创新潜力的产业,提供一系列的支持措施,包括税收优惠、研发资金支持和市场扶持等,吸引更多经营主体进入这些产业领域,促进技术创新,实现在重要产业上创新驱动的高质量发展。第三,促进产业升级,推动传统产业向高附加值和高技术含量的产业转型升级,实现全要素生产率的提升。第四,加强产业链合作,鼓励经营主体在产业链上进行合作和协同,实现各个环节的协同发展,促进资源的共享和优化配置,提高整个产业链的竞争力和可持续发展能力,实现产业链供应稳定、安全可控的发展。

三、完善政策支持和规则保护体系,增加经营主体创新活力

第一,建立健全知识产权保护体系,加强对知识产权的保护和执法

力度。具体而言，政府可以进一步完善产权保护制度，打击假冒伪劣和侵权行为，保护经营主体的创新成果和知识产权，同时，加强尊重知识产权的宣传培训，增强经营主体的知识产权意识。第二，加大对科技创新的支持力度，鼓励经营主体增加研发投入，提高创新能力。政府通过提供创新的税收优惠政策，设立专项资金支持科技创新项目，建立创新创业孵化器等方式为经营主体提供支持。第三，建立技术转移中心，提供技术咨询和转让服务，加强技术转移和合作机制，促进科技成果的转化和应用，推动技术创新和产业升级。同时，提供相应的政策和法律支持，鼓励知识产权的交易和转让，促进知识产权的价值实现。第四，简化创业手续，减少创业壁垒，鼓励科技创业，为科技创业提供良好的环境，降低创新创业的成本和风险。此外，还可以提供创业培训和咨询服务，帮助创业者提高创新能力和管理水平，从而增加科技创业成功的机会。第五，加强商标注册的审查机制，建立更加严格的申请要求和审查流程，完善商标注册制度，避免虚假注册，并加大对虚假注册行为的打击力度，依法追究故意虚假注册商标的行为，确保商标注册的公平、公正和合法性。

四、优化融资环境和资本结构，助力经营主体资本活力

第一，健全融资体系，降低融资成本，提高融资效率，减少经营主体融资约束，提升融资规模和水平。具体而言，政府可以简化融资手续以提高融资的便利性和效率、加强信用评级体系以降低融资的风险和成本、推动金融创新以满足不同经营主体的融资需求等，为经营主体提供更多融资渠道和便利条件。第二，提供贷款和融资支持。具体而言，政府可以设立专门的贷款和融资机构，为经营主体提供低息贷款、风险投资和股权投资等多种形式的支持，通过这些贷款和融资支持，帮助经营

主体扩大规模和推动增长。第三，加强资本市场的服务能力，满足经营主体的融资需求。具体而言，政府可以推动金融科技的发展，通过引入新的科技手段和创新金融模式，提供更多的金融产品和服务，提高金融服务的效率和便利性。第四，设立专门引导基金，通过领投，为经营主体解决资金需求和分担风险。具体而言，政府可以出资设立风险投资基金、创业基金等，以领投初创企业和具有高成长潜力的企业，促进其他投资的跟进。通过这些资本活力的提升，促进创新创业，提高经济增长的质量和效益。第五，引导经营主体多元化融资，包括股权融资、债权融资等多种方式。具体而言，政府可以制定相应的政策和法律来支持这些融资方式的发展，并鼓励经营主体通过多种渠道获取资金，为企业的发展提供更多的资金来源。第六，鼓励不同类型的资本进入市场，包括国有、外商投资、港澳台等，提升资本异质性。吸引不同的资本进入市场，增加资本的多样性和活力，包括提供优惠政策和税收减免为各类资本提供公平和有吸引力的投资环境、加强知识产权保护为资本提供更稳定和可靠的法律保障等，促进资本活力和不同性质企业的均衡发展。第七，加强对资本市场的监管，规范市场行为，减少市场操纵、内幕交易等违法违规行为的发生，促进资本市场的可持续发展和活力。具体而言，政府相关监管部门应加强信息披露的监管，确保市场信息的真实、准确和完整，提高市场的透明度，以及加强对市场交易的监测和监控，及时发现和处置市场异常波动和风险事件，保护投资者的合法权益，形成良性可持续的资本环境，持续促进经营主体资本活力。

五、优化企业所有制结构，鼓励企业参与标准制定和合理降低企业注册要求，释放经营主体制度活力

第一，提供更多的政策支持和便利条件支持民营企业的发展，降低

民营企业的准入门槛和制度性交易成本。通过简政放权，优化监管，降低民营企业注册和经营的制度成本，加大对民营企业的金融支持力度，提供贷款、融资担保等金融服务，鼓励民营企业开展创新创业活动，参与行业标准的制定和引领，释放制度活力。第二，加强国有企业混合所有制改革，提高其市场竞争力和效益。政府可以采取一系列措施推动国有企业的混合所有制改革，引入民间资本，增加国有企业的资金来源多元性，提高企业的所有制活力，从而增强企业的市场竞争力，同时，引进市场化运作机制，使国有企业更加注重市场需求，提高企业的服务质量和效率。第三，扩大对外开放水平，吸引外资企业投资，促进经济的发展和资本结构优化。政府可以制定优惠政策，如减免税收，提供国民待遇等，以及组织外资企业交流活动，促进其与本地企业的合作，推动技术转移和创新能力的提升。第四，合理降低对创业企业进入的门槛，降低中小企业的融资难度和成本。通过降低门槛，释放制度活力，促进创业企业活力。第五，加大对标准研究和制定的支持力度，鼓励企业参与标准制定。具体而言，政府可以加强标准的宣传和推广，提高企业对标准的认知度和重视程度，同时鼓励企业与国际组织和行业协会合作，学习借鉴先进的经验，进而推动国际标准与国内标准的对接，提高国内企业的国际竞争力和标准引领能力。

六、优化行业集聚度和空间均衡水平，激发经营主体空间活力

第一，制定产业发展规划，合理引导和布局不同行业的发展，促进特定区域的主导行业的集群发展，同时注意提升空间均衡性，避免行业过度集中。政府可以通过提供优惠政策和资源支持，吸引优质产业和企业进入相对落后的地区，促进区域经济的协调发展，避免行业过度集中。第二，加强区域间的合作和交流，推动区域间的协调发展。政府可

以通过统一大市场的建立，加强区域间的产业合作、基础设施建设和人才流动，促进区域间的经济互补和资源共享。第三，建立跨城市群的协调机制，加强城市群之间的合作和协调。政府可以发挥组织者的作用，组织城市群间的高层会议和工作组，以促进城市群之间的交流和合作。通过这些会议和工作组，可以制定共同的发展规划和政策，以确保城市群之间的资源流动和共同发展。第四，通过优化城市群内部的产业布局，避免重复建设和资源浪费，实现产业互补和协同发展。政府可以制定产业发展规划，引导不同城市在城市群内发展特色产业，形成产业链和价值链的完整布局。第五，加大基础设施建设投资，提高城市群内部的交通、能源、通信等基础设施水平，促进空间活力。政府可以加强城市群内部的交通联通，建设高速公路、铁路、航空等交通网络，提高城市群内部的互联互通能力，激活空间活力。第六，鼓励人才在城市群内部的流动和集聚，优化城市群内的人才资源配置。政府可以提供人才引进政策和支持措施，吸引高层次人才和创新创业人才在城市群内发展，推动人才的流动和交流，实现人才资源的最优配置，从而促进城市群的均衡发展和综合竞争力的提升。

七、优化营商环境，提高区域经营主体存续能力，促进经营主体生命活力

第一，改善区域的营商环境，降低企业经营成本，提高经营主体的存续能力。具体而言，政府可以降低经营主体税收负担，减少制度性成本，鼓励企业根据发展需要投资创新和数字化转型，提升生命活力。第二，加大金融支持力度，提供贷款、担保和信用支持等金融服务，帮助经营主体解决融资难题，提高存续能力。具体而言，政府可以设立专项基金，提供低息贷款和风险补偿，支持创新创业和中小企业克服短期困

难。第三，营造所有企业一视同仁的氛围，提升民营企业和中小企业社会地位，解决民营企业和中小企业在人才培养和引进方面的认同障碍。具体而言，政府可以扩大对民营企业和中小企业社会地位的宣传，享受国有企业同等社会地位，提高同等就业人员专业培训和技能提升机会，同时，鼓励高层次人才的引进和留用，提升民营企业和中小企业的生命活力。

参考文献

[1] 刘睿雯，徐舒，张川川. 贸易开放、就业结构变迁与生产率增长 [J]. 中国工业经济，2020（06）：24-42.

[2] 白万平，吕政，刘丽萍. 外商直接投资、交通基础设施改善与制造业集聚——基于 2003—2016 年中国 285 个地级市面板数据的实证研究 [J]. 贵州财经大学学报，2019（2）：11-23.

[3] 陈红霞，屈玥鹏. 基于竞争优势培育的农村一二三产业融合的内生机制研究 [J]. 中国软科学，2020（S1）：58-64.

[4] 陈宪，夏立军，冯奎，等. 资本赋能发展：中国城市资本活力指数报告（2019）[M]. 北京：中信出版社，2020.

[5] 陈晓华. 突出扶持重点，切实增强新型农业经营主体发展带动能力 [J]. 农业经济问题，2020（11）：4-7.

[6] 单宇，周琪，闫芳超. 打开活力密码：中国民营企业如何塑造组织活力？——基于华源集团的探索性案例研究 [J/OL]. 南开管理评论：1-21[2023-08-09].

[7] 丁永健，吴小萌. "小巨人"企业培育有助于提升制造业中小企业创新活力吗——来自"专精特新"政策的证据 [J]. 科技进步与对策，2023，40（12）：108-116.

[8] 董志勇，李成明. "专精特新"中小企业高质量发展态势与路径选择 [J]. 改革，2021（10）：1-11.

[9] 杜运周，刘秋辰，程建青. 什么样的营商环境生态产生城市高创业活跃度？——基于制度组态的分析 [J]. 管理世界，2020，36（9）：

141-155.

[10] 杜运周, 刘秋辰, 陈凯薇, 等. 营商环境生态、全要素生产率与城市高质量发展的多元模式——基于复杂系统观的组态分析 [J]. 管理世界, 2022, 38（9）: 127-145.

[11] 方芳, 李实. 中国企业高管薪酬差距研究 [J]. 中国社会科学, 2015(8): 47-67, 205.

[12] 冯仁涛, 张庆, 余翔. 商标、广告对企业市场价值的贡献研究——基于医药行业的实证分析 [J]. 管理评论, 2013, 25（6）: 154-160.

[13] 广东省人民政府办公厅. 深入推进政府职能转变着力培育和激发市场主体活力 [J]. 中国行政管理, 2022（10）: 9-11.

[14] 胡税根, 冯锐, 杨竞楠. 优化营商环境 培育和激发市场主体活力 [J]. 中国行政管理, 2021（8）: 16-18.

[15] 黄志宏, 杨若明, 王彩萍, 等. 资本市场定价效率对企业创新投入的影响及作用机制研究 [J/OL]. 管理学报: 1-9[2023-08-07].

[16] 韩峰, 柯善咨. 空间外部性、比较优势与制造业集聚——基于中国地级市面板数据的实证分析 [J]. 数量经济技术经济研究, 2013, 30(1): 22-38, 116.

[17] 李东, 石维富. 低碳城市评价指标构建研究 [M]. 成都: 西南财经大学出版社, 2021.

[18] 李明珊, 孙晓华, 董艳. 市场化改革激发了谁的活力 [J]. 经济学家, 2022（5）: 14-24.

[19] 李松龄. 增强市场微观主体活力的理论逻辑与制度创新 [J]. 江汉论坛, 2022（4）: 23-30.

[20] 李维安. 现代企业活力理论与评价 [M]. 北京: 中国财政经济出版社, 2002.

[21] 李园园，柴雨辰，刘建华. 基于营商环境视角的民营企业创新活力组态路径研究 [J]. 中国科技论坛，2022（10）：95-103.

[22] 李震，赵春明，刘珊珊. 城市电商化转型、市场主体活力与稳就业 [J]. 经济经纬，2023，40（3）：13-23.

[23] 刘慧，杨波，朱宁，等. 民族地区巩固和扩大脱贫攻坚成果的影响因素分析——基于内蒙古自治区兴安盟12个贫困嘎查（村）、209个贫困户的调查数据 [J]. 中国农业资源与区划，2020，41（12）：84-91.

[24] 刘树人，张久达，张晓文. 中国企业活力定量评价 [M]. 北京：中国国际广播出版社，1995.

[25] 刘伟，高理翔. "放管结合"政策是否激发了民营企业创新活力 [J]. 中国科技论坛，2022（12）：150-158.

[26] 罗伯特·J. 凯伯：国际经济学（第15版）[M]. 北京：中国人民大学出版社，2017.

[27] 马双，吴夕，卢斌. 政府减税、企业税负与企业活力研究——来自增值税转型改革的证据 [J]. 经济学（季刊），2019，18（2）：483-504.

[28] 宁吉喆. 中国经济活力之源 [J]. 中国人民大学学报，2020，34（1）：15-19.

[29] 牛晓帆. 西方产业组织理论的演化与新发展 [J]. 经济研究，2004（3）：116-123.

[30] 欧阳志刚，陈普. 要素禀赋、地方工业行业发展与行业选择 [J]. 经济研究，2020，55（1）：82-98.

[31] 滕祥河，文传浩，张雅文，等. 中国川渝地区城镇化的驱动因子——基于产业结构变迁视角 [J]. 技术经济，2016，35（9）：92-98.

[32] 商务部国际贸易经济合作研究院信用研究所，天眼查. 中国市场主

体发展活力研究报告（2011—2020），2021.

[33] 汪海，黄汉权，郁建兴，等. 全面深化改革的差别化探索 [J]. 改革，2015（11）：5-33.

[34] 王维国，王鑫鹏. 创新转化效率、要素禀赋与中国经济增长 [J]. 数量经济技术经济研究，2022，39（12）：5-25.

[35] 王晓林，白雪洁. 中国企业活力水平测度及时空差异性研究 [J]. 软科学，2022，36（3）：91-98.

[36] 王欣，朱虹，赵英男，等. 默认评论对消费者评论数量与评论长度的影响 [J]. 中国管理科学，2023，31（2）：278-286.

[37] 吴汉洪，张崇圣. 营商环境与产业生态：激发市场主体活力的重要着力点 [J]. 学习与探索，2021（3）：86-94，180.

[38] 薛求知，徐忠伟. 企业生命周期理论：一个系统的解析 [J]. 浙江社会科学，2005（5）：192-197.

[39] 闫泽涛，计雷. 关于对企业活力产生的结构性基础因素分析 [J]. 中国管理科学，2004（6）：124-130.

[40] 闫昊生，李秉蔚，李姗姗. 新创市场主体的活力与市场信心：理论框架与特征性事实 [J]. 云南社会科学，2023（4）：32-39.

[41] 杨瑞龙，卢周来. 对劳动管理型企业的经济学研究：一个方法论的述评 [J]. 中国社会科学，2005（2）：47-55.

[42] 杨艳琳，谭梦琪. 中国金融人才对金融产业绩效的影响 [J]. 金融论坛，2017，22（1）：67-80.

[43] 张光利，薛慧丽，兰明慧，等. 行政区划调整与地区市场主体活力——基于"撤县设区"政策与创业活动的视角 [J]. 经济理论与经济管理，2022，42（4）：84-97.

[44] 张茅. 激发市场主体活力的重要举措 [J]. 求是，2013（23）：23-25.

[45] 张益丰，王晨. 农业经营主体融合发展、资本要素优化及互动关联研究——基于规范合作社调研数据 [J]. 农业经济与管理，2020（5）：41-53.

[46] 赵勇，白永秀. 知识溢出：一个文献综述 [J]. 经济研究，2009，44（1）：144-156.

[47] 郑烨，吴建南，张攀. 简政放权、企业活力与企业创新绩效 [J]. 科学学研究，2017，35（11）：1737-1749.

[48] 庄嘉声. 深化"放管服"改革 激发市场主体活力——学习 6.25 全国电视电话会议精神的体会 [J]. 中国行政管理，2019（7）：11-14.

[49] Aldrich, H. E, Ruef, M, Lippmann, S. Organizations Evolving[M]. Edward Elgar Publishing, 2020.

[50] Arrow K J. Economic Welfare and the Allocation of Resources for Invention[M]. Macmillan Education UK, 1972.

[51] Arrow K J. The economic implications of learning by doing[J]. The review of economic studies, 1962, 29(3): 155-173.

[52] Bain J S. Industrial Organization[M]. New York: Harvard University Press, 1959.

[53] Blau P M. Inequality and Heterogeneity: A Primitive Theory of Social Structure[M]. New York: Free Press, 1977.

[54] Caniëls M C J. Knowledge spillovers and economic growth: regional growth differentials across Europe[M]. Edward Elgar Publishing, 2000.

[55] Coase R H. The Nature of the Firm[J]. Economica, 1937(16): 386-405.

[56] Ellison G, Glaeser E L, Kerr W R. What causes industry agglomeration? Evidence from Coagglomeration Patterns[J]. American Economic Review, 2010, 100(3): 1195-1213.

[57] Fazzari S, Hubbard R G, Petersen B C. Financing Constraints and Corporate Investment[J]. Brookings Papers on Economic Activity, 1988(1): 141-206.

[58] Grant A M, Parker S K. 7 redesigning work design theories: the rise of relational and proactive perspectives[J]. The Academy of Management Annals, 2009, 3(1): 317-375.

[59] Heckscher E F, Ohlin B G, Heckscher-Ohlin Trade Theory[M]. Cambridge: The MIT Press, 1991.

[60] Li J. X, Du Y. Z, Sun N., and Xie Z. M. Ecosystems of doing business and living standards: a configurational analysis based on Chinese cities[J]. Chinese Management Studies, 2023. https://www.emerald.com/insight/1750-614X.htm

[61] Ju J, Lin J Y, Wang Y. Endowment Structures, Industrial Dynamics, and Economic Growth[J]. Journal of Monetary Economics, 2015, 76: 244-263.

[62] Marshall, A. Principles of Economics[M]. London: Macmillan, 1890.

[63] Maskell P. Towars a Knowledge-based Theory of the Geographical Cluster[J]. Industrial and Corporate in Change, 2001, 10(4): 921-944.

[64] Meyer J R, Kuh E. The Nvestment Decision: An Empirical Study[M]. Cambridge: Harvard University Press, 1957.

[65] Romer P M. Endogenous technological change[J]. Journal of political Economy, 1990, 98(5, Part 2): S71-S102.

[66] Romer P M. Increasing returns and long-run growth[J]. Journal of political economy, 1986, 94(5): 1002-1037.

[67] Vicenzi R, Adkins G. A tool for Assessing Organizational Vitality in An Era of Complexity[J]. Technological Forecasting and Social Change, 2000, 64(1): 101-11.